KB274460

당신의 미래를 바꾸는

조지 오초아 · 멜린다 코리 지음 | 안진환 옮김

한국경제신문

100가지 트렌드가 미래를 지배한다

《Next Trend》를 한국에서 출간하게 된 점을 영광스럽게 생각한다. 이 책은 세계 도처에서 필자들이 3년여에 걸쳐 조사·분석한 성과물로서, 각 분야별로 진행 중인 일련의 움직임을 담고 있으며 그 범위는 매우 국제적이다. 또한 아시아와 관련한 부문도 적잖은 비중을 차지한다. 따라서 세계화라는 트렌드를 언제나 한발 앞서 능동적으로 수용하며, 나아가 새로운 트렌드를 창조해 내는 데 익숙한 한국인에게 이 책이 많은 도움이 되리라 믿어 의심치 않는다.

세계화라는 거센 물결에 따라 지구상의 온 인류가 하나로 통합되어 감에 따라, 어느 한 나라 안에서만 영향력을 행사하던 양상은 점점 줄어드는 추세다. 즉 어떤 나라에서 한 가지 일이 발생하면 이내 전세계에 영향을 미치는 국제적 핫이슈가 되는 것이다. 여기에 소개된 100가지 트렌드도 세계적으로 영향을 주고받는 사안일 수밖에 없다. 몇 가지 예를 들면, '유비쿼터스 멀티미디어' 라든가 '세계 인구의 성장 둔화', '때와 장소를 가리지 않는 접속' '초미세 과학의 경이, 나노기술' 등이 그렇다.

우리가 파악한 몇 가지 트렌드는 아시아와 분명하면서도 밀접한 관련성을 갖는다. 이는 세계무대에서 아시아가 맡은 역할의 중요성이 날로 확장되는 상황에서 기인한 것이다. 간단하게 예를 들어보겠다. '팍스 차이나를 꿈꾸는 중국'과 '번영하는 인도'는 최근 경제적으로 괄목할 만한 성장세를 보이고 있는 아시아의 두 거대 국가에 관한 트렌드다.

또한 북한의 군사적 위협은 '불균형 전쟁'과 '미니 핵무기의 위협' 트렌드에서 언급된다. '멈추지 않는 세계화'에서는 세계적인 경제통합 현상을 설명하며, 더불어 동남아시아 공동시장을 창설하기 위해 동남아시아국가연합(ASEAN)을 설득하는 싱가포르와 태국의 노력과 같은 지역별 행보도 놓치지 않았다.

'기독교의 흥망성쇠'에서는 아시아 지역의 기독교 현황과 전망을 조망하고 있다. 아시아에서는 1997~2000년까지 단 3년 만에 기독교인이 2,300만 명이나 증가했는데 그 중 가장 큰 성장세를 보인 국가는 한국으로, 2000년 현재 기독교인이 전체 인구의 3분의 1에 육박한다.

'세균과의 싸움'에서는 아시아에서 발생한 SARS(중증급성호흡기증후군)와 조류독감의 움직임을 심층적으로 추적하며, '다문화형 인간'에서는 아시아계 미국인의 증가 추세를 다룬다. 이를 통해 지난 50년 간 미국의 전체 인구는 두 배 정도 늘어난 반면, 아시아계 미국인은 30배 이상 증가했음을 알 수 있다.

이 책에서 소개된 100가지의 트렌드는 방대한 통계조사를 바탕으로 엄선되었다. 거의 모든 트렌드에 선보이는 각종 통계조사 자료는 다양한 출처에서 인용했음을 미리 밝힌다. 이와 관련해서도 몇 가지 예를 살펴보는 것이 좋을 것 같다.

세계은행그룹(World Bank Group)이 발표한 자료에 따르면, 앞으로 15년 간 세계 인구 증가분의 97%는 개발도상국과 저개발국에서 발생하고, 선진국들은 여기에 3% 정도만 '기여'한다고 한다('세계 인구의 성장 둔화' 참조).

또한 리서치 전문회사인 가트너 그룹(Gartner Group)에 따르면, 현재 전세계 이메일의 거의 60%가 스팸메일이라고 한다('스팸과의 전쟁' 참조). 'AIDS, 안전지대는 없다'에서는 유엔 에이즈퇴치계획(UNAIDS) 보고서를 인용해 사하라 사막 이남 아프리카를 제외하고 HIV/AIDS 보균자가 가장 급속하게 늘어날 곳으로 아시아태평양 지역을 지목하고 있다.

특히 한국인이 기억해야 할 중요한 통계치는, 미국이 한국의 최대 교역국가 3위권에 든다는 점이다. 2001년 한국의 수출 부문에서 가장 큰 비중(21%)을 차지한 국가는 미국이었다. 이런 이유가 있기 때문에 한국인이 미국 문화의 빅 트렌드를 이해할 필요성이 있는 것이다.

우리는 이 책이 한국인의 비즈니스나 직장생활, 그리고 가정생활에서 유용하게 활용되기를 바란다. 책을 쓰는 것만으로도 우리에게는 큰 축복이자 즐거움이었는데, 이렇듯 수준 있는 한국의 독자층으로까지 우리의 얘기가 폭넓게 확대된다는 사실에 그저 감사할 따름이다.

2005년 4월

조지 오초아, 멜린다 코리

트렌드를 모르면 '막차' 탄다

어째서 예전에는 잘 먹히던 방법이 이제는 효과가 없는 걸까? 그것은 사람들의 인식이 바뀌고 세상이 변하기 때문이다. 이와 같은 시대적 변화의 흐름을 우리는 '트렌드'라고 부른다. 혹시 과거에 효과를 보았던 방법에 연연하다가 막차를 타거나, 뒷북을 치고 후회한 경험이 있는가?

광고만 하면 무조건 물건이 팔리던 시절이 있었다. 당시의 마케터들은 상품의 실질적인 혁신이나 개선 없이도 미친 듯이 광고만 하면, 그래서 소비자의 머릿속에 자사의 브랜드 이미지만 심어놓으면 광고에 투자된 비용을 모두 매출로 환원해 큰 수익을 얻을 수 있다고 굳게 믿었다. 그러나 이제 세상은 바뀌었다. 광고 내용을 곧이곧대로 믿을 만큼 순진한 소비자는 더 이상 찾아보기 힘들다.

그 이유는 IT 시대의 개막과 더불어 소비자의 트렌드가 변한 데 있다. 오늘날의 소비자들은 광고를 성가신 '훼방꾼' 정도로만 생각한다. 그런데도 여전히 값비싼 미디어 광고의 환상에서 벗어나지 못한 채, 왜 예전처럼 광고효과가 없는지 고민하는 광고 관계자가 존재한다. 이미 지혜로운 마케터들은 광고를 통해 브랜드를 구축하는 일을 실패자의 게임이라고 파악해, 다른 방법을 모색하고 있는데도 말이다.

약 2년 전, 아마존닷컴(amazon.com)이 TV와 잡지, 신문 등을 이용하는 모든 미디어 광고를 중단하겠다고 선언했다. 그러자 광고 관계자들은 경악을 금치 못했다. "아니, 광고를 중단하고 그 돈으로 무료배송 서비스를 실시하겠다니…." 그들은 이구동성으로 아마존닷컴의 몰락을 점쳤다. 그러나 1년 뒤, 아마존닷컴은 37%의 매출신장을 실현했다. 게다가 해외 영업의 매출신장은 놀랍게도 81%에 달했다. 우리나라에서도 무료배송 서비스를 처음 도입했던 온라인 서점이, 뒤늦게 출발했음에도 불구하고 시장점유율 1위로 올라선 주지의 사례가 있다. 이들 사례는 트렌드를 정확히 읽어내고 차별화를 시도한 결과다.

《Next Trend》는 제목에서 유추할 수 있는 것처럼, 앞으로 이 시대를 움직일 것으로 예상되는 트렌드를 분야별로 정리해서 100가지로 소개한 책이다. 저자가 서문을 통해 밝혔듯이, 중요한 사실은 앞으로 5년 내지 10년을 좌우하게 될 각 트렌드가 이미 저마다 '태동기를 거쳐 진행 단계에 들어섰다' 는 점이다.

이제 우리가 선택할 수 있는 길은 두 가지다. 하나는 트렌드를 이용해 남들보다 앞서나가거나 적어도 후회 없이 사는 것이고, 다른 하나는 매번 막차를 타고 남의 탓만 하며 사는 것이다.

세상사 전반을 망라해 100가지의 트렌드를 일별하고 있는 이 책에서 각각의 트렌드에 대해 심오한 전문성을 기대하는 것은 무리다. 바꿔 말하면 전반적인 흐름을 감지하는 것이 이 책의 1차적 목표라는 얘기다. 따라서 옮긴이는 독자 여러분 자신의 일 또는 실생활과 밀접한 관계가

있는 트렌드에 대해서는 좀더 관심을 갖고 분석해 볼 것을 권한다. 제대
로 알아야 지혜롭게 활용할 수 있지 않겠는가. 독자 여러분의 현명한 판
단을 기대해 마지않는다.

2005년 4월

안 진 환

CONTENTS 차례

Chapter 1 성(性)과 가족 트렌드 : '신가족 시대'가 온다

Chapter 2 라이프스타일 트렌드 : 생활 속에서 웰빙을 누린다

Chapter 3 · 비즈니스와 산업 트렌드 : 빠르거나(속도) 커져야(규모) 살아남는다

Chapter 8 — 국제와 정치 트렌드 : 신흥 경제대국을 주목하라

Chapter 9 — 종교와 영성 트렌드 : 신의 나라로 이르는 길이 다양해진다

Chapter 10 건강과 의학 트렌드 : 나는 소망한다, 건강하게 오래 살기를

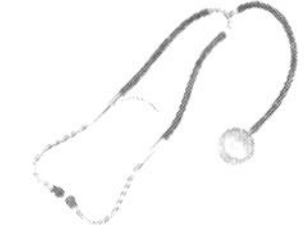

Chapter 1

성(性)과 가족 트렌드

'신가족 시대'가 온다

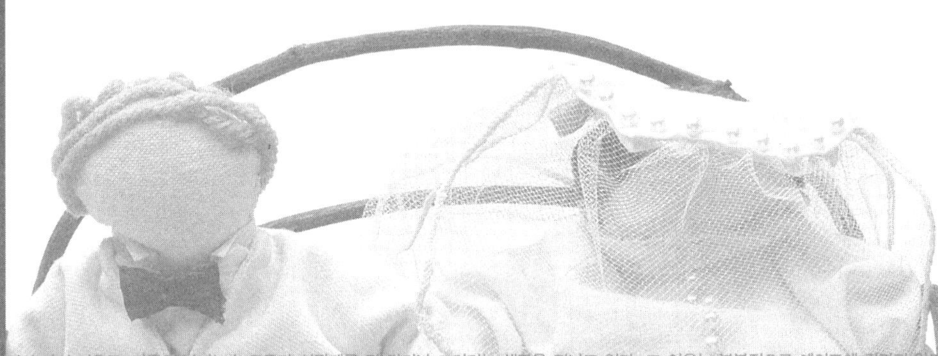

여러 가지 이유로, 미국의 남녀노소 모두가 성관계를 덜 갖거나 그러려는 생각을 지니고 있다. 그 이유는 부분적으로 에이즈에 걸리지 않기 위해서, 또 기독교나 기타 종교들의 오랜 주장인 혼전 순결을 지키기 위해서다. 또 다른 이유, 특히 기혼자나 동거 커플에서 이런 현상이 많이 나타나는 이유는 시간이 없다는 것이다. 미혼 젊은이들 사이에서도 임신하는 경우가 줄어들었고, 결혼할 때까지 성적인 관계를 피하기로 약속하는 사람들도 있다. 생활의 속도가 점점 빨라지고 에이즈 및 성병들이 증가하는 상황을 고려할 때, 이러한 추세는 한동안 지속될 것으로 보인다. 미국인의 성생활을 보여주는 결과들은 관심을 기울여 살펴볼 필요가 있다. 미국 의무감 데이비드 새처가 작성한 미국의 성행위에 관한 2001년 보고서〉에 따르면, 해마다 1,200만 명이 성병(STDs)에 감염된다고 한다. 가장 흔한 성병으로 보고된 것은 클라미디아다. 클라미디아는 15~19세의 청소년들에게서 가장 흔하게 발생한다. 임질은 청소년과 흑인에게서 가장 많이 발생한다. 전국적으로 75만 명의 에이즈가 보고되었고, 약 90만 명이 에이즈 바이러스를 몸에 지닌 채 살고 있다. 4,500만 명의 미국인이 생식기 헤르페스에 감염되어 있다. 임신은 발생 비율의 약 절반이 계획되지 않은 것이며, 이는 매년 130만 건의 낙태로 이어진다. 이 숫자는 임신의 40%가 낙태로 끝난다는 것을 의미한다. 조기 성경험을 줄이기 위한 방법으로 일부 학교에서는 피임 방법과 더불어 금욕에 대해 가르치

001 우리 아빠는 가정주부

Father Goose

만약 당신이 타임머신을 타고 30년 전으로 되돌아가서 오늘날과 옛날의 놀이터 모습을 비교해 본다면, 그네와 미끄럼틀 사이에서 뛰어노는 아이들의 모습이 현재와 별반 다름없다는 사실을 발견할 수 있을 것이다. 그러나 깨진 무릎을 호호 불어주고 과자를 나눠주는 보호자를 잘 살펴본다면 지금과는 뭔가 다르다는 사실을 알아차릴 것이다. 30년 전에는 사실상 이런 일을 도맡은 어른들이 모두 여성이었지만, 오늘날에는 적어도 몇몇은 남성으로 대체되었다.

여성운동은 무서운 기세로 여성들을 일터로 내몰고, 그들이 꼭 집에만 있을 필요가 없다고 가르쳤다. 반면 아빠들은 권위를 잃었고, 남성들은 일터에서 나와 집에 머물 수 있게 되었다. 집에 남아 있는 아빠의 전형적인 모습은 〈미스터 맘(Mr. Mom)〉(마이클 키튼 주연의 1983년 영화—옮긴이)이라는 영화에서 보여지듯이, 실직한 뒤 아내가 돈 벌러 나간 동안 하는 수 없이 아기 기저귀나 가는 굴욕적이고 거북스런 모습이었다.

그러나 지금은 점점 더 많은 아빠들이 아이가 좋아서, 그리고 아이들과 보내는 시간이 즐겁기 때문에 집에 남는 것을 선택하고 있다. 엄마가 아빠보다 자신의 일을 더 좋아하는 경우가 부가적인 요인이 되기도 한다. 그러나 경제적인 요소가 결정적으로 작용한다. 즉 엄마가 아빠보다 수입이 더 좋을 경우, 아빠가 집에 남는 것을 선택할 충분한 이유가 되는 것이다. 대체로 남자가 살림을 하는 부부는 아이를 보모나 놀이방에 맡기는 것 대신 강한 책임감을 가지고 직접 아이를 돌본다. 결정해야 할 유일한 문제는 부모 중 어느 쪽이 그 일을 맡을 것인가 하는 일이다.

앞으로도 여성들이 가사나 자녀교육 업무를 수행하는 절대 다수가 될 것임은 의심의 여지가 없다. 그렇기는 해도, 집에 머무는 아버지의 숫자는 점점 증가해 왔고 앞으로도 그럴 것이다. 한 연구의 추정에 따르면, 현재 미국에서 집에 머무는 아버지의 숫자는 1986년에 비해 네 배나 증가해 200만 명에 이르고, 이와 같은 가족 형태는 가장 빠르게 증가하는 모델이 되고 있다.

이런 경향이 확대되면서, 전일제 아빠 역할에 변형이 나타났다. 양쪽 부모가 각각 반일제 직업을 가지고 나머지 시간은 아이를 돌보는 가족 형태가 바로 그것이다. 때로는 경제적인 고려에서 이런 형태가 탄생하기도 하지만, 더 주된 이유는 행복을 나눈다는 단순하지만 소중한 이유에서다. 부모 모두 일도 하고 아이들과 함께 시간을 보내고 싶어하기 때문이다. 아내와 교대해 두 사람 모두 일하고, 아이도 돌볼 수 있는 블루칼라직에 종사하는 남성들이 이런 흐름을 주도하고 있다. 예를 들어 경찰관이나 소방관이 야간 교대조로 일할 때는, 자녀들이 학교에 가는 낮 시간에는 잠을 잔다. 그리고 저녁에는 낮 동안 일한 아내가 집으로 돌아와 아이들을 맡는다. 교대시간이 바뀌면 거기에 맞춰서 아이들을 돌보는 것이다.

이런 형태는 프리랜서, 재택근무자, 또는 집에서 일할 수 있는 직종의 사람들에게 적합하다. 교대 육아 시스템은 하루종일 밖에서 일하는 화이트칼라직 부부들에게서는 찾아보기 힘들지만, 이 경우에도 의지만 있다면 길은 있다. 2003년 11월 〈뉴욕 타임스(The New York Times)〉의 칼럼니스트인 리자 벨킨은 하나의 전문직을 가진 채 절반 시간은 일을 하고 나머지 시간은 육아에 보내는 사람들(신생아학자, 천체 물리학자, 목사 등)에 대해 소개했다.

또 다른 사례로는 아버지가 둘인 동성연애자 커플로, 한 사람은 육아를 담당하고 다른 사람은 일을 한다. 아직까지는 드문 모델이지만, 이 같은 가족 형태도 점점 증가하고 있는 추세다. 미국에는 아이를 양육하는 6만 명의 남성 커플이 있는데, 이 중 26%가 둘 중 한 사람이 집에서 살림만 하는 커플이다.

〈뉴욕 타임스〉의 보도에 따르면, 이 수치는 아이가 있는 일반 부부들에 비해 1%가량 높다. 그도 그럴 것이 이들 커플은 아이를 얻는 데 수많은 어려움을 겪은 사람들이라, 아이를 보모나 놀이방 등에 맡기기보다는 직접 키우는 데 유독 적극적이기 때문이다.

집에 남는 아빠가 되는 일에는 많은 어려움이 뒤따른다. 그 중 몇 가지는 집에 있는 엄마들이 겪는 문제들과 동일하다. 구체적으로 언급하자면 매일 식사준비를 하고 아이들의 놀이에 대해 잡담이나 하는 따분

함, 일에 대한 성취를 이루지 못한 아쉬움, 사회에 대한 기여도가 제대로 평가받지 못한다는 느낌 등이다. 그러나 주부아빠들은 온통 엄마들에 둘러싸인 현실에서 느끼는 고립감과 불안감을 하나 더 갖게 되고, 심지어 자신이 제대로 된 남자가 아닌 것 같다는 의구심도 품는다. 1996년 로버트 A. 프랭크 박사의 연구에 따르면, 집에 머무는 어머니들 중 소외감을 느낀다고 답한 사람이 37% 정도였지만, 집에 머무는 아버지는 63%가 그렇다고 답했다.

그러나 아버지가 집에 남아 아이를 돌보는 일에는 큰 장점이 있다. 아이들이 하루종일 부모와 지낼 수 있다는 것이다. 특히 주목할 만한 점은 아버지가 자녀와 함께 있을 때 더 큰 장점을 얻을 수 있다는 보고서가 계속 발표되고 있다. 〈크리스티애너티 투데이(Christianity Today)〉 2000년 가을호에는 성공적인 아버지되기 센터(the Center for Successful Fathering)에서 실시한 연구결과를 실어서 관심을 모았다. 보고서는 아버지가 육아에 적극적으로 임할 때 아이의 성적이 더 좋으며, 좀더 안정된 심리상태를 가진다는 연구결과를 내놓았다. 또한 청소년 범죄나 청소년 임신의 위험이 적다고 발표했다.

또 다른 연구에서도 아버지가 맡아서 키운 아이들의 말하기 능력이 그렇지 않은 아이들보다 더 뛰어나고 학문적 성취도 역시 높다는 결론을 얻었다. 위의 연구들에서 아버지들이 얻는 혜택은 측정되지 않았다. 하지만 아버지들 역시 겉으로 드러나지는 않으나 자녀들과 함께 놀이문화를 공유하고, 여유 있는 속도로 삶을 살아가는 기쁨을 느낄 수 있을 것이다. 무엇보다 자녀를 직접 양육하면서 금방 스쳐 지나가게 마련인 어린 자녀와의 즐거운 순간들을 놓치지 않는 소중한 경험을 얻을 수 있을 것이다.

002 미녀 삼총사와 우먼파워
Grrrl Power

몸매가 다 드러나는 비키니 수영복을 입는 것, 화염방사기를 쏘는 것, 스스로를 막나가는 여자라고 부르는 것, 그리고 대학에 다니는 것 등에는 어떤 공통점이 있을까? 이들 행동은 우먼파워를 상징적으로 보여주는 모습이다.

우먼파워라는 말은 소녀들과 여성들이 사회에서 자신들을 정의하고 존재하도록 하는 방법이 증가하고 있음을 보여준다(사회적 인정 여부는 별개로 말이다). 소녀들은 옷 입는 스타일에서 성적(性的) 특징을 부정하고 청소년기의 신체적 변화시 수반되는 행동들을 거부하기도 한다. 즉 성 거부자가 되어 '멋진 여자'가 되는 것에 관심을 두지 않을 수 있다. 그들은 위험한 격투기나 칼싸움, 그리고 살인 등과 같이 전적으로 남성적인 행동으로 인식된 일에 전념하거나 거기에서 뛰어난 능력을 발휘할 수 있다. 이는 〈미녀 삼총사(Charlie's Angels)〉와 〈킬빌(Kill Bill)〉 등의 영화에서 흔히 볼 수 있는 여성 복수자의 캐릭터다. 또는 전형적인 여성상을 비웃고 또한 그들 사이에 비집고 들어가기 위해 성적인 매력을 나타내는 표현들(옷 입기, 화장, 예술적 표현 등)을 과장할 수도 있다.

최근 들어 나타난 우먼파워의 예는 21세기판 비키니다. 이는 단순히 남성에게 추파를 던지거나 옷을 벗어 젖히고 선탠하는 일을 말하는 것이 아니다. 그것은 여성의 성과 파워에 대한 선언이다. 스피도사(社)의 마케팅 담당 부사장인 크레이그 브라머스는 〈뉴욕 타임스〉에서 다음과 같이 말했다. "사람들은 그 어느 때보다도 더 꽉 죄는 스타일을 원한다. 동시에 더 많은 소녀들이 과거 어느 때보다도 스포츠에 적극적이다. 그들에게 비키니를 입는 것은 '여기 강하고 탄력 있는 나의 몸이 있다' 는 의미 부여의 표출이다. 이것은 단순히 '성적 매력이 있음' 을 훨씬 넘어서는 것이다."

우먼파워를 가진 여성들은 예전의 페미니스트 선배들보다 단결심이 그리 강한 편은 아니다. 두 편의 〈미녀 삼총사〉 시리즈에 등장했던 여성들은 강한 결속력을 소유한 수십 년 전의 운동가들이 아니라, 범죄를 해결하는 촐싹대는 무리다. 몇 년 전 여성의 결속을 축복하며 출간된 《걸 프렌드(Girlfriends)》 시리즈와 《야야 자매애(Ya-Ya Sisterhood)》 등의 출판물도 가볍기는 마찬가지다. 여신과 마녀에 대한 찬양 또한 힘을 발생시키기 위해 이미 과거에 경시했던 이미지들을 사용한 것으로서, 우먼파워를 나타내는 장치들이다.

21세기 초는 아마도 우먼파워의 시대가 될 것이다. 이 시기에 성인이 되는 여성들은 과거 어느 때보다도 더 많은 것, 이를테면 더 많은 자신감, 더 많은 경제적 독립, 더 많은 교육 등을 획득하는 세대가 될 것이다. 사실상 교육 면에서 여성은 큰 성공을 거둘 것이다. 모든 문화적 현상이 그렇듯 이것은 예상치 못한 결과다.

과거에는 남성이 여성보다 더 많이 대학에 진학했지만, 지금은 미국 내 모든 주에서, 즉 소득수준과 인종, 민족의 경우를 불문하고 이 같은 현상이 역전되고 있다. 2003년에는 남성 100명 대비 여성 133명이 학사학위를 취득했다. 2010년에는 이 숫자가 100 대비 142명, 2020년에는 100 대비 156명이 될 전망이다. 대학에서 여성의 숫자가 지배적인 우위를 차지한다면, 그들은 스스로를 어떻게 정의할까? 여성이 사회에서 주도권을 쥐게 된다면 우먼파워는 이제 무엇을 위해 싸우게 될까?

003 연애는 Yes, 섹스는 No
Less Sex

여러 가지 이유로, 미국의 남녀노소 모두가 성관계를 덜 갖거나 그러려는 생각을 지니고 있다. 그 이유는 부분적으로 AIDS에 걸리지 않기 위해서, 그리고 기독교나 기타 종교들의 오랜 주장인 혼전순결을 지키기 위해서다. 특히 기혼자나 동거 커플에서 이런 현상이 많이 나타나는 이유는 시간이 없다는 것이다. 미혼 여성들 사이에서도 임신하는 경우가 줄었고, 결혼할 때까지 성적인 관계를 피하기로 약속하는 사람들도 있다. 생활의 속도가 점점 빨라지고 AIDS 및 성병(STDs)들이 증가하는 상황을 고려할 때, 이러한 추세는 당분간 지속될 것으로 보인다.

미국인의 성생활을 보여주는 결과들은 관심을 기울여 살펴볼 필요가 있다. 미국 보건부 장관 데이비드 새처가 발표한 미국인 성행위에 대한 2001년 보고서에 따르면, 해마다 1,200만 명이 성병에 감염된다고 한다. 가장 흔한 성병으로 보고된 것은 클라미디아다. 클라미디아는 15~19세 사이의 청소년에게서 가장 흔히 발생한다. 임질은 청소년과 흑인에게서 많이 발생한다. 또한 전국적으로 약 75만 건의 AIDS가 보고되었고, 약 90만 명이 AIDS 바이러스를 몸에 지닌 채 살고 있다. 4,500만 명의 미국인이 생식기 헤르페스(포진)에 감염되어 있다. 임신은 발생 비율 중 약 절반이 계획되지 않은 것이며, 이는 매년 130만 건의 낙태로 이어진다. 이 숫자는 임신의 약 50%가 낙태로 끝난다는 것을 의미한다.

조기 성경험을 줄이려는 노력으로 일부 학교에서는 피임방법과 더불어 금욕에 대해 가르치고 있다. 그러나 각종 보고서에 따르면, 이런 프로그램들이 성관계를 처음 시작하는 시기에는 아무런 영향을 미치지 못하며, 피임교육은 성생활을 더 이상 증가시키지 않는 정도의 효과가 있을 뿐이다.

성적 경계심에 대한 대중적인 요구는 여러 방면에 걸쳐 표출되고 있다. 1990년대 초반 이후, 여러 신교와 구교의 청년층이 금욕을 모토로 하는 클럽을 결성해 왔다. '베스트 프렌드', '선택', '차세대' 등의 이름을 사용하는 이들 클럽의 멤버들은 결혼 전에는 성관계를 삼가하겠다는 맹세를 한다. 엔리코 이글레시아스 같은 유명 인사들은 공식적인 자리에서 혼전순결을 발표했다.

교회는 여전히 성에 대해서 보수적인 입장을 취한다. 미국에서 가장 유명하리라 생각되는 한 가톨릭교회는 혼전순결을 요구한다. 금욕에 대해서는 교회와 국가 간 모종의 합의가 있다. 지난 몇 년 간, 미국 정부는 혼전순결을 장려하는 성교육 프로그램을 지지·후원해 왔다. 2001년에는 연방정부에서 공교육 보건 커리큘럼을 통해 젊은이들에게 '완전한 금욕'을 교육하는 데 115만 달러를 지출했다. 장래의 프로그램을 위해서도 추가적인 예산이 편성되었다. 2003년 세계 HIV/AIDS 예방법 수정안은 전체 기금의 33%를 혼전순결 프로그램에만 사용하도록 배

정했다.

혼전순결을 장려하는 기관 중에는 비정부 단체들도 있다. 그 중 하나인 체스트메이츠(Chastemates.org)는 자체 사이트에 "혼전 성관계의 절제는 특정 종교의 가르침과 관계없이 건강을 위해 매우 긍정적인 의미를 담고 있다"고 명시한다.

학교와 부모, 또는 의학적 영향이 있든 없든, 성관계를 절제하는 젊은 이들이 늘고 있다. '디트로이트 가족계획 관보' 에서 실시한 조사에서는 일부 젊은이들의 성경험이 줄어들었다고 발표했다. 예를 들어 1988년에는 15~19세의 남학생 중 60.4%가 성경험이 있으나, 1995년에는 그 비율이 55.5%로 떨어졌다. 마찬가지로, 15~19세의 여학생 중 성경험을 한 비율은 1990년 55% 수준에서 1995년에는 50% 정도로 떨어졌다. 이를 두고 누군가는 이렇게 평가했다. "이런 경향은 젊은 세대들이 성관계에 대해 관심이 없거나(less concerned) 걱정이 많기(more concerned) 때문인 것 같다."

중매쟁이나 소개팅 따위는 잊어버려라. 이제는 세계적으로 컴퓨터가 새로운 중매쟁이로 부상했다.

온라인을 통해 짝을 찾는 추세는 20세기 후반에 정착되었고, 21세기에는 더욱 활성화될 것이다. 현재 온라인을 이용한 데이트 현상에 대해 제니퍼 이건은 〈뉴욕 타임스〉에서 이렇게 말했다.

"현재 수백만 명의 미국인이 온라인상에서 사랑을 찾기 위해 많은 시간과 돈을 쏟아 붓고 있다."

2003년 8월 한 달 동안 4,000만 명의 미국인이 온라인 데이트 사이트를 방문했다. 그들은 2003년 상반기 동안 개인광고 사이트와 데이트 사이트에 2억 1,430만 달러를 지출했다. 인터넷 데이트 사이트는 다양한 검색조건을 갖추고 있어서 사용자가 자신이 원하는 상대를 손쉽게 찾을 수 있다.

온라인 이성교제 시장은 매우 인기 있고, 수익성도 높아 점점 더 전문화되어 가는 추세다. 이미 온라인을 통한 개인광고와 결혼정보가 많은 호응을 얻고 있다. 이하모니(eHarmony.com)와 같이 조건으로 적합한 상대를 찾아주는 사이트나, 클래스메이츠(Classmates.com) 같은 동창 모임 사이트, 그리고 같은 종교를 가진 사람 중에 알맞은 상대를 찾아주는 사이트들이 활발하게 활동 중이다. 평판이 나쁘고 금방 사라지는 무국적 광고 사이트들도 있다. 어떤 쪽이든지 온라인 데이트 사이트들은 앞으로 더 많은 연인들을 결혼에 골인시키거나 호텔방으로 유인할 것이다.

대부분의 이성교제 사이트는 상호 관심사와 성격에 기초해 상대를 선택할 수 있는 서비스를 제공한다. 이하모니 사이트에서는 서로에게 좀더 잘 맞는 상대를 찾아주기 위해 성격분석 테스트를 활용한다. 퍼펙트매치(PerfectMatch.com)도 성격 테스트를 사용한다. 이 테스트는 관계 전문가인 페퍼 슈워츠 박사가 개발한 것으로, 괜찮은 상대가 나타나면 메신저로 상대방과 바로 대화를 나눌 수 있다. 프렌드파인더(FriendFinder.com) 와 같이 국제적인 지원자군(?)을 제공하기 위해 최신 기술을 사용하는 곳도 있다. 프렌드파인더는 시대에 뒤떨어진 매칭 기법에 의존하기보다 사람들이 기술과 자연스러운 인간 행동 사이에서 적절한 균형을 찾도록 돕는다고 말한다.

동창 사이트들은 일반적인 데이트 사이트들보다 훨씬 막강한 힘을 구축하고 있다. 동창 사이트들은 이상적인 새 짝을 만나기 위한 바람 대신, 오랜 기억에 의존한다. 한 동창 사이트를 오랫동안 이용해 온 한 여성은 〈뉴욕 타임스〉에서 이렇게 말했다.

"우리는 그들과 함께 자랐다. 우리는 그들과 삶의 일부분을 공유하고 있으며, 그들을 신뢰할 수 있다. 거기에는 집으로 돌아가는 것처럼 편안한 그 무언가가 있다."

오랜 기억 속에 남아 있는 옛 동창을 찾아주는 전문 사이트로는 클래스메이츠 외에도 리유니온스(Reunions.com), 그래드파인더(GradFinder.com) 등이 있다. 클래스메이츠는 1995년에 시작한 가장 권위 있는 사이트 중 하나다. 등록 회원수가 3,200만 명이며, 그 중 180만 명이 유료회원이다. 동창생이 아닌 사람을 찾는 유사한 검색 사이트로는 스위치보드(Switchboard.com)가 있다. 이 사이트는 다른 이성교제 사이트들과 마찬가지로, 회원등록을 받고 찾는 조건에 맞는 사람들의 이메일 주소를 제공함으로써 수익을 창출한다.

틈새 시장을 공략하는 데이트 사이트들도 있다. 제이데이트(Jdate.com)는 유대인 혈통을 가진 사람들을 모으는 것을 목적으로 하고 있다. 바니티데이트(Vanitydate.com)는 외모가 뛰어난 사람들의 데이터베이스를 구축해, 용모가 수려한 사람들끼리 연결시켜 주는 데 목표를 두고 있다.

일부 사이트는 화상과 음성 서비스뿐 아니라, 사교 모임까지 열어 이성의 만남을 촉진하기도 한다. 예를 들어 매치(Match.com)라는 사이트에서는 매달 파티를 여는데, 그 중 몇 번은 요리 등의 특별한 주제를 선정해 준비한다. 일반적으로 이런 온라인과 연계된 활동들에서 잠재 파트너들은 자유롭게 어울리면서도 일정한 거리를 유지한다. 이건은 〈뉴욕 타임스〉에서 "이런 파티는 진행시간이 너무 길지 않아야 한다는 불문율이 있다"고 말했다.

또한 뉴욕 옵저버(New York Observer)나 너브(Nerve)와 같은 개인광고 사이트도 인기가 많다. 그러나 여러 가지 이유 때문에, 그런 광고들은 동창 사이트나 저명한 데이트 사이트에 비해 의심스럽다. 그 중 한 가지 이유는 인쇄물로 된 개인광고들이 흔히 그렇듯, 거짓말을 일삼아 사람들을 현혹하기 때문이다. 조사결과 남성들은 자신이 실제보다 키가 더 크고 미혼이라고 속이고, 여성들은 자신이 더 젊고 더 몸매가 좋다고 속이는 것으로 드러났다.

데이트 사이트들의 지나친 열성이 부담스러운 사람들을 위한 안티 데이트 사이트들도 있다. 이들은 기존의 수단들로 연결 짓기를 거부하고 감성적인 분위기를 배제한 기술에 의존한다. 예를 들어 개발 중에 있는 사이트 솔브데이팅(Solvedating.com)에서는 영혼의 짝(soul mate)을 찾기 위해 수학 방정식과 인구통계, 그리고 사랑 경제학의 조합을 도입할 예정이다.

온라인 데이트 사이트는 계속 호황을 누릴 것이다. 매우 손쉽게 수요를 충족시키며, 점점 확대되는 온라인 사회에 적합하기 때문이다. 칼럼니스트 데이비드 브룩스는 데이트 사이트가 구애에 필요한 시간도 절약해 준다고 말한다. 온라인 데이트 사이트는 사람들에게 곧바로 만남을 가지기보다는(친밀한 관계로 발전하는 것은 말할 필요도 없고), 우선 온라인 상에서 서로에 대해 알아가는 시간을 가질 것을 요구함으로써 만남에 대한 기본 틀을 정하고 있다. 브룩스는 온라인을 통한 이성교제 현상을 "사람들이 만나서 사귀는 과정상의 혁명이며, 그 과정은 냉혹할 정도로 사무적이지만 그러면서도 이상하리만큼 부드러운 느낌을 준다"고 평가 했다.

005 새로운 성, 메트로섹슈얼
Metrosexuals

영국의 작가이며 문화비평가인 마크 심슨은 1994년에 영국의 일간지 〈인디펜던트(Independent)〉에 기고한 '거울 왕자의 등장'이란 글에서 여성스러운 경향이 있지만 정상 범주에 속하는 현대 도시 남성에게 '메트로섹슈얼'이란 이름을 붙였다.

"메트로섹슈얼은 게이, 정상인, 양성애자를 불문하고 옷 입는 감각이 세련되며 스스로를 사랑하는 사람들이다. 그들은 자기애적 삶의 방식을 추구하고, 다른 젊은이들이 선망과 질투의 시선으로 자신들을 바라봐 주기를 바란다. 유럽의 메트로섹슈얼로는 영국의 가수 로비 윌리엄스와 축구스타 데이비드 베컴이 있다."

심슨은 2002년 살롱닷컴(Salon.com)에서 미국인들에게 "메트로섹슈얼을 만나라"고 말했는데, 얼마 후 그의 말처럼 메트로섹슈얼이라는 용어는 미국에서 널리 쓰이는 말이 되었다.

그러나 메트로섹슈얼이라는 말은 미국에서 다른 의미가 되었다. 주로 에로틱한 성향의 범성설(인간의 행동은 모두 성 충동에 기초한다는 이론적 나르시즘—옮긴이)을 상징하는 대신, 미국의 메트로섹슈얼은 몸치장과 청결이라는 좀더 건강한 의미로 변형되었다. 한때 TV 탤런트였던 마이클 플로커가 쓴 《스타일에 대한 메트로섹슈얼 가이드(Metrosexual Guide to Style)》라는 책은 부분적으로 여성을 유혹하는 방법에 대한 안내서나 다름없다.

놀랄 것도 없이, 미국 유명인들은 메트로섹슈얼들이 스타일을 추구하지만 여성을 염두에 두고 있다고 말했다. 이런 사람들로는 가수 션 퍼피 콤즈와 영화배우 브래드 피트, 벤 애플렉 등이 있다. 그러나 대중매체 중 그 어느 것보다 메트로섹슈얼의 특징이 가장 잘 나타난 것은 양성애자의 가정과 자아에 게이의 미적 향취를 가미한 TV 프로그램 〈정상적인 남자를 향한 미심쩍은 눈길(Queer Eye for the Straight Guy)〉이다.

앞으로 몇 년 안에, 메트로섹슈얼은 마케팅 수단으로서 그 목소리를 가장 드높일 것으로 보인다. 다국적 광고대행사인 유로 RSCG 월드와이드(Euro RSCG Worldwide)는 '미국 남성의 미래'라는 보고서에서, "남성다움을 구성하는 것이 무엇이라고 생각하는가"라는 질문에 대한 21~48세 남성들의 응답을 도표로 만들었다. 이 보고서는 현재 성인 남성이 성적인 면과 개인적인 선택 면에서 '정상' 범주에 속한다고 결론 내렸다. 즉 남들이 남자답지 못하다고 생각하든 말든, 그들은 원하는 것을 하고, 원하는 것을 사고, 원하는 것을 즐기는 데 자유롭다.

화장품과 의류를 비롯한 패션 관련 회사들에게 메트로섹슈얼은 관심을 가져볼 만한 새로운 시장이다. 마크 심슨의 말에 따르면, 메트로섹슈얼은 '광고주들의 걸어다니는 꿈'이다. 남성 의류와 뷰티케어 시장의 크기는 그들이 꼬부랑 할아버지가 될 때까지 수백억 달러에 이를 전망이다. 방취 효과와 남성적 향기로 남성의 자신감을 증대시켜 준다는 유니레버(Unilever)의 바디 스프레이 '액스(Axe)'와 같은 상품이 보여주는 것처럼, 이들은 남성 미용용품 시장이 대상으로 삼는 집단에 붙일 만한 적절한 용어를 제공해 준다.

최근 벤 애플렉을 자사의 광고 모델로 발탁한 로레알(Loreal)의 홍보 담당자는 "성격은 남성답지만 자신의 외모에 신경 쓰는 것을 부끄럽게 여기지 않는, 새로운 세대의 남성상을 잘 보여주는 인물이 바로 벤 에플렉이다"라고 소개했다. 2004년에는 여성 쇼핑지 〈러키(Lucky)〉와 유사한 형태의 남성 쇼핑지도 출간됐다.

앞으로 후손들이 메트로섹슈얼을 어떻게 판단할지는 알 수 없다. 그들은 유약하고 나약하지만 옷을 잘 입는 사람들로 여겨질지도 모른다. 메트로섹슈얼은 시대를 초월한 스타일의 21세기 대표주자일 수도 있고, 스스로의 힘에 사로잡인 근대의 나폴레옹일 수도 있다. 역사가인 앤 더글러스는 미국 문화에서 여성화가 진행되고 있다는 예 중 하나로 그들을 인용할지도 모른다. 머리를 멋지게 손질하고 잘 차려 입은 '애플렉족'은 현 세기의 고풍스런 경향을 보여주는 표본이다. 보습제는 더 이상 여성의 전유물이 아니다.

006 식을 줄 모르는 금발의 매력

Blondes Forever

2002년 9월, 세계 주요 매스컴은 앞으로 200년 후면 금발이 지구상에서 영원히 사라질 것이라고 보도했다. 앞으로 두 세대 후에는 열성 유전자인 금발머리 유전자를 가진 사람이 희귀해져서, 2202년이 되면 금발유전자가 사라진다고 세계보건기구(WHO)의 연구에서 밝혀냈다는 것이다. 그리고 최후까지 천연 금발이 남게 될 곳은 천연 금발이 가장 많이 분포한 핀란드가 될 것이라고 했다.

하지만 최근에 그 보도는 사실이 아님이 드러났다. CNN, ABC, BBC 등의 웹사이트는 자신들의 주장을 철회했다. 세계보건기구는 성명서에서 "우리는 그 보도의 출처가 어디인지 전혀 알지 못하며, 미래에 금발이 존속할지 여부에 대한 의견을 낸 적이 없다"고 강조했다. 〈워싱턴 포스트(The Washington Post)〉에 따르면, 그 잘못된 정보는 세계보건기구의 자료를 근거 없이 인용한 어느 독일 잡지의 기사에서 시작된 것이라고 한다.

에든버러 대학의 피부학 교수 조나단 리즈는 천연 금발이 비록 멸종 위기에까지 처하지는 않더라도, 이들의 숫자가 줄어들 가능성은 있다고 밝히고 있다. 리즈 교수는 BBC 온라인에서 "어떤 유전자가 생존에 불리한 경우나 우연히 유전자가 사라지는 경우를 제외하고는 유전자가 사라지는 일은 없다. 이 중 금발이 사라지는 경우가 있다면 오로지 이

유전자가 생존에 불리한 경우인데, 나는 금발이 그런 경우에 해당한다고 생각하지 않는다"고 자신의 주장을 피력했다.

사실상 세계적으로 천연 금발인 성인은 0.001%에 지나지 않다. 그러나 아주 효과 좋고 저렴한 염색약과 금발에 대한 높은 인기 덕분에, 금발의 수는 늘어날 것이다. 〈USA 투데이(USA Today)〉는 20세기 초반부터 사람들이 금발 염색약을 살 수 있게 되었고, 지금은 전체 염색약 판매량의 40%를 금발머리 염색약이 차지한다고 전했다. 조아나 피트먼은 《금발에 대하여(On Blondes)》라는 저서를 통해 미국만 살펴보더라도 여성 세 명 중 한 명이 금발로 염색하고 있다고(실제로 20명 중 1명만 천연 금발이다) 밝혔다. 이들 중 상당수는 가수 비욘세 놀스나 테니스 스타 세레나 윌리엄스 같은 흑인이다. 또 가수 에미넴 같은 남성들도 있다(남성은 헤어케어 시장에서 2억 달러 이상을 차지한다).

금발머리를 갖고 싶어하는 이유 중에는 젊어 보이거나 더 섹시한 느낌을 주려는 욕망, 또는 멋있게 보이려는 욕망이 자리한다. 로레알이 "당신은 소중하니까요!"라는 광고 문구를 앞세워 사람들에게 금발로 염색하라고 유혹했던 1970년대 이래, 금발머리를 갖는다는 것은 자아를 확인하는 한 가지 방법으로 자리잡았다.

패션의 나라 일본에서도 금발 염색약의 판매가 급격히 증가했다. 일본의 한 주요 염색약 회사의 일본 내 금발 염색약 판매량은 전체 염색약 판매량의 4분의 1에 달한다.

전통적으로 일본에서 '아름다운 여성의 조건'이라 불렸던 윤기나는 검은색 머리는 좀더 밝은 색 머리, 더 나아가 금발머리에 자리를 내주었다. 여러 세대에 걸쳐 여성들이 머리색을 밝게 염색해 온 유럽에서는 금발 염색약의 판매량이 여전히 높은 수치를 보이고 있다. 금발로 염색한 사람 중 가장 유명한 사람은 고(故) 다이애나 황태자비로, 그녀는 평범한 짙은 색 머리에서 금발의 명사(名士)가 되었다.

금발머리가 사라질지도 모른다는 사소한 보도가 전세계적인 관심을 불러일으킨다는 사실은(어떤 언어가 소멸될 때 주로 학자들만 관심을 가지는 데 반해) 금발머리의 매력이 지속되고 있다는 점을 나타낸다. 2000년이 넘도록 사람들은 젊음과 힘, 그리고 성적 매력의 상징으로 금발머리에 마음을 뺏겼다. 따라서 금발은 사라지지 않을 것이다. 금발로 염색한 여성들이 원래 금발머리인 여성들보다 더 매력적이라는 사실을 보여주는 연구와 더불어, 14억 달러의 헤어케어 시장이 그 사실을 뒷받침한다.

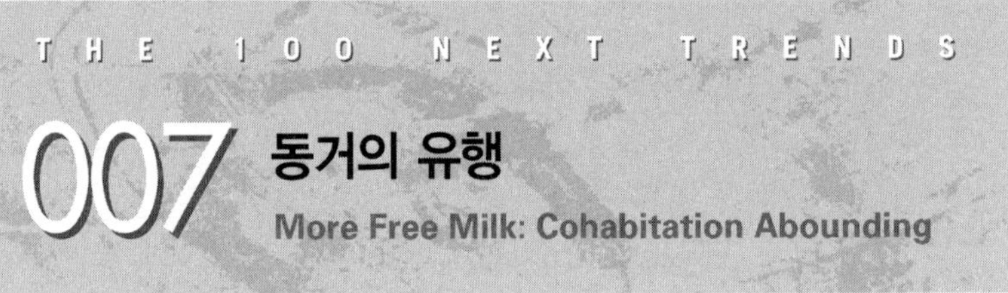

두 세대 전의 부모들은 자신의 딸들에게 남자친구와 함부로 동거하지 말라고 당부했다. 혹시 동거를 하면 결혼할 수 없을지도 모른다는 걱정 때문이었다(공짜로 우유를 얻을 수 있는데 뭐하러 소를 사겠는가?).

2000년 인구조사에 따르면, 이 말에 주의를 기울인 여성은 많지 않았던 것 같다. 인구조사는 동거하는 미혼 남녀의 수가 지난 10년 간 72%나 증가했다고 보고했다. 더 나아가 동거자들은 인구통계와 경제 스펙트럼 전체에 걸쳐 있으며, 이는 모든 인종이 마찬가지다. 미혼자들을 위한 국가 비영리 기관인 결혼 대안 프로젝트(Alternatives to Marriage Project)의 마셜 밀러는 이렇게 밝혔다. "미혼 동거를 뭔가 불미스러운 것으로 바라보던 사회의 시선이 많이 바뀌었다. 이제는 대부분의 사람이 결혼 전에, 또는 결혼 대신에 하는 선택 사항으로 생각한다."

동거는 확실히 자리잡은 형태가 되었다. 1970년에는 열 쌍 중 한 쌍만이 동거를 택했다. 1960~2000년에는 동거 커플의 수가 43만 6,000쌍에서 470만 쌍으로 10배나 증가했다. 2003년에는 동거 커플이 약 550만 쌍에 달했다. 미국의 기혼 커플은 약 5,500만 쌍으로 절대다수를 차지하지만, 전반적으로 그 숫자는 감소하는 추세다. 1990년에 기혼 커플은 미국 가구 전체의 55.1%에 불과했고, 2000년에는 52%였다. 두 수치 모두 기혼 커플이 78%였던 1950년 당시와 비교하면 미미한 수준이다.

다른 인구통계 자료는 각양각색의 동거형태와 이유를 설명하고 있다. 먼저 동거에는 정해진 연령이 없었다. 전체 동거자 중 3분의 1이 25~34세이며, 23%가 45세 이상, 4%가 노인층이다. 평균 동거기간은 2년이다. 결혼 전 예비단계로 함께 사는 것은 이제 흔한 일이다. 결혼 경험이 있거나 30세에 이른 약 절반의 여성이 결혼하기 전에 남성과 살아본 경험이 있었다. 그리고 거의 절반의 동거 커플에게 아이가 있다. 동거 중이거나 미혼인 부모와 함께 살고 있는 아이들은 모두 합쳐 330만 명 정도다. 결혼하지 않고 동거하는 노인들은 대체로 연금과 사회보장, 의료혜택 등을 유지하기 위해서 동거를 택한다.

결혼으로 관계를 공식화할 수 없는 동성애 커플도 동거 커플 수에 포함된다. 경제여건 역시 동거결정에 영향을 미친다. 극빈자들은 다른 계층에 비해 동거확률이 높다. 어떤 추정에 따르면, 아이들과 함께 사는 동거 커플의 3분의 1이 빈곤 이하의 삶을 살고 있다고 한다.

동거가 증가세에 있어도, 동거가 가족관계에 미치는 갈등은 계속되고 있다. 1990년대 중반 실시된 연구들은 동거 커플들이 기혼 커플에 비해 배우자나 관계에 충실하지 못하다는 결과를 발표했다. 이들 연구는 동거 커플들이 그들의 관계에 대해 그다지 만족하지 못하며 일부일처제에 충실하지 못하다고 보고했다.

2003년 펜 주립대학 연구원들이 〈결혼과 가족 저널(Journal of Marriage and the Family)〉에 기고한 논문에 따르면 결혼 전에 동거를 하는 것은 문제가 많은 결혼생활, 이혼, 결별률 등과 깊은 관계가 있다고 주장한다. 동거가 그리 흔하지 않았던 1964~80년 커플들과 동거가 일반화된 1981~97년의 커플들의 행복지수를 비교해 보았는데, 두 그룹 모두 동거 커플의 행복지수가 더 낮았고 결별률도 평균보다 높았다. 그 주요 이유는 배우자의 부정행위 때문이었다. 기혼 여성은 동거 여성에 비해 다른 섹스 파트너를 둔 비율이 5분의 1밖에 되지 않았다. 연구자들은 그 부정적인 결과들이 부분적으로, 동거인들이 더 위험한 파트너를 선택하는 것과 관련이 있다고 한다.

동거인들의 특징을 연구의 초점으로 삼은 존스 홉킨스 대학의 한 연구에서는 결혼 배우자를 찾는 사람들이 장기간 고려 사항에 해당하는 귀속 특징(나이와 종교 등)을 알아보는 것과 달리, 동거를 희망하는 이들은 관계에 기여하는 단기간의 능력에 해당하는 교육수준 등을 확인하는 경향이 있다는 사실을 발견했다.

그러나 이 연구에서는 지난 20년 간 동거비율이 증가해 왔지만, 이혼율은 반대로 떨어졌다는 것도 함께 거론하고 있다. 1980년대 이후 이혼율은 약 50%에 그쳤고, 21세기 초반에는 43%까지 떨어졌다.

동거는 현재 여러 가지 형태로 정부와 기업에서 합법적인 것으로 인정받고 있다. 2005년까지 3,500개가 넘는 사기업, 단과대학, 종합대학, 그리고 주정부와 지역정부가 건강보험이나 가족 휴가제 등의 혜택을 동거 커플에게 제공할 예정이다. 이미 2003년 〈포천(Fortune)〉지가 선정한 500대 기업의 3분의 1 이상이 정상 결혼가족에게 제공되는 사원복지 혜택을 동거가족에게도 제공하고 있다.

결혼 대안 프로젝트의 사무총장인 도리안 솔롯은 이러한 변화들에 대해 언급하며, 결혼을 하는 것이 영원히 행복하게 살 수 있는 유일한 방법은 아니라고 주장한다. 수백만 명의 동거 미국인이 지금 그 주장을 시험하고 있으며, 앞으로도 수백만 명이 이 실험에 가담할 것이다. 여러 가지 형태로, 그들은 21세기의 큰 트렌드인 가족 재정의에 기여할 것이다. 동거 커플, 복합 가족, 게이 가족은 미국의 기존 가족 형태인 아이가 있는 기혼 부부들에 합류할 것이고 새로운 가족 형태로 살아남을 것이다.

존스 홉킨스 대학의 인구통계학자 로버트 쉰은 의미 있는 한마디를 들려준다. "가족 형태가 변화하고 있다. 그러나 가족이라는 개념 자체는 절대로 사라지지 않을 것이다."

THE 100 NEXT TRENDS

008 마초 우먼 신드롬
Macho Women

여성은 무엇을 원하는가? 21세기는 포스트 페미니즘의 시대이니, 포스트 페미니스트들이 그 답을 제공할 것이다. 공격성에 대한 갖가지 심리학적 연구와, 여성들이 여러 가지 방식으로 스스로를 공격적이라고 정의하는 것으로 판단할 때 강인한 여성상은 좀더 성숙하고 확립된 존재 국면으로 들어가고 있는 것 같다. 지금보다 더 여성들이 공격적이었던 때는 없었지만, 이들은 스스로를 더욱 대중적인 존재로 만들려고 할 것이다. 그들이 목표를 달성할 수 있을지의 여부는 알 수 없지만 말이다.

공격성이란 말은 권력획득의 공인된 용어처럼 되어, 많은 전문화된 여성기관이 한결같이 표방하고 있다. 이들 기관은 수세대 전에 결성된 계몽단체들과 달리, 그들의 욕망을 달성하기 위해 선택한 육체적 힘과 영향력을 찬양한다. 예를 들면 공격적인 여성 스케이팅 네트워크(the Women's Aggressive Skating Networlk: WASN)는 '흥미진진하고 재미있는 스포츠이자, 공격적 인라인 스케이팅에서 자신을 시험해 보려는' 여성들을 위한 단체다. 강인함을 증대시키고자 하는 여성들을 위해서는, 미국 경영협회가 주최하는 '비즈니스에 강한 여성을 만드는 훈련' 워크숍과 같이 전문기관의 후원을 받는 여러 가지 강의가 마련돼 있다. 아마도 그 곳에서는 여성들에게 "일을 성취하고 원하는 것을 얻기 위해 강인함을 사용하라"고 훈련시킬 것이다.

젠더의 차이, 그리고 그것들이 공격성을 통해 어떻게 드러나는지는 예전부터 학문적 연구의 초점이었다. 이런 연구를 한 사람들 중에는 유아부터 성인에 이르기까지 나타나는 공격성의 젠더 차이를 연구한 영국 사회학자 앤 캠벨과, 여성 공격성의 본성을 연구한 로체스터 대학의 인류학 교수 시니시아 포드햄이 있다. 포드햄은 논문에서 여성의 공격성이 그 강력함을 감추고 상당히 간접적인 방식으로 드러나는 이유를 설명했다.

어느 사회에서나 공격적인 여성에 대한 이론은 여전히 분분하다. 여러 면에서 여성과 남성은 모두 여성적인 공격성을 보인다. 어떤 면에서 그것은 유머러스한 폭력으로 나타난다. 마치 자신감 넘치는 공주가 멍청한 개구리 왕자를 백포도주와 어니언 크림소스로 양념하고 기름에 살짝 튀겨 개구리 뒷다리 튀김으로 만들어버림으로써, 그의 청혼에 어떻게 퇴짜를 놓았는지 이야기하는 온라인 동화처럼 말이다.

그러나 〈총을 든, 남자 같은 여자(Macho Women With Guns)〉라는 이름의 컴퓨터 게임처럼, 여성과 남성의 공격성 모두를 조롱하는 경우도 있다. 이 게임에서 여성들은 남근숭배의 열기를 차단하고, 나아가 남성의 지배 하에 붕괴되었던 문명을 회복함으로써 존경을 얻는 것을 목표로 삼는다.

한편 남자다운 남성에게도 나름의 문제가 있다. 그것은 톱니초파리의 문제와 같다. 호주 퀸즐랜드 대학에서 실시한 유전학 연구에 따르면, 가장 많은 양의 페로몬을 지닌 톱니초파리가 짝을 유혹해 성공할 확률이 가장 높지만, 반드시 살아남는 자손의 수를 많이 낳는 것은 아니라고 한다.

그 연구에 참여한 유전학자 중 한 명은 그 결과에 대해 다음과 같은 해석을 내린다. "매력적인 수컷은 암컷을 유인할 때 필요한 빨간 페라리를 구입하는 데 너무 많은 노력을 쏟는다. 그 결과 자기 자식을 교육하는 데는 쓸 돈이 별로 남아 있지 않다." 남성에게도 아름다움은 저주가 될 수 있는 것이다.

009 남자다운 남자들의 득세
Manly Men

21세기에는 대도시 싱글들의 시선을 즐기며 거울 속에 비친 자신의 모습에 흐뭇해하는 메트로섹슈얼이 등장한 반면, 한편으로는 또 다른 남성상도 등장했다. 그들은 생각보다 행동을 먼저 하는 지극히 남성적인 사람들이다. 또한 '남자다운 남자'로서, 스타일을 추구하기보다는 국가를 경영하는 사람들이다.

남자다운 남성상은 2001년 9월 11일, 뉴욕과 워싱턴 D.C.가 테러 공격을 받은 이후 처음으로 주목을 받기 시작했다. 소방관과 경찰관은 그들의 용맹성과 희생정신으로 인정을 받았을 뿐만 아니라, 시간이 지나면서 감사의 대상이 되었다. 〈폭스 뉴스(Fox News)〉와의 인터뷰에서 한 여성은, 그 매력이 헬멧과 유니폼에서만 나오는 것은 아니라고 말했다. 설치미술가인 리즈 퀼티는 이렇게 말했다. "우리가 그들에게 매료된 이유는 단지 그들이 힘과 남자다운 면을 보여주었기 때문만은 아니다. 그들이 스스로 목숨을 바쳐 다른 사람의 생명을 구하는, 세상에서 가장 어렵고 숭고한 일을 했기 때문이다."

물론 소방관의 제복이 매력적이라고 말한 뉴욕 시민도 있다. "정말이지 소방관이 정복을 잘 차려입으면, 휴…."

또한 9·11 테러로 인한 대참사는 부시 대통령과 미국 정부의 남성적인 면모를 부각시켜 그들의 정치적 입지를 강화해 주었다. 수개월 동안 도널드 럼스펠드 국무장관은 남성다움의 대명사였으며, 많은 남성들에게 관념적 동경의 대상이요, 일부 여성에게는 선망의 섹스 심벌이었다. 2003년 이후에는 새로운 인물이 등장했는데, 다름 아닌 캘리포니아 주지사 아널드 슈워제네거다. 그는 럼스펠드와 부시 정부의 남성들과 마찬가지로 성적 매력을 발산하며, 어떤 상황이 닥치든 헤쳐나갈 수 있을 것이라는 기대를 심어주었다.

남자다운 남성상은 어쨌거나 당분간 확고한 입지를 유지할 것으로 보이는데, 이런 남성상이 부상한 이유는 여러 가지로 살펴볼 수 있다. 우선 남자다운 남성상은 20세기 마지막 10년 동안 발생했던 문화적 변화의 자연스런 파생물 메트로섹슈얼에 대한 반작용이다. 소설가 노먼 메일러를 비롯한 여러 사람들은 이 현상이 페미니즘에 대한 반발이라고 주장했다. 빌 클린턴 전 대통령은 "사람들로 하여금 약하고 정의로운 사람보다는, 악하지만 강한 사람을 더 좋아하게 만든 것은 국가적 불확실성 때문"이라고 지적했다.

리처드 골드스타인은 자신의 저서 《국가(Nation)》에서, 신(新)남성주의(neo-macho man)는 사회적으로 용인되는 지배적인 남성상, 또는 강압적인 남성상을 창조하기 위해 9·11 테러의 결과에 여성혐오주의와 분노를 결합시켰다고 말했다. 그는 이 새로운 남성주의를 두고 남성에게 뿌리 깊게 존재해 온 '강한 남자 컴플렉스'에 대한 반작용이라고 분석했다.

궁극적 선 또는 악의 실현을 위해, 남자다운 남성상은 미국인의 일상적인 사고에 침투했다. 그 확실한 증거로서 남자다운 남성상이 새로운 형태로 대중문화에 접근한 사례가 있다. 한 유명 상표가 남성 호르몬인 테스토스테론의 옷을 입고 재탄생했다. 조지아 퍼시픽의 마이클 버런트 전무는 "조지아 퍼시픽의 30년 역사상 가장 중요한 한 걸음"이라고 평가하며, 브로니 페이퍼 타월 맨(Brawny Paper Towel man : 휴지 포장 겉면에 있는 남자 그림으로, brawny는 '강건한, 근골이 억센' 이라는 뜻—옮긴이)을 재디자인했다. 그의 금발머리와 긴 턱수염, 데님 셔츠는 사라지고, 실제 소방관의 모습과 비슷한 플란넬 셔츠와 검은 머리, 그리고 깎아놓은 듯한 얼굴이 그 자리를 대신했다. 이런 경향이 국가적인 수준에 이르면, 남자다운 남성상이 대세가 될지도 모른다.

010 분열하는 페미니즘
Life after Feminism

베티 프리댄이 1963년에 《여성의 신비(The Feminine Mystique)》를 출간한 지 40여 년이 지난 뒤 페미니즘의 새 물결이 다시 일었다. 미국 여성들은 과거에 비해 더 많은 권력과 안락함을 누리며 살고 있는 듯하다. 일부의 전투는 이미 끝났거나 적어도 최소한의 전리품을 얻었다. 여성은 대학생의 절반을 차지하며, 노동력에서도 거의 절반을 차지한다. 또한 더 많은 사회적 자유를 얻었다. 그들은 동거·독신·결혼을 스스로 선택할 수 있게 되었다. 각종 통계들이 이를 증명한다.

이런 식으로, 제2차 세계대전 이후의 페미니즘(포스트 페미니즘)은 생활의 일부가 되었다. 그러나 21세기에는 페미니즘도 새로운 형태를 보일 것이다. 이제 더 이상 '강력한 자매애'와 같은 통일된 목적이 없다. 포스트 페미니즘에서 자유주의 페미니즘에 이르기까지, 페미니스트의 외형이 다양해졌고 각각의 페미니즘의 대의는 서로 다른 목적을 갖고 있다. 어떤 페미니즘은 범사회적이고, 일부는 목표지향적이며 정치적이다. 일부는 여성에게서 옹호되고 일부는 남성에게서 옹호된다. 그러나 공통적으로 여성이 어떻게 살 수 있으며 어떻게 살아야 하는가에 대한 내용을 담고 있다.

새 천년은 제3물결 페미니즘에 대한 담화로 시작되었다. 이와 관련한 한 가지 책, 제니퍼 봄가드너와 에이미 리처즈의 《마니페스타(Manifesta) : 젊은 여성, 페미니즘, 그리고 미래》는 페미니즘을 개인의 해방과 모든 여성을 위한 사회적 정의와 약속이 결합된 것이라 정의한다. 그러나 그들은 여전히 모성애와 가정의 삶은 결국 함정이며 가부장적 통제를 야기한다고 믿는다. 그들은 모성애가 '해방의 반대말'이라고 말한다.

반대의 성과 함께 하는 삶에 대한 편협한 관점과, 독립과 고독을 동일한 것으로 만들려는 시도는 케이티 로이프가 자신의 책 《다음날 아침(The Morning After) : 섹스, 공포, 그리고 페미니즘》에서 비난하는 부분이다. 겉으로는 자유로운 의사표현과 성 개방을 장려하는 듯 보이지만, 그녀가 학식 높은 사람들에게서 느낀 20세기 후반의 페미니즘은 편협하고 고지식했다.

다른 이들은 포스트 페미니즘이 과거로의 회귀, 그 이상의 의미가 없다고 본다. 칼럼니스트 모린 도드는 전투적이던 페미니스트가 20세기 중반의 양순한 아내로 돌아가는 것을 발견했다. 그녀는 "한때 자신들 어머니의 생활방식을 경멸했던 사람들 중 다수가, 더 이상 그런 삶을 지루하거나 바보스럽다고 생각하지 않는다. 이제 그들은 과거를 어느 정도 동경의 시선으로 돌아본다"라고 썼다. 통계적 뒷받침을 위해, 그녀는 800명의 여성 중 3분의 2가 "기회가 주어진다면 회사의 사다리를 오르느니 차라리 밀어버리겠다"는 데 동의했다는 한 연구를 인용했다. 사회 비평가인 수전 더글러스에게, 이런 포스트 페미니즘의 퇴행적인 양상은 단순한 사회현상 그 이상이다. 이는 가족중심 사회복지 프로그램들의 시행을 막고 대기업들의 이익에 목적을 두는, 우익성향 정부 및 기업이 촉발한 '음모'다. 그녀에게 그것은 '포스트 페미니즘 주식회사'다.

아이페미니즘(ifeminism.com)의 '개인주의 페미니스트들'은 그들이 주장하는 현대 페미니즘이란 개인의 자유와 선택, 그리고 개인의 책임을 아우르는 것이라고 말한다. 즉 그것은 자유주의의 한 형태다. 아이페미니즘은 홈페이지 서문에서, "우리는 구 페미니즘의 전형을 거부한다"고 밝히고 있다. 개인주의 페미니스트들은 남녀평등에 대한 정부법안을 개혁하기 위한 감시보다는, 사람들의 삶 속에서 정부의 개입을 제거하려는 자유주의적 이상을 추구한다. 특히 그들은 여성의 성적 활동에 대한 정부의 개입을 제거하고자 한다. "법에 여성의 특권을 심음으로써 남성과의 평등을 이룰 수는 없다"고 말한다. 이런 개인주의 페미니스트 전사 중에는 소설가 아인 랜드와 '가톨릭 근로자'의 창립자 도로시 데이, 그리고 문화 비평가 커밀 패글리아가 있다.

많은 젊은 여성은 그저 일상생활에서 페미니즘을 느끼며 살 수 있는 방법이 없을까 생각한다. 대학원생에서 인터넷 칼럼니스트가 된 멜리사 겔룰라는 온라인 저널 〈정치와 섹스(Sexing and Political)〉에 이렇게 기고했다. "나를 비롯한 많은 여성들은 살면서 가끔씩 페미니즘과 마주치고, 결코 그것을 그냥 지나치지 않을 것이다. 속으로는 페미니즘이

개인적 삶, 또는 부모로서의 삶이나 직업적 삶에 지속적인 적용 가능성
이 있을지에 대해서 의구심을 가지면서도, 여전히 해방적인 모든 것과
상충되는 문화에서 페미니즘이 살아남도록 투쟁할 것이다.”

　현대 페미니즘 속에 사는 페미니스트이자 사회비평가 카타 폴릿은
페미니즘을 부흥시키고 강력한 이데올로기로 만들자고 요구할지 모른
다. 그녀는 그러기 위해서 페미니즘을 1970년대처럼 다시 ‘스스로, 직
접 행동하는 사회운동’으로 만들 필요가 있다고 제안한다. 그러나 그것
이 진정으로 자유로운 너와 내가 되는 방법일까?

Chapter

2

라이프스타일 트렌드

생활 속에서 웰빙을 누린다

한 세대 전, 한 통신회사는 "우리는 모두 연결되었습니다"라고 노래 불렀다. 지금은 전화, 이메일, 영상 메일, 디지털 영화제작, 주문형 TV, 영화 관람까지 연결되지 않은 세상은 없다. TV나 컴퓨터, 전화에 접속할 수 있는 방법은 수없이 많고, 이런 추세는 커피향처럼 영원히 지속될 것이다. 사람들은 상호연결을 좋아하고 거기에 기꺼이 돈을 지불하고 있다. 미국인의 90% 이상이 여전히 지상 통신선을 보유하고 있지만, 그 수는 휴대전화기 사용인구가 50% 이상으로 늘면서 점차 줄어들고 있다. 뉴욕 교외의 한 명문 초등학교에서는 아이들의 가방에서도 휴대전화기를 쉽게 찾아볼 수 있다. 50년 전에는 사치로 여겨졌던 장거리전화가 이제 기본적인 통화 수단이 되었다. 이미 많은 소규모 통신사들이 1분에 1~2센트밖에 안 하는 장거리전화 서비스를 제공하고 있었으나 치열한 경쟁, 특히 인터넷 서비스 업체들과의 경쟁은 그 비용을 더 내릴 수밖에 없게 만들었다(거의 무료에 가까울 정도로). 일부 인터넷 공급자들이 장거리통화를 무료로 할 수 있는 소프트웨어를 다운받아 사용할 수 있도록 했기 때문이다. 이 기술은 VoIP(Voice over IP), 즉 인터넷 프로토콜을 통한 음성통신(인터넷폰)이라고 불린다. 다음으로 엔터테인먼트를 위한 케이블 또는 위성 접속이 있다. 케이블 통신은 더 이상 아버지 세대의 케이블이 아니다. 2003년 중반 〈뉴욕 타임스〉는 미국 내 약 7,000만에 달하는 가구가 케이블 통신 서비스를 이용한다고 보도했다. 이 숫자는 지난 몇 년 간 안정

011 여피족에서 더피족으로
Duppies

2003년 중반 미국 노동통계국은 1,500만 명의 미국인이 실직 상태이거나 불완전 고용 상태에 있다고 보고했다. 이 중 상당 비율이 교육수준은 높지만 불행을 느끼는 사람들로, 새로운 사회·경제 집단을 구성하고 있다. 1980년대의 여피(yuppies)족이 도시에 사는 젊은 전문직 종사자(young urban professionals)였다면, 이들은 도시에 사는 우울한 전문직 종사자(depressed urban professionals), 즉 더피들이다.

신조어를 소개하는 웹사이트 워드 스파이(Word Spy)는, 더피란 말은 한때 고위직에 종사했으나 현재는 미천하거나 예전보다 적은 보수를 받는 일을 할 수밖에 없는 사람들이라고 정의한다.

실직한 전문가들의 수가 일정하든 증가하든, 이미 많은 수를 차지하고 있기에 소박한 삶에서 만족을 찾는 태도로의 변화는 불가피해 보인다. 그러나 소박한 삶은 견디기 어려운 일일 것이다. 많은 사람들이 일종의 지나친 물질주의를 의미하는 '부자병(affluenza)'에 시달리고 있기 때문이다. 부자나 벼락부자에 대한 환상은 1,000만 달러를 채우길 바라는 백만장자에서부터 복권 당첨에 기대를 거는 보통사람에 이르기까지 모든 사회 계층에 영향을 미치고 있다.

그러나 보통은 고지서를 납부해야만 하는 현실이 승리하게 마련이고, 사람들은 직업과 직업관을 바꿀 수밖에 없다. 재취업 알선회사 챌린저, 그레이 & 크리스마스의 CEO 존 챌린저는 오랫동안 실직 상태에 있던 사람들이 "이제 다시 일해야 해"라고 말하면서 자신의 직업 수준을 낮춘다고 말한다. 이는 곧 그 사람의 경제생활이 급격하게 바뀌어 전과는 달리 덜 경제 지향적인 데서 만족을 찾아야 할 필요가 있음을 의미한다. 좋은 직업과 물질적 생활양식에 익숙했던 사람들에게 그것은 경제적 · 사회적으로 불안한 삶을 뜻한다.

한 인사부 간부는 자신이 그저 다른 사람과 다를 것 없는 한 사람의 근로자일 뿐이라고 생각한다. 루슨트(Lucent)사의 고위직에서 해고된 또 다른 여성은 식품점에서 일하고 있지만, 여전히 자신의 삶에 만족하고 있다. 그녀는 "아주 검소하게 살 수 있다"고 말한다. 1년 전 20년 동안 근무하던 항공 회사에서 밀려난 뒤 직장을 구하지 못한 한 남성은 계속 일자리를 구하지 못하면 노숙자 쉼터에 가야 할지도 모른다. 그는 아직도 월세를 낼 만큼 충분한 보수를 받는 직장을 구할 수 있으리라는 희망을 갖고 있다.

구인구직 사이트인 트루커리어스(TrueCareers)의 조사에 따르면, 높은 보수를 받는 직업이 점점 줄어들면서 사람들은 더 이상 직장을 구할 때 월급을 최우선으로 고려하지 않는다고 한다. 이제 그들은 한때 당연하다고 생각했던 건강보험 혜택과 직업 안정성을 가장 먼저 검토한다. 트루커리어스의 마이클 커지아노 사장은 "이런 추세는 구직자들의 목표에 엄청난 변화가 있음을 보여준다"고 전한다.

이와 같은 하향 이동은 미국의 국가관에도 영향을 미친다. 매 세대마다 더 많은 부와 사회적 지위를 달성해 온 나라에게 후진은 당황스러운 일이다. 국민들이 제대로 일자리를 구하지도 못하는데 어떻게 미국이 모범적인 생활수준을 자랑하는, 세계에서 가장 생산성 높은 나라라고 말할 수 있단 말인가? 국민의 수입감소가 세입과 경제 전반에 영향을 미치지 않겠는가?

이렇듯 미국에서 걱정스러운 사회 경향을 나타내는 '더피'라는 말은, 다른 곳에서는 훨씬 더 위협적인 뜻으로 쓰이기도 한다. 자메이카에서 더피는 추락하는 근로자가 아닌 귀신 같은 존재를 의미한다. 자메이카 문화전문가들에 따르면, 더피는 종종 타인을 공격하거나 살해하기를 일삼는 두려운 존재들이다. 더피를 쫓으려고 많은 자메이카 사람들이 집에 백계(白鷄)의 피를 발라 둔다. 다행히도 미국의 더피족은 아직 그 정도로 무서운 존재는 아니다.

012 때와 장소를 가리지 않는 접속
Omni-Connectedness

한 세대 전, 어느 통신회사는 "우리는 모두 연결되었습니다"라고 노래

불렀다. 지금은 전화, 이메일, 영상 메일, 디지털 영화제작, 주문형 TV, 영화관람까지 연결되지 않는 곳은 없다. TV나 컴퓨터, 전화에 접속할 수 있는 방법은 수없이 많고, 이런 추세는 영원히 지속될 것이다. 사람들은 상호연결을 원하고 거기에 기꺼이 돈을 지불하고 있다.

미국인의 90% 이상이 여전히 지상 통신선을 보유하고 있지만, 그 수는 휴대전화기 사용인구가 기하급수적으로 늘면서 점차 줄고 있다. 뉴욕 교외의 한 명문 초등학교에서는 아이들의 가방에서도 휴대전화기를 쉽게 찾아볼 수 있다.

50년 전에는 사치로 여겨졌던 장거리전화가 이제 기본적인 통화 수단이 되었다. 많은 소규모 통신사들이 1분에 1~2센트 정도 비용의 장거리전화 서비스를 제공하고 있었으나 치열한 경쟁, 특히 인터넷 서비스 업체들과의 경쟁으로 그 비용을 더 내리도록 만들었다(거의 무료에 가까울 정도로). 일부 인터넷 공급자가 장거리통화를 무료로 할 수 있는 소프트웨어를 다운받아 사용할 수 있도록 했기 때문이다. 이 기술은 VoIP(Voice over IP), 즉 인터넷 프로토콜을 통한 음성통신(인터넷폰)이라고 불린다.

다음으로 엔터테인먼트를 위한 케이블 또는 위성 접속이 있다. 케이블 통신은 더 이상 우리 아버지 세대의 케이블이 아니다. 2003년 중반 〈뉴욕 타임스〉는 미국 내 약 7,000만에 달하는 가구가 케이블 통신 서비스를 이용한다고 보도했다. 이 숫자는 지난 몇 년 간 안정적으로 유지되었는데, 그나마 변화한 점이 있다면 부가 서비스가 더 많이 추가되었다는 것이다. 그 중에는 케이블 회사가 제공하는 서비스도 있는데, 가정에서 이미 사용 중인 케이블 시스템과 통합된 디지털 비디오 리코더를 내장한 셋톱박스와 같은 집적장치들이다. 양키 그룹(Yankee Group)에 따르면

2006년까지 2,000만 가구가 디지털 비디오 레코더를 사용할 전망이라고 한다. 이런 방식으로 각 가정은 통신사들의 도움을 받아 TV 패키지, 초고속 인터넷 접속망, 가정용 무선전화 서비스 등을 통해 접속 범위를 넓혀가고, 마침내 VOD(주문형 비디오), DVR(디지털 비디오 레코더), HDTV(고화질 TV) 등과 같은 멋진 기기들을 마음대로 소유하게 될 것이다.

인터넷을 거론하지 않고는 연결성에 대한 사람들의 애착을 완벽하게 표현할 수 없다. 인터넷은 한때 학술적 커뮤니티의 도구였으나, 지금은 절반이 넘는 미국 가정(54%)이 사용하고 있다. 따라서 이제 필요한 것은 속도의 보완이다. 점점 더 많은 가정이 구식 인터넷 접속 방식보다는 케이블이나 디지털 라인, 또는 위성으로 지원되는 고속 인터넷 서비스를 원한다. 광대역 통신망이라 불리는 빠른 서비스는 2002년에 약 1,600만 가구가 사용 중이며, 2010년까지 계속 증가할 전망이다. 전화선을 이용한 인터넷 사용자 수는 계속 감소세에 있다.

실용적인 면에서 사람들은 각종 공과금을 온라인으로 납부하게 되었다. 이미 수백만 명이 전화비, 각종 공과금, 신용카드 대금을 온라인을 통해 내고 있으며, 은행들 역시 계좌가 있는 고객들이나 외부 사용자들이 은행의 온라인 서비스를 이용해 청구서를 해결하도록 유인하는 데 많은 노력을 기울일 것이다.

집밖에서도 무선통신을 사용하기 위한 장치가 필요하게 된다. 이미 공항과 커피숍에는 Wi-Fi(Wireless Fidelity : 고속 무선 인터넷)가 제공되고 있으며, 앞으로는 사람들이 머무는(그리고 돈을 지불하는) 곳이라면 어디에서든 사용이 가능해질 것이다. 소비자에게는 필수적인 편의시설이, 기업에는 돈벌이가 된다. 스타벅스의 한 마케팅 이사는 〈뉴욕 타임스〉와의 인터뷰에서 이렇게 말하기도 했다. "Wi-Fi는 사람들을 매장에 잡아두고, 어쩌면 두번째 커피까지 주문하게 만들 것이다."

휴대전화는 텔레비전 또는 비디오 레코더의 역할까지 수행하게 될 것이다(아니 이미 그렇게 되었다). 2004년 휴대전화 TV 서비스는 통신 채널과 초당 프레임 수를 제한한 고음질 서비스를 제공하기 시작했다. 휴대전화 캠코더는 15초 분량의 비디오 클립을 소리까지 담아 여러 개 레코딩할 수 있다. 그 비디오 클립은 문자 메시지나 영상편지처럼 이메일로 전송되어 많은 이들을 즐겁게 해줄 것이다.

마지막으로 라디오 청취자를 위한 서비스도 있다. 타지역의 좋아하는 방송을 듣기 위해 점점 많은 청취자가 위성 라디오에 가입할 것이다. 특히 위성 라디오 방송은 음악·토크쇼 등 다양한 채널을 제공할 뿐만 아니라, 신호를 놓치는 법도 없으므로 자동차 청취자들에게 유용하다. 따라서 사람들은 TV 수신료를 내는 것처럼 라디오 방송에도 돈을 지불하게 될 것이다.

그러나 일부 사람들에게는 그런 완벽한 연결성이 오히려 골칫거리다. 여러 통신장치들로 연결되면 일하는 데는 효율적이지만 사생활을 쉽게 침해받기도 한다. 이제 시간개념은 예전과 다르다. 새로 이름을 부여받은 '소프트 타임(soft time)'은 두 사람이 만나기로 약속한 시점과 실제로 만나는 시각 사이의 불확실한 기간을 말하는데, 특히 휴대전화 통화에서 쉽게 찾아볼 수 있다. 휴대전화 덕분에 사람들은 약속한 사람이 어느 지점에 있는지 정확히 파악할 수 있어 그 사이에 빈둥거릴 수 있는 시간을 확보하게 되었다.

다중 연결성을 향한 움직임은 앞으로도 계속될 전망이다. 과학자들은 인터넷 데이터 전송속도를 계속 증대하고 있다. 사실 그들은 2003년 10월, 속도기록을 두 배 이상 앞당기기도 했다. 당시 스위스 소재 유럽

입자물리연구소(Centre Europeen de Recherche Nucleaire : CERN)의 과학자들이 캘리포니아 기술연구소에 있는 동료 과학자들에게 1.1테라 바이트의 데이터를 30분도 안 되는 시간 동안 전송한 것이다. 그들은 일반 가정의 광대역 통신망에 비해 2만 배나 더 빠른 속도로 데이터를 전달하는 시험을 하고 있었다. CERN의 외부 네트워킹 부장인 올리버 마틴은 이렇게 말한다. "이 새로운 기록은 속도 개념을 지워버리려는 우리의 최종 목표를 향한 또 하나의 이정표다."

미국 가정들도 그들 나름의 방식으로 속도의 개념을 파괴하고 있다. 2003년에 실시된 〈뉴욕 타임스〉의 조사에 따르면, 미국 가정은 또 다른 형태의 통신수단을 환영하며 거기에 기꺼이 돈을 지불할 용의가 있다고 한다. 현재 통신망의 월 사용료 상한선은 약 500달러며, 이는 1960년 전화선 사용료의 25배에 달한다. 예전에는 전화선에서 다른 사람의 통화를 엿듣는 일이 남다른 즐거움이었다면, 요즘은 비디오 라인을 통해 도청하는 것이 새로운 즐거움이 되었다.

013 스팸과의 전쟁
Spam Wars

한때 이메일은 사람들의 커뮤니케이션 부분에서 새로운 돌파구를 열어 주었다. 그러나 지금은 스팸메일 때문에 골칫거리로 변하고 말았다. 모든 컴퓨터 사용자의 이메일함은 매일매일 포르노그래피, 대출 프로그램, 빨리 부자되는 법 등을 담은 원치 않는 광고로 넘쳐난다. 이렇게 대량으로 발송되는 출처 불명의 환영받지 못하는 광고 메일들은 새로운 스트레스를 제공한다. 그리고 현재, 이것들을 저지하기 위한 전쟁이 한참 진행 중이다.

리서치 전문회사인 가트너 그룹에 따르면, 전체 이메일 중 약 60%가 스팸메일이라고 한다. 비록 각각의 스팸메일은 컴퓨터 용량의 극히 일부분을 차지할 뿐이며, 삭제에도 별다른 수고가 들지 않는 것 같지만, 수백만의 이메일 사용자를 고려한다면 실질적인 비용 소모는 엄청나다. 페리스 연구소(Ferris Research)는 스팸메일이 생산성 저하에 미치는 연간 총 비용을 90억 달러로 추정했다. 측정할 수 없는 비용도 간과할 수 없다. 점잖은 할머니가 음란한 광고를 마주쳤을 때의 당혹감이나, 스팸메일로 알고 삭제해 버렸는데 나중에 알고 보니 중요한 비즈니스 메일이었을 때의 낭패 등을 어떻게 환산할 것인가.

스팸메일 근절을 위한 전쟁은 시작되었고, 앞으로 더 가열될 것으로 보인다. 이것은 복잡하고도 골치아픈 전쟁이다. 스팸 방지 부대가 새로운 무기를 컴퓨터에 추가할 때마다, 스팸메일 발송자들은 그것을 피할 방법을 찾아낸다. 스팸메일 발송자들은 스팸 방지 부대에게 새로운 방어막을 개발하도록 자극하는 새로운 무기들을 쉴새없이 만들어낸다.

스팸필터 소프트웨어는 이메일을 걸러 스팸메일을 차단한다. 이들 프로그램은 대체로 특정 단어나 주소, 기타 스팸을 나타내는 신호들을 찾는 방식으로 작동한다. 그러나 때때로 정상적인 메일을 차단하는 경우도 있으며, 스팸메일 발송자들은 그들의 메시지를 교묘하게 바꿈으로써(예를 들어 정상 메일로 보이는 제목을 사용함으로써) 필터를 피하는 방법을 배웠다.

또 다른 해결법으로는 이메일을 메일함에 받기 전에 정상 메일이라는 증거를 요청하는 시스템이 있다. 한 예로 질문·응답 시스템이 있는데, 거기에서는 오직 자신의 주소록에 등록된 사람에게서 온 메일만 수신하도록 한다. 등록되지 않은 또 다른 이메일 주소로 메일을 보낸 이에게는 보낸이가 컴퓨터가 아닌 사람임을 확인하기 위해 간단한 퍼즐을 풀도록 요청한다. 불행하게도 이런 접근법 또한 사용자에게 유용한 이메일을 차단할 수 있다.

현재 인터넷 표준설정 단체들에 따라 개발 중인 좀더 장기적인 접근법은 메일 전송 코드를 재검사해 인터넷 서비스 제공자(Internet Service Provider : ISP)들이 이메일의 근원지를 확인할 수 있도록 하는 것이다. 그러나 이 방법이 실행되기까지는 여러 해가 걸릴 것이고, 그러는 동안 스팸메일 발송자들은 새로운 시스템에 대처할 방법을 다시 개발할 것이다.

최악의 스팸 발송자들을 추적해 ISP에게 제보하는 기관들도 있다. 예를 들어, 스팸하우스 프로젝트(Spamhaus Project)는 200개의 대량 메일을 발송하는 주요 스팸메일 발송자들과 그들의 주소에 대한 정보를 보유하고, 그 정보를 ISP에게 제공해 스팸메일을 차단한다. 그러나 스팸메일 발송자들은 이메일 수령인의 PC를 해킹해 원격조정으로 그 컴퓨터를 스팸메일 발송자로 만들 수 있는 바이러스를 퍼뜨리는 정도에까지 이르는 등, 자신의 정체를 감추는 데 능통해졌다.

이 좀비 원격조작기구, 즉 스팸 좀비들은 점점 사회적 문제가 되고 있다. 2003년 11월, 〈뉴스위크(Newsweek)〉지는 텍사스 기독교대학이 한 학기에 네 번이나 해킹당해 대량의 스팸메일을 발송한 적이 있다고 보도했다. 물론 그런 바이러스 공격은 불법이며 법적으로 대응할 수도 있다. 그러나 그 공격의 근원지를 추적하기가 어렵기 때문에 법적 처벌을 받게 하기란 쉽지 않다.

때로는 스팸메일 문제가 민사소송이나 입법 처벌로 이어지기도 한다. 2002년 있었던 소송에서, 스팸메일을 발송했던 앨런 랠스키는 베리존(Verizon)사에 합의금을 지불하고 베리존 고객들에게 더 이상 스팸메일을 보내지 않겠다고 서약했다. 그러나 대부분의 스팸메일 발송자는 처벌을 피하기 위해 이름과 주소를 자주 바꾸고 전세계의 새로운 관할권으로 옮겨다닌다. 따라서 이런 소송은 승소하지 못하는 경우가 대부분이다.

미국 내 각 주마다 스팸메일에 대한 각종 금지법을 마련했지만, 시행이 어렵고 종종 자유로운 의사표현 또는 상업을 방해한다는 이유로 헌법적 반대에 부딪혔다. 비판자들의 말에 따르면, 2003년 미국 의회가 자체적으로 스팸메일 방지법을 통과시켰으나, 산업계의 로비로 거의 효력이 없다시피 할 정도로 약화되었다고 한다.

총체적인 스팸메일 방지 노력이 지금까지 별로 성공적이지 못한 가운데, 자신만의 방법을 사용하는 유저들이 나타나기 시작했다. 개인 사용자들은 스팸메일을 피하기 위해 이메일 주소를 알려주기를 극도로 꺼리거나, 아예 쓰지 않는 이메일 주소를 알려주는 등 다양한 전술들을 시도한다. 어떤 사람들은 전화와 같은 좀더 원시적인 통신 방법으로 회귀하기도 한다.

그러나 사람들이 이메일을 사용하는 한, 스팸메일 발송자들은 그들에게 접근할 방법을 끊임없이 찾아낼 것이다. 스팸과의 전쟁은 결코 끝나지 않을 것이다.

014 건강하고 부유한 노인들의 출현
The Lively Senior Lifestyle

2035년쯤이면 현재에 비해 노령 인구가 2배에 달할 것이다. 놀라운 수치로 들릴지도 모르겠지만, 평균 수명의 증가와 20세기 미국의 인구증가 수치로 볼 때 사실상 자연스러운 결과라고 할 수 있다. 노령 인구는 1960~2003년 동안 두 배가 되었다. 더욱이 현재의 노령 인구는 전반적으로 미국 역사상 그 어느 때보다 건강하고 부유한 사람들로, 그들 중 많은 이들이 편리한 생활양식을 유지하기 위해 새로운 방법들을 개발해낼 것이다. 이들 활동은 심리적 · 정치적인 것에서부터 좀더 실용적인 것에 이르기까지 다양하리라 생각된다.

먼저 미래의 노령 인구는 스스로 만든 이익집단을 이용해 자신들의 의견을 충분히 피력하고자 할 것이다. 그들은 앞으로 미국 퇴직자협회와 국립 노령자위원회 등과 같은 이미 막강해진 조직들을 더욱 부각시킬 뿐 아니라, 노인을 위해 좀더 많은 공익협회를 만들려고 한다. 또한 노인과 직접적으로 관련된 심층적 연구를 장려하기 위해 미국 심장협회나 미국 암협회 등의 건강기관에 대한 요구와 압력을 높여갈 것이다.

노인들은 육체적 운동에만 관심을 집중하는 데 그치지 않고, 나이가 들어감에 따라 훨씬 탄탄한 예방조치 체계를 확립할 것이다. 미국 정부도 이에 협력할 것으로 보이며, 이미 공공보건 및 인권서비스 부처 내에 질병예방 부서를 통해 관심을 표명하고 지원금을 배정했다. 그 자금은 노인들을 위한 건강교육과 건강증진 프로그램들을 위한 것이다.

그 중 한 계획은 독감과 폐렴처럼 노인들이 걸리기 쉬운 질병들을 예방하는 백신 접종률을 증가시키는 데 목표를 둔다. 이 두 가지 질병은 노년층에서 다섯번째로 높은 사망원인을 제공하고 있으나, 백신으로 예방할 수 있는 것들이다. 현재 약 67%의 노인들만이 독감예방 접종을 맞고 있으며 54%만이 폐렴 백신을 맞고 있다.

다른 계획들은 좀더 광범위하다. 예를 들어 정부와 보험회사, 그리고 건강보조식품 판매사들은 노인들이 나이에 적합한 건전한 생활양식을 개발할 수 있도록 돕는 교육시설을 더 많이 설립하기 위해 노력하고 있다. 최근 연구에 따르면 이들 프로그램은 65세 이상의 노인 중 거의 75%에 이르는, 만성적인 질병에 시달리고 있는 노인들에게 도움을 준다.

또한 이런 교육 프로그램은 생명을 구하는 것뿐만 아니라, 예방과 조절이 가능한 질병의 의료비용 감소라는 경제적인 목적도 갖고 있다. 이는 노인들을 위한 총괄적인 보험제도 재편성 계획의 일부이기도 하다. 보험사들이 지난 수십 년에 비해 엄청난 비율을 차지할 노인들의 보험 적용을 축소하거나 거부함으로써 폭발적으로 증가하는 비용을 조정하려고 들지도 모르기 때문이다.

가족 주치의들은 가까운 시일 내에 늘어난 노령 인구의 필요를 충족시키기 위해 진료과목을 바꿀 가능성도 있다. 예를 들어 그들은 노년을 대비하는 중년 환자들을 위해, 그리고 노화와 함께 진행되는 기타 질병을 좀더 효과적으로 치료하기 위해 필요한 훈련을 더 쌓게 될 것이다.

앞으로 노인들은 각종 방법으로 노년기를 재규정할 것이다. 그들은 노화를 억제하기 위해 피부 가꾸기에 더 많은 돈을 투자하고, 성형수술을 받을 뿐 아니라, 나이가 들어서도 계속 일을 하면서 나이를 잊으려고 노력할 것이다. 21세기 초반에도 상당수의 노인이 계속 일할 계획이라고 한다. 2002년 최고령 근로자로 선정된 캘리포니아의 102세 노인과 같은 사례를 앞으로는 쉽게 찾아볼 수 있을 것이다.

실생활 면에서, 노인들은 좀더 안전하게 살아갈 방법들을 강구할 것이다. 여기에는 기술이 큰 역할을 한다. 예를 들어 집에서 일어나는 사고에 취약한 노인들을 위해 주거환경을 좀더 안전하게 만드는 기술이 발전할 수도 있다(현재 노인들의 가정 내 사고율은 교통사고율보다 높다). 이런 기술 중에는 일상생활에서의 행동을 기록하는 생활양식 모니터가 대표적이다. 미국 과학기술 연구소가 고안한 가정용 전자 센서는 잠에서 깨고, 씻고, 먹고, 옷 입는 등 일상의 행동 중 나타나는 인간의 동작과 생체 신호를 모니터링한다. 이 센서는 또한 감정의 변화와 같은 심리적 변화들도 모니터하여, 정신적 · 신체적 상태가 지정된 정상 범위를 벗어나면 가족이나 돌보는 사람들에게 자동으로 통보해 줄 것이다.

노인들의 독립적인 생활을 위한 또 다른 기술적 보조기구는 로봇 도우미다. 노인들의 일상생활을 위해 프로그램된 로봇 도우미는 기본적으로 목욕 · 식사 · 휴식 · 취침준비 등의 서비스를 제공한다. 이러한 풀서비스 로봇 도우미는 아직 먼 훗날의 이야기지만, 간단한 가정용 로봇 기계는 이미 시장에 나와 있거나 개발 중이다.

다음 세대의 노인들은 그들의 필요에 맞게 기술을 응용하면서, 한편으로는 근검절약을 미덕으로 여길 것이다. 따라서 과소비는 극도의 절약으로 대체되고, 베이비붐 세대가 소비를 자제했듯 이 세대에도 덜 쓰는 것이 유행이 될 것이다.

미래의 미국 노인들이 행복을 영위할지, 않을지는 좀더 지켜봐야
한다. 만일 그들이 현재의 노인 세대와 비슷하다면 감정표현에 매우
적극적일 것이다. 현재 미국 성인 중 "지금 당신은 행복한가?"라는 물
음에 "매우 행복하다"라고 응답한 사람이 가장 많은 집단(53%)과 "매
우 불행하다"라고 응답한 사람이 가장 많은 집단(8%)은 둘 다 65세 이
상 노인들이다. 노인 세대는 아마도 지난 세대와 마찬가지로 고령화
에 대해 가지각색의 반응을 보일 것이다. 그리고 거기에는 자신들이
결코 하지 않으리라 맹세한 행동, 바로 그들의 부모처럼 되는 것도 포
함되리라.

015 폭증하는 커뮤니티
Community-Building

예전의 과학소설들은 미래의 인류를 매우 고독한 모습으로 그리곤 했
다. 〈1984년(1984)〉의 주인공 윈스턴 스미스는 사랑에 빠졌다는 이유로
처형되었고, 〈2001년 : 스페이스 오디세이(2001 : A Space Odyssey)〉에서
는 우주비행사들이 머나먼 우주를 항해한다. 조지 젯슨[〈젯슨네 가족
(The Jetson's)〉에 나오는 등장인물. 〈젯슨네 가족〉은 TV 만화영화로, 과거와 미
래의 이야기를 소재로 다루었다—옮긴이]은 애견 애스트로를 자기가 사는
쓸쓸한 고층건물 밖 작은 러닝머신 위에서 걷게 했다.

그러나 현재 우리가 마주한 진짜 미래는 고립보다는 커뮤니티 구축이라는 특징을 갖고 있다. 현실은 물론 사이버 공간에서조차, 사람들은 크고 작은 방법으로 서로의 연결고리를 창조하고 복구, 강화시킴으로써 사회적 연결성을 구축하는 데 열심이다.

게이티드 커뮤니티(gated community : 담장과 문으로 둘러싸인 계획주택단지―옮긴이)는 커뮤니티 구축으로 향한 트렌드를 가장 가시적으로 보여주는 징조다. 1970년대 약 2,000개에 불과했던 게이티드 커뮤니티는 2000년대 초반 5만 개 이상으로 증가했다. 조사에 따르면 미국인 중 약 8명 중 1명이 이런 커뮤니티에서 살고 있다고 한다. 외부인을 배척하고 동시에 좀더 안전한 환경을 확보하려는 욕구가 이런 현상의 배경이다. 《미국 요새 (Fortress America)》라는 책에서 이러한 트렌드를 분석한 에드워드 블레이클리와 메리 게일 스나이더는 이를 '요새 만들기'라고 부른다.

이와 함께 요새의 성벽 안에 존재하는 커뮤니티 사이에 좀더 강한 결속력을 유지하려는 욕구 또한 증가하고 있다. 그러나 역설적으로 게이티드 커뮤니티를 분석한 《대문 안에서(Behind the Gates)》의 저자 세사 로우는 통계적으로 볼 때, 그러한 환경이 다른 형태의 주거환경에 비해 더 안전한 것은 아니라고 한다. 따라서 게이티드 커뮤니티에 사는 거주자들이 바라는 것이 안전이라면, 그들은 원하는 만큼의 안전성을 확보하지 못할 수도 있다.

게이티드 커뮤니티 외에도, 미국에는 공통된 관심사를 기반으로 하는 공동체 마을이 증가하고 있다. 그러한 형태의 공동체는 까다로운 규칙에 대한 압박감 때문에 종말을 맞을 수 있지만, 반대로 공동체 의식을 배양할 수도 있다. 플로리다 주의 셀러브레이션(Celebration : 디즈니사가 디즈니월드 근처에 공동체 의식 배양을 목적으로 만들어 유명해진 작은 마을—옮긴이)에서는 '이웃애'를 높이기 위해 공원 벤치를 많이 설치하고 각종 행사를 여는 등 계속해서 남다른 노력을 기울이고 있다.

이웃 간의 단절로 치자면 둘째가라면 서러워할 만한 뉴욕에서도, 엄청난 수의 사람들이 아파트 건물을 정원과 레크리에이션룸, 콘서트 룸, 강의실 등의 사교시설로 채워 작은 마을로 바꾸고 있다. 세인트 트로페즈 이스트 64번가 340번지 건물에는 파티룸, 심야영화 상영관, 에어로빅 룸 등이 있다. 건물 내 회보 편집장인 로버트 메츠는 〈뉴욕 타임스〉에서 이렇게 말했다. "우리는 일종의 유대감을 맺기를 원한다." 아직도 사라지지 않은 9·11 테러의 기억이 뉴욕 시에서 사회적 유대감을 지향하는 트렌드를 가속화시킨 것은 사실이지만, 이런 현상은 이미 전국적으로 팽배해 있다.

그리 흔하지는 않지만 좀더 급진적인 형태인 목적형 커뮤니티 또한 증가하고 있다. 목적형 커뮤니티는 종교 또는 그 밖의 세속적인 공동목표를 달성하거나 공유가치를 표현하기 위해 사람들이 함께 거주하고 협력해 일하는 커뮤니티다. 비록 일부 사람들은 이런 종류의 공동체가 1960년대 코뮌과 1970년대의 컬트와 함께 사라졌다고 생각하지만, 그들의 숫자는 적어도 1990년대 이후 줄곧 증가해 오고 있다.

사람들이 정해진 시간에 카페나 서점, 집, 또는 교회에서 만나 갖가지 주제를 토론하는 살롱 문화도 여러 도시나 마을에서 늘고 있다. 1990년대 중반 이후 철학적 토론 문화를 배양해 온 소크라테스 카페(The Socrates Cafe) 네트워크에는 미 전역에 걸쳐 200개의 살롱이 활동 중이다. 정치학자 데이비드 니벤은 〈리더스 다이제스트(Reader's Digest)〉에서 '살롱에서 타인과의 진실한 대화'는 '유대감'의 욕구를 충족시키는 한 가지 방법이라고 말했다.

인터넷은 살롱이나 다른 장소에서 좀더 손쉽게 '만남(meet up)'을 가질 수 있도록 도와주었다. 사실 이제 밋업(meetup)은 온라인에서 미리 약속해 실제 카페나 공공장소 등 오프라인에서 이루어지는 모임을 일컫는 용어로 완전히 자리잡았다. 밋업닷컴(Meetup.com)은 특정 주제에 관심이 있는 사람들이 모여 활동할 수 있도록 도와주는 무료 사이트인데, 2003년 약 70만 명이 이 사이트에 가입했다.

이러한 현상 가운데 가장 기묘하고 우스꽝스러운 형태는 '플래시 몹(flash mob)'이다. 이는 인터넷을 통해 특정 장소에서 만나기로 정한 다음 짧고 간단한 행위를 취한 뒤 재빠르게 해산하는 불특정 다수의 사람들을 말한다. 그들이 취하는 행동은 대체로 의미가 없지만 꽥꽥거리며 소리지르거나 박수를 치는 등 유희적인 요소가 대부분이다. 이보다 좀더 발전된 형태인 스마트 몹(smart mob)은, 첨단기술(인터넷, 휴대전화, 이메일, Wi-Fi)을 사용해 커뮤니티를 구축하거나 특정 목적을 위해 조직을 구성하는 리더 없는 그룹이다〔하워드 라인골드는 《참여군중 : 휴대전화와 인터넷으로 무장한 새로운 군중(Smart mobs : The Next Social Revolution)》에서 이들 그룹을 심층적으로 분석했다〕. 이들은 선거유세나 정치운동에서 점점 중요한 비중을 차지할 뿐만 아니라, 가상세계와 현실세계에서 새로운 형태의 커뮤니티를 형성하고 있다.

그 밖에도 가상공간에서만 존재하는 수많은 커뮤니티들이 있다. 사람들은 리스트서브(listserve: 일단의 사람들이 특정한 주제에 관하여 통신할 수 있는 자동적인 메일링리스트 서비스. 사람들이 특정 주제에 관한 메일링리스트에 가입해 메시지를 보내면 그 메시지는 메일링리스트에 가입된 모든 사람들에게 이메일로 자동 전달된다. 그 메시지를 받은 사람이 답장을 보내면 이 또한 모든 가입자에게 전달된다. 이런 서비스는 특정 주제에 관한 최신 정보를 뒤지지 않고 따라갈 수 있도록 해준다—옮긴이), 채팅방, 포럼, 멀티플레이어 온라인게임, 기타 수십 가지의 온라인 커뮤니티 등을 통해 온라인상으로만 교류하고 실제로는 만나지 않는다.

예를 들어 온라인 경매 사이트 이베이(eBay)는 커다란 야외 벼룩시장과 버금갈 정도로 사람들의 교류가 활발히 이루어진다. 또한 온라인 커뮤니티는 다른 온라인 커뮤니티와 교류를 나누기도 한다. 2002년 〈뉴욕타임스〉의 기사에 따르면, 위조수표 피해자가 매킨토시 게시판에 글을 올려 매킨토시 사용자들의 도움을 구함으로써, 이베이의 매킨토시 판매 커뮤니티에 가입돼 있던 수표 위조범을 체포한 적이 있다. 범인이 검거되자, 게시판에는 이런 글이 올라왔다. "여러분 사랑합니다!!! 맥 사용자들에게 감사를…."

어떤 면에서 온라인 커뮤니티는 오프라인 커뮤니티보다 훨씬 강한 면모를 보인다. 아미타이 에치오니는 《모노크롬 사회(The Monochrome Society)》에서 이렇게 기술했다. "폭설이 내리거나 독감에 걸려 움직이기 힘들거나 밖에 나가는 게 겁이 난다면, 슈퍼마켓이나 노인 문화 센터에는 갈 수 없을 것이다. 그러나 인터넷 사이트에 접속하는 것은 언제나 가능하다."

온라인 커뮤니티와 오프라인 커뮤니티는 서로 상충하지 않는다. 오히려 한쪽이 성장하면 다른 쪽도 동시에 성장한다. 이 두 가지 형태의 커뮤니티는 좀더 강한 사회적 유대감을 추구하는 장기적 트렌드의 일부를 이룬다.

016 알뜰한 구두쇠
The New Thrift, or Haute Penny-Pinching

수십 년 후에는 미국 소비자의 대다수가 구두쇠가 될 것이다. 그리고 그 것을 자랑스러워할 것이다. 베이비붐 세대와 그들의 자녀들이 절약하는 이유는 현재와 미래에 쓸 돈이 적어지기 때문이다. 인플레이션에 비해 봉급이 인상되지 않아 재량소득(소득에서 기본생활비를 뺀 잔액)이 줄어들면서, 사실상 생활수준은 1970년 이후 꾸준히 하향곡선을 그려왔다. 물가상승률을 감안하면, 자녀가 있는 30세 미만 중산층 가정의 소득은 1973~90년 사이에 32% 감소했다.

안정적인 직업들도 줄어들었다. 신종 직업 중 상당수는 계약직이나 계절을 타는 서비스직 등 급여가 낮은 직종들이다. 가계에 가장 큰 영향을 미치는 3대 비용(주택비용, 대학 등록금, 의료비)은 물가상승률보다 훨씬 빠른 속도로 상승하고 있다. 오늘날의 연금계획은 50년 전 근로자들이 누렸던 혜택보다 많이 줄었다. 그것도 그나마 혜택을 받을 수 있는 경우에나 해당하는 일이다. 이는 현재 폭넓게 정착된 안정적인 노후생활이 다음 세대에는 보장되지 않을 것임을 의미한다.

이들 요소와 더불어 빈부격차도 심해지고 있다. 주요 CEO의 연봉은 평균 근로자 연봉(3만 6,000달러)의 40배가 넘을 뿐 아니라, 증가율 또한 비교할 수 없을 정도로 훨씬 크다. 평균적으로 간부급의 연봉은 1980년에 비해 20배나 높아진 반면, 평범한 샐러리맨의 연봉은 겨우 2배 정도 증가했을 뿐이다.

이런 현실에서 살아남기 위해 이제 미국의 청·장년층은 부모와 조부모 세대의 전철을 밟아야 한다. 즉 적은 비용으로 생활을 꾸려가야 하는 것이다. 그러나 그들은 곧 나름대로의 방식을 개발해 그것이 원래부터 자신들의 계획이었던 것처럼 살아갈 것이다.

돈을 아끼는 것이 검약생활의 핵심이라고 여기는 사람들은 구두쇠의 방식을 선택한다. 이미 사회적으로 근검절약 운동이 일고 있으며, 사치하는 사람들을 새로운 삶으로 계도하려는 움직임이 나타나고 있다. 에이미 데이시크진은 베스트셀러 《구두쇠 가제트(The Tightwad Gazette) I》, 《구두쇠 가제트 II》 시리즈와 자신의 뉴스레터에서 3만 달러에 불과한 남편의 연봉으로 어떻게 6명의 자녀를 모두 잘 키워냈는지 설명하고 조언한다.

대체로 그녀의 충고는 흔히 버려지는 것들을 다시 한번 생각하고 재활용하는 것, 즉 그녀의 표현을 빌리자면 '어리석게 살지 않는 것'에 초점을 두고 있다. 다른 때 같았으면 인정머리 없다는 평판을 들을 만한 또 다른 책들은 돈을 절약하는 것이 성스러운 일이고, 자신을 강하게 하며 동시에 신을 섬기는 일이라고 주장한다.

절약으로 가는 또 하나의 길은 소박함을 미학으로 받아들이는 것이다. 이들은 구두쇠라 불릴 만큼 돈을 절약하길 바라지만, 그러한 행동을 그저 소박하게 살기 운동이라고 부른다. 〈리얼 심플(Real Simple)〉과 같은 잡지는 소박한 삶이 일종의 생활양식이자 좋은 취향의 표현이라고 말한다. 수술이나 이혼 등 복잡한 일을 겪은 여성들이 자신의 삶을 소박하게 만듦으로써 어떻게 평화를 찾았는지 보여주는 기사도 실려 있다.

집안 일에 소비되는 시간을 줄이고 더 값싼 생활용품을 사는 요령들은 소박한 생활의 실용적인 측면을 다루고, 각종 사회적 상황에 대한 옳고 그른 대응방식을 알려주는 충고는 도덕적인 요소를 다룬다. 상담자들은 예산에 따른 삶과 우선순위를 정하는 방법을 조언해 준다.

소박하고 단순한 생활방식을 좇는 것은 중년층과 노년층만의 관심사가 아니다. 검소한 생활은 젊은이들의 시선도 끌고 있다. 이런 관심의 조짐들은 적어도 최신 유행하는 웹사이트에서 잘 나타난다. 야후(Yahoo.com)의 '지독한 구두쇠'와 '알뜰 요리사' 같은 메뉴에는 실용적인 팁을 가득 채운 '알뜰 하우스'가 마련돼 있다. 야후의 '알뜰한 생활 클럽' 내의 '모든 알뜰한 것들'이란 코너에서는 '오늘의 구두쇠'를 연재한다.

온라인 유행근원지 살롱닷컴 또한 근검절약에 힘을 실어준다. 적절한 비용으로 지적·사회적으로 잘 살기 운동을 실천하는 살롱닷컴의 웰(Well) 커뮤니티는 '근검절약을 생활 방식으로'라는 주제의 모임을 갖고 있다.

21세기 초반에 소박한 삶은 생활양식의 한 가지 대안으로만 여겨질 테지만, 시간이 흐르고 때가 되면 주류 생활양식으로 자리잡을 것이다. 2030년이 되면 절약하는 생활방식이 널리 퍼져 일상적인 모습이 될 것이다. 그리고 그 때까지 수백만 명의 베이비붐 세대 노인들은 그들이 기대했던 재정적 안전망 없이 삶을 살아가는 방법을 찾아야 할 것이며, 젊은 세대들은 소비재를 획득하는 일이 그리 녹록지만은 않다는 사실을 깨닫게 될 것이다.

017 보안 제일주의와 빅 브라더
The Security Imperative

2001년 9·11 테러 이래, 미국은 자국을 보호해 왔다. 미국 영토 내에서는 자국민이 감시를 받고, 공항에서는 승객들이 미국 안전요원들이 판단하는 위험도에 따라 분류된다. 더 빠른 체크인을 원하는 사람들은 항공회사가 주정부와 연방정부의 데이터베이스에 있는 개인정보를 확인할 수 있도록 하거나, 그들의 정보를 FBI나 연방정부의 승객 신분조회 시스템과 공유되도록 하여 사전검열을 받을 수 있다. 공항의 보안을 위해 사람들은 오랫동안 줄을 서야 하고, 신발을 벗고 가방을 열어 보여 주어야만 한다. 그러나 이런 일들은 단지 수많은 보안조치 가운데 일부일 뿐이다.

더욱 중요한 임무를 담당하는 곳은 공항의 보안 프로그램을 수행하는 미국 국토안보부다. 9·11 테러 이후 창설된 국토안보부는 국가보안에 대한 정부의 관심을 나타내는 대표적인 지표다. 테러와의 전쟁에 대비한 다각적인 방법을 고안하고 실행하기 위해 배정된 예산은 400억 달러에 이른다.

이러한 방법들 중에는 컬러코드 경보단계, 공항 경비원들을 위한 특수훈련, 강화된 감시 시스템 등이 있다. 일각에서는 이들 안전조치가 개인의 자유를 침해한다고 비난한다. 〈뉴욕 타임스〉는 FBI가 미국 내 반전단체들과 관련 행사에 대해 정보를 수집했다는 사실이 드러났다고 보도했다. FBI 관계자들은 단지 정보수집 차원에서 의도된 것이라고 해명했지만, 일부 시민들은 그것을 시민 불복종에 대한 공격으로 간주하기도 했다.

2001년 통과된 애국법(the Patriat Act : 테러 방지법)은 테러와의 전쟁에 대비해 국민에 대한 정보 수집력을 강화함으로써 적으로부터 자국민을 보호하기 위한 것이었다. 그러나 일부 시민들은 그 법이 사생활 침해라고 비판했으며, 그 중에는 고객에 대한 정보를 정부와 공유하기 원치 않는 소매상도 있었다. 일부 상인들은 애국법에 반대 입장을 표명하기 위해 필요한 정보수집을 중단한 경우도 있었다.

9·11 테러로 인해 탄생한 또 하나의 기관은 합동작전명령본부(Joint Operations Command Center : JOCC)다. 이 감시기관은 비밀 검찰국과 국방부를 비롯한 여러 국가기관들의 연합체다. 이 기관의 목표는 필요할 경우 쇼핑몰과 학교 등 공공기관 내 폐쇄회로 카메라들을 연결하는 것이다.

국토안보부 프로그램이나 공항의 보안 프로그램과는 별개로, 매일매일 새로운 안전조치들이 과하다 싶을 정도로 많이 생겨나고 있다. 많은 미국인들이 전기담장, 경비 시스템과 등을 이용해 스스로와 이웃, 게이티드 커뮤니티의 안전을 추구하고 있으며, 또한 군대식 SUV(Sport utility vehicle: 스포츠형 다목적차량), 지프, 허머(Hummer: 미국 사륜구동 지프형 차량)의 이용도 크게 늘었다.

수년 내에 좀더 광범위한 보안조치가 시행될 확률도 높다. 개인정보가 담긴 전자신분증 제도가 그 중 하나다. 이런 디지털 카드에는 운전면허번호, 주민번호 또는 엄지손가락 지문 등이 포함될 수 있다. 또한 터널 등의 요금 징수소에서 사용하는 카드에 내장된 전자칩이 불특정 기간 동안 개인의 이동경로를 추적하는 데 사용될

지도 모른다. 또는 공공장소 출입구에 배치된 안전요원과 경찰 등에게 휴대용 신분확인 시스템과 무기검색 시스템이 널리 보급될 수도 있다. 이들 예방조치는 구멍가게나 쇼핑몰을 더욱 안전하게 만들어줄 수는 있겠지만, 그 결과 시간을 더 빼앗길 수밖에 없다. 사람들은 쇼핑센터를 출입할 때마다 코트와 자동차 트렁크, 짐들을 보안요원에게 보여줘야 할 것이다.

테러리스트들이 발전소 등 대규모 피해를 입힐 수 있는 곳에 접근하는 것을 막기 위한 여러 가지 장치들도 있다. 이를테면 적외선 카메라와 열센서 등이 그것이다. 〈뉴욕 타임스〉에 따르면 프라이스라인(Priceline.com)의 창립자 제이 워커가 24시간 순찰 시스템과 비슷한 US 홈가드를 사용할 것을 제안했다고 한다. US 홈가드는 5만여 곳의 전략적 공공장소를 감시하는 데 웹 기술과 모니터 요원을 활용하는 시스템이다.

개인을 더욱 정밀하게 감시하기 위해, 정부는 모든 국민의 이메일과 전화통화 기록을 검열하고 위성기술을 사용해 국가적인 불안감을 야기하는 사람들을 추적할지도 모른다. 또한 테러 행동에 의심이 가는 자국민을 감시하기 위해 국내 안보국을 창설할 가능성도 있다.

정부는 여기에 얼마나 많은 예산을 기꺼이 지불하려고 할 것인가(한 정부 소식통은 매년 1,000억 달러 정도로 예측하고 있다)? 현재 세금에 대한 반감을 고려할 때, 미국 국민은 안보세 증가를 달가워하지 않을 것이다. 시민자유권 옹호론자들은 이미 애국법 하의 감시강화에 대해 반대의 목소리를 내고 있다. 국가 신분증이나 국가 운전면허증 등의 제도가 시민권에 대한 침해로 인식돼 대중의 반대에 부딪힐 것이라고 예상하는 이들도 있다.

21세기의 미국은 안보라는 미명 하에 생물측정학, 자동차 이동경로

탐지, 전자 데이터베이스의 세상이 되었다. 지역 경찰이 보호해 주었던 시절은 이제 오래 된 과거의 일이다.

018 전통적 시간관리로의 회귀
Beyond Multitasking

대부분의 미국인이 20세기에 얼마나 바쁘게 살아왔는지 미루어 볼 때, 다가오는 21세기에는 계획한 일들을 모두 실행할 시간이 더욱 부족해 지리라는 것은 자명해 보인다. 사람들은 짧은 시간 안에 더욱 많은 일을 하기 위해 예전에는 혼자서 했던 일들을 위임하거나 새로운 사람을 고용하고, 또는 여러 가지 일을 동시에 수행하는 다중작업(multi-tasking) 등의 검증된 시간관리법을 이용한다.

이런 가운데 전통적인 시간관리법으로 회귀하는 사람들도 있다. 그들은 다중작업 대신 업무에 우선순위를 매겨 한 번에 한 가지 일만 한다. 이런 방식은 순차작업(sequential tasking) 또는 다른 여러 다양한 용어로 불린다. 그 이름이 무엇이든 인간에게 훨씬 적합한 방식으로 보인다.

베버리지 다이아몬드 법률회사의 전무이사 롭 브레이거에 따르면, 대부분의 사람이 일상생활과 가정생활 중 전화통화를 하면서 이메일을 쓰거나, 회의 도중 스케줄을 짜는 등 일종의 다중작업을 하고 있다고 한다. 그러나 일각에서는 다중작업이 비효율적이라는 의견이 불거져 나오고 있다.

최근 연구에서는 일부 사람들이 다중작업의 결과 오히려 가장 중요한 일을 회피하게 된다는 결과가 나왔다. 각각의 일을 수많은 업무의 하나로 만들어버림으로써 의미를 제거해 버린다는 것이다. 따라서 사람들은 여러 가지 행동을 한꺼번에 행하는 반면 정말로 필요한 한 가지 행동에는 집중하지 못한다. 더미스닷컴(dummies는 '바보들' 라는 의미를 가지고 있다—옮긴이)에서도 "인간은 한꺼번에 여러 가지 일에 집중할 수 있는 능력이 없기 때문에 여러 가지 일을 하면 오히려 각각의 일의 효율성이 떨어진다"고 밝히고 있다.

미국인들은 기존 또는 새로운 방법을 통해 계속해서 효율성을 모색하는 한편, 삶을 숙고하는 시간 역시 갖고 싶어한다. 삶을 고찰할 것인가 아니면 복잡한 일처리를 할 것인가를 결정할 때, 중요한 것은 언제 그러한 기교를 부릴지 판단하는 일이다. 더미스닷컴의 말을 다시 빌려보자. "다중 작업을 해야 할 경우는 생각보다 적다. 문제는 다중작업을 해야 할 때와 그렇지 않을 때를 구분하는 것이다."

시간관리 전문가들은 잠시 멈추어 서서 삶에 대해 고찰하는 시간을 가지라고 충고한다. 전문 강연자 사라노 켈리는 정신없이 분주한 삶을 사는 사람들에게 이렇게 말한다. "당신은 어디로 달려가고 있는가? 어차피 당신에게는 확실한 목적지가 있다. 다름 아닌 저 차가운 땅 속이다. 왜 당신은 그 곳에 도달하기 위해 그토록 서두르는가? 왜 그렇게 허겁지겁 달려가느라 바쁜가? 왜 잠시 멈추어 서서 당신 앞에 놓인 이 거대하고 아름다우며, 경이로운 세계를 둘러볼 시간을 갖지 못하는가?"

019 여유 있는 자녀 양육법
Relaxed Parenting

유머 작가 조 퀴넌은 자신의 저서 《향기로운 꿈(Balsamic Dreams)》에서 베이비붐 세대들의 이상적인 자녀상은 깨어 있는 매 순간 자기계발을 하고, 부모는 거기에 대해 만족하는 모습이라고 요약했다. 부모의 지나친 관심은, 사람들이 자기에게 거는 높은 기대를 충족시켜야 한다는 강박관념에 사로잡힌 아이로 만들지도 모른다. 이는 아이들이 숙제와 일, 그리고 과외활동에는 균형을 유지하지만 즐거움은 거의 누리지 못한다는 뜻이다.

이런 완벽주의 지향은 아이에게나 부모 모두에게 어려운 일이다. '완벽한 아이로 기르는 방법' 이라는 제목의 〈보스턴 글로브 매거진(Boston Glove Magazine)〉의 기사에서, 한 부모는 이렇게 말했다.

"나는 온통 그 생각뿐이다… 아이들과 함께 무엇을 하며 놀까 고민하는 데 평생을 바칠 수도 있을 것 같다."

그러나 21세기에는 자녀양육에 대한 관점이 바뀌고 있는 것 같다. 좀더 여유 있는 양육법을 선호하는 추세로 말이다. 이는 부모와 아이가 달성해야 한다고 느끼는 목표와 사회적 지위를 달성하는 데 관심을 덜 기울이는 양육법을 의미한다. 팀 스미스는 자신의 책 《느긋한 부모: 부모는 별로 신경 쓰지 않으면서 아이가 잘 하도록 돕는 법 (The Relaxed Parent : Helping Your Kids Do More As You Do Less)》에서, 부모들은 데이비드 엘카인드의 주장과 반대로 행동할 것이라고 말했다. 데이비드 엘카인드는 《쫓기는 아이들(The Hurried Child)》에서 부모들이 아이들로 하여금 그 나이 때의 경험을 충분히 갖지 못하고 너무 빨리 성인들의 '새로운 자유'를 취하도록 강요한다고 지적했다. 그러나 시간을 초월한 원칙에 따라 살며, 또 그렇게 자녀들을 키우는 느긋한 부모들이 늘고 있다.

세심한 관리감독을 삼가는 한 가지 이유는, 그렇게 한다고 해서 아이가 더 옳은 행동을 하거나 행복한 삶을 살고, 더 똑똑해지거나 또는 사회적으로 완전한 아이가 된다는 보장이 없기 때문이다. 대부분의 아동 전문가들이 아이의 인생에 부모의 개입이 중요하다는 점을 완전히 부정하지는 않지만, 부모의 장기적인 영향에 대해서는 많은 이들이 의심하고 있다. 주디스 리치 해리스는 자신의 저서 《양육 가설: 왜 아이들은 자기들 방식대로 행동하는가(The Nurture Assumption: Why Children Turn Out the Way They Do)》에서 "부모의 양육 방식이 아이의 발달에 영향을 미친다는 통념은 잘못된 것"이라고 지적했다. 그녀는 아이를 돌보는 것이 중요하긴 하지만, 그것이 아이의 미래 행동방식을 결정짓지는 않는다고 주장했다. 오히려 아이들은 유전자 조합과 주변인들과의 생활, 특히 초등학교 시절에 만난 친구들과의 생활에서 더 영향을 받는다고 말했다.

아이들이 세상을 어떻게 항해할 것인가에 대해 동년배들에게 의지한다는 사실은 충분히 이해가 간다. 왜냐하면 세상은 그들의 것이지 부모의 것은 아니기 때문이다. 보스턴 대학의 심리학 교수 피터 그레이는 진화론적 관점에서 아이들이 그들의 또래집단으로부터 배울 필요가 있다고 지적했다. "자기중심적인 성향 때문에, 우리는 우리와 우리 자녀들의 관계가 가장 중요하다고 믿으려는 경향이 있다. 그러나 아이들을 보라. 그들이 기쁘게 하려는 대상이 누구인가? 그리고 진화론적인 견지에서, 그들이 누구에게 관심을 집중해야 하겠는가? 지난 세대의 구성원인 부모인가, 아니면 그들의 장래 친구이자 미래의 조력자가 될 또래인가? 또래들의 행동에 어울리고 적응하는 편이 그들에게는 더 가치 있는 일일이다."

그러나 부모들이 자녀를 이상적인 삶으로 이끌려는 세심한 관리감독의 손길을 거둔다 해도, 그로 인해 부모의 삶이 더 편해질 것이라고 보장할 수는 없다. 그들은 여전히 부모고, 여전히 걱정할 테니까 말이다. 또한 그들은 자녀가 자신들보다 더 나은 삶을 살기를 바랄 것이다. 그리고 아무리 부모가 별 기대 없이 자녀를 키웠다 해도, 자녀가 품을 떠나면 공허함을 느낄 것이고, 셰어〔Cher : 미국의 연예인. 1945년 태어나 가수와 영화배우로 활동하고 있으며, 1987년에는 〈문스트럭(Moonstruck)〉으로 아카데미 여우주연상을 수상했다—옮긴이〕의 음악 대신 쇼팽을 들려 줬다면 "혹시 아이가 더 잘 되지는 않았을까?" 하며 후회할 것이다.

020 온라인 교육 열풍
Distance Learning Grows

21세기에는 연령을 초월해 모든 학생 수가 증가할 것이다. 먼저 베이비붐 세대의 자녀로서 1979~94년에 태어난 아이들인 '에코 부머(echo boomers : Y세대, 밀레니엄 세대 등으로 불린다—옮긴이)'들이 기록적인 진학률을 보인다. 수백만 명에 달하는 새 이민자들의 자녀들도 있다. 그리고 직장을 구하기 위해 언어와 기술을 배우고자 하는 이민자들에서부터 다시 학교로 돌아가 공부하기를 원하는 베이비붐 세대에 이르기까지 많은 어른들도 배움의 길에 가세할 것이다.

2010년에 이르면 공립대학이나 사립대학, 그리고 기타 고등교육 기관의 등록자 수가 1,750만 명으로까지 증가할 것으로 전망된다. 이는 1998년에 비해 20% 증가한 수치다. 특히 일부 주에서는 등록 증가율이 두드러지게 높아질 것이다. 고등교육을 위한 미국 서부주간 (州間)위원회(Western Interstate Commission for Higher Education)는 2008년까지 캘리포니아, 애리조나, 콜로라도, 워싱턴, 네바다 등의 주에서 교육기관 등록이 25~35% 정도 증가할 것으로 예측하고 있다. 캘리포니아 주립대학의 등록은 향후 10년 간 43% 증가할 것으로 보인다.

지역 전문대학에는 고령 학생들이 급격히 늘고 있다. 국립교육통계원(National Center for Education Statistics : NCES)은 25세 이상의 지역 전문대학 학생 수가 1999~2010년 사이에 9% 증가할 것으로 내다봤다. 또한 2010년에 이르면 25세 이상의 학생 수가 25세 미만의 학생 수보다 더 많아질 것이라고 보고했다.

진학증가 예상률은 지난 세기 동안 기하급수적으로 증가한 대학진학 비율을 반영한다. 1930년 이래 미국 전체 인구는 겨우 두 배 증가한 반면 고등교육 기관 진학률은 일곱 배나 늘었다. 캘리포니아 주립대학의 교무처가 제공한 자료에 따르면, 고등학교 졸업자의 65%가 대학에 진학하고 있다.

이런 엄청난 수요에 부응하기 위해, 온라인 교육이 점점 많은 인기를 모을 것이다. 온라인 교육 전문가 데이비드 버틀러는 "원격 교육 또는 개방학습은 대학의 개념이 생기기 시작한 이래 최초로 교육·학습에 대한 총체적 점검을 야기하는 전략적 위치에 있다"고 말했다. 그의 정의에 따르면, 온라인 교육이란 학생과 교사가 '서로 지리적으로 떨어진 곳에 있으며' 전자 또는 기타 '교육 매체'를 사용해 '교사와 학생 간 양방향 커뮤니케이션'이 이뤄지는 교육방식이다.

지난 10년 간 온라인 교육에 참여한 학생 수는 급격히 증가했다. 1998년에는 71만 명이 온라인 교육 과정에 등록했고, 2002년에는 2,300만 명으로 늘었다. 고등교육을 받는 전체 학생의 15%가 온라인 교육을 받고 있으며, 이는 1998년에 비해 5% 증가한 수치다. 2003년 중반 온라인 교육 정보센터는 10개 이상의 주에서 사이버 가상대학을 운영하고 있거나, 운영할 예정이라고 보고했다. 국제자료통계원(International Data Corporation)은 온라인 교육이 21세기 초 짧은 기간 동안 33% 정도 증가할 것으로 전망한다.

전문가들은 온라인 교육이 특정 분야에서 더욱 강세를 띨 것이라고 말한다. 특히 21세기 초반에 성장할 것으로 예상되는 교육, 이를테면 컴퓨터, 소프트웨어, 엔지니어링, 보육, 회계, 마케팅 등의 직업 관련 교육에서 더 많은 온라인 교육이 이루어질 전망이다.

이 모든 사실을 종합해 볼 때, 온라인 교육은 학습혁명의 시작이다. 미국 원격 교육 연구소 마이클 무어 박사의 2001년 강의 초록에는 다음과 같이 적혀 있다. "결국 전통적인 교육방식은 원격 교육과 공존할 것이다. 비록 미래에는 후자가 평생교육으로서 전문·교양·직업 분야에서 더 앞서게 되겠지만…."

교육 전문가들 역시 학습에 대한 일반적인 개념이 진화하고 변화할 것이라고 믿는다. 공식적으로 원격 교육은 특정 시간에 다른 장소에서 수업을 하는 학생과 교사의 '동시적인' 학습 경험이었다. 그러나 이제는 개념이 조금 달라졌다. 컴퓨터와 인터넷 접속을 통해 이루어지고 참여하는, '비동시적인' 학습 시스템이라고 하는 편이 옳다. 온라인 교육 과정을 제공하는 대학들 또한 외부 학생들을 포괄하기 위해 학생 분류 개념을 다시 세워야 할 것이다.

미국의 많은 주들이 온라인 교육을 장려하고 상담과 기술적 지원을 제공하기 위해 지역 지원 센터를 두고 있다. 예를 들어 노던 애리조나 대학은 온라인으로 강의에 참석할 수 있도록 허용하고 있으며 4,700명이 들을 수 있는 900개 과정, 30학점 프로그램으로 구성된 강의를 시행 중이다.

편의시설을 공동으로 사용하기 위해 학제(學制)를 연결하는 대학들도 있다. 이를테면 네바다 주에서는 K-12〔유치원(Kindergarten)부터 12학년(우리의 경우 고3)까지의 미국 교육 시스템—옮긴이〕 학교들이 리노 및 라스베이거스에 있는 지역 대학들과 시스템을 통합하고 있다. 플로리다에서는 늘어나는 인구에 부응하기 위해 여름학기제를 마련했다. 뉴욕 및 기타 지역에서는 학생들이 고등학교와 대학에 동시에 등록해, 고등학생들이 대학에 정식으로 입학하기 전에 학점을 미리 이수할 수 있다.

공립 및 사립대학들과 함께 미국 정부도 온라인 교육에 참여하고 있다. 정부는 21세기에 고등교육을 원하는 학생들이 증가하리라 내다보고, 대학 수준의 과정을 제공하는 사립·공립 파트너십 프로그램을 지원하고 있다. 또한 지금까지 온라인 교육 공급자들에게 가해졌던 제한

법규가 재검토·변경됨에 따라, 그들은 미국 교육부의 '원격 교육 실험 프로그램' 과 '언제 어디서나 배우기 파트너십(Learning Anytime Anywhere Partnerships) 프로그램'을 통해 정부로부터 더 많은 지원을 기대할 수 있게 되었다.

군대에서도 온라인 교육을 적극 활용하고 있다. 미군은 1998~2003년 원거리 학습 센터를 설립하고 교육과정을 개발하기 위해 매년 약 5,500만 달러의 예산을 책정했다. 이는 국내 및 해외의 군인들을 교육할 온라인 교육 시스템을 확립하기 위한 장기 계획의 일부다. 〈미군 아미링크 뉴스(Army LINK News)〉에 따르면, 2010년까지 국내 미군자체 방송국에서 200여 개 사이트 745개 강의를 통해 525개 과정을 교육하게 될 것이라고 한다.

그러나 온라인 교육이 양적으로 성장하면서 기존 교육 집단으로부터의 비판도 거세지기 시작했다. 미국교육협회는 온라인 교육 비용이 캠퍼스에 직접 나가서 배우는 것보다 더 비싸다고 지적했으며, 미국 대학 입학시험 위원단(College Board)은 온라인 교육이 컴퓨터가 없는 학생들을 불리하게 만든다고 주장했다. 또 다른 교육 전문가는 "재능 있는 교수와 직접 교실에서 얼굴을 맞대고 배우는 수업이야말로 가장 좋은 학습 방법이다"라고 말한다.

전문가들의 말이 옳을지도 모르지만, 현실적으로는 돈 때문이든 시간 때문이든 얼굴을 맞대고 하는 교육이 모든 사람들에게 가능한 것은 아니다. 따라서 이런 학생들에게 온라인 교육은 또 다른 선택권이다. 전 교육부 장관 리처드 릴리는 '교육은 21세기의 핵심 시민권' 이라고 표현했다. 온라인 교육은 많은 사람들에게 교육받을 수 있는 권리를 확대시켜 줄 것이다.

021 천정부지로 치솟는 대학 교육비
The Pricing-Out of College

미국 대학입학시험 위원단에 따르면, 대졸자는 고졸자에 비해 평생 동안 100만 달러를 더 번다고 한다. 따라서 21세기에도 대부분의 사람이 대학에 진학하려는 노력을 멈추지 않을 것이다. 그러나 대학 공부를 위한 비용은 이미 천문학적으로 높아졌고 앞으로도 증가할 예정이다.

현재 아홉 살짜리 아이를 10년 후 대학에 보내기 위해서는 매년 1만 2,000달러씩 저축해야 한다. 갓난아이가 있는 사람이라면 매년 27만 9,000달러를 18로 나눈 액수가 필요하다. 현재 대학에 진학하는 18세 학생의 4년치 등록금은 12만 달러다. 점점 더 많은 미국인이 스스로 대학 등록금을 조달할 능력이 부족해질 것으로 예상되기 때문에, 앞으로 더 많은 사람들이 대출을 받고 또 대학 자체 재정지원 프로그램을 요구할 것이다. 그렇게 하여 그들은 대학을 못 나왔다는 오명을 벗고 좋은 시절을 맞게 되리라.

최근 몇 년 동안 대학 등록금은 인플레이션이나 다른 경제지표들보다 더 높은 비율로 상승했다. 1992~2001년 41개 주에서 4년제 대학 등록금은 가족의 수입보다 빠른 속도로 더 많이 올랐다. 연방 및 주정부가 장학금 지원을 확대하긴 했지만, 그 지원금은 대학에 다니는 데 드는 비용 증가를 따라가지 못했다.

다른 전통적인 자금지원처도 비용 증가를 따라잡지 못했다. 예를 들어 오래 전부터 저소득층의 학비를 지원해 왔던 펠 그랜츠(Pell Grants)의 현황을 살펴보면, 1980년대 중반에 비해 등록금의 지원 비율이 많이 줄었다. 대학 자체에서 주어지는 지원금도 매년 130억 달러에 달하지만, 증가분이 저소득층에게 주어지지 않고 있다. 1980년에는 주 재정지원금의 91%가 저소득층 성적우수자들에게 지급되었으나, 1999년에는 78%에 그쳤다.

특히 주 재정지원금은 경기의 영향을 많이 받았다. 대부분의 주들은 등록금을 인상해 경기 후퇴에 따른 예산 부족분을 충당한다. 지난 몇 년간, 미국 전역에 걸쳐 이런 일이 일어났고 앞으로 그럴 것으로 보인다.

현재 그리고 앞으로 늘어난 등록금 비용을 충당하기 위해 많은 부모들이 더 많은 돈을 빌릴 것이며, 학생들도 더 많은 학자대출금을 짊어지게 될 것이다. 1989~99년 사이에 대학 4학년생의 평균 누적 채무액이 가장 많이 증가했고, 특히 소득이 가장 적은 분기에는 더욱더 그랬다. 학생들의 빚은 7,629달러에서 1만 2,888달러로 늘었다.

앞으로 교육을 받을 수 있는 다른 길을 원하는 사람들은 더 새로운 학습방식을 추구할 것이다. 예를 들어 온라인 교육이 그것이다. 다양한 컴퓨터 기술 등을 비롯해 여러 형태의 실용적 교육을 실시하는 장점 덕분에 2년제 대학 등록자 수도 증가할 것으로 예상된다.

그러나 어떤 방법이 개발되더라도, 숫자는 거짓말을 하지 않는다. 부모들은 그럴 만한 가치가 있다고 생각하기 때문에 가계예산 중 점점 더 많은 부분을 교육을 위해 따로 떼어 둘 것이며, 대학등록금은 가족의 현재 수입과 학생들의 미래 수입에서 더 많은 부분을 차지할 것이다. 대학으로 보장되는 일생은 어쩌면 약속어음의 삶일지도 모른다.

022 확산되는 환경운동
The People's Environmentalism

21세기 초반 미국 정부의 친환경 프로그램과 규제들은 여전히 제자리 걸음을 하고 있거나 오히려 축소되고 있는 반면, 환경을 보존하려는 국민적 관심은 여전히 높고 앞으로도 계속 지속될 전망이다.

최근의 전국 여론조사에서 미국인의 4분의 3이 환경문제를 관심을 기울여야 하는 '우선 순위가 높은' 항목으로 꼽았으며, 응답자 중 80%가 자신이 환경보호론자 또는 환경보호론에 찬성하는 사람이라고 대답했다. 이제 지구온난화에서부터 재활용에 이르기까지, 환경문제에 대한 토론은 대부분의 미국인에게 주요 관심사가 되었다.

환경문제에 대한 개인의 참여 역시 붐을 이루고 있다. 미국 내 환경단체의 수는 1970년 수백 개에서 21세기 초반 8,000개 이상으로 증가했으며, 이들 단체는 상당한 재정적 지원을 받고 있다. 비영리 단체의 기금모금을 감독하는 자선기금 통계원에 따르면 1999년에 개인과 기업, 그리고 재단이 각종 환경단체에 기부한 돈은 평균 1,000만 달러에 달한다고 한다.

정부의 환경정책에 영향력을 행사하기 위해 결성된 단체들의 배경은 무척 다양하다. 환경운동가들은 서로 다양한 정치·종교적 견해를 지니지만 공통된 대의 아래 연합할 것이다. 이미 일부 환경운동가들과 종교기관들 사이에는 파트너십이 이루어지고 있다.

"이런 협력이 세상을 바꿀 것이다. 환경보호론자들은 과학에 강한 기반을 두고 있으며, 종교기관은 수백만 명의 세계관과 생활양식을 규정하는 도덕적 권위를 지니고 있다." 월드워치 연구소(Worldwatch Research) 게리 가드너 소장의 말이다. 게리 소장은 그들이 뭉치면 공공정책을 바꿀 만한 영향력을 갖게 될 것이라고 믿는다.

환경보호론이라는 이름 아래, 과학자와 종교기관이 협력한 사례로는 감독파(그리스도가 그의 후계자인 감독들에게 직접적으로, 그리고 전적으로 교회 정치를 위임했다고 주장하는 기독교의 한 종파. 이 파에서는 평신도들이 교회 정치에 참여할 수 없다. 현재 영국 교회에서 성행하고 있다—옮긴이) 파워 & 라잇(Episcopal Power & Light)이 있다. 이곳은 미국 소비자들이 재생 에너지를 이용한 전기를 사용하고, 종파를 초월한 커피 판매망을 통해 바람직하고 건전한 환경에서 재배된 커피를 구입할 수 있도록 한다.

더불어 개별적인 아이템은 환경운동가들에게 중요한 도구가 될 것이다. 예를 들어 휘발유와 전기의 조합으로 움직이는 하이브리드 자동차는 그 차를 구입한 영화배우, 사업가, 정치인, 종교 커뮤니티 덕분에 많은 인기를 얻었다. 그 중에는 영화배우 레오나르도 디카프리오와 카메론 디아즈, 공화당 소속 유타 주지사 로버트 F. 베넷 등이 있으며 뉴욕시 정부 역시 이를 구입해 사용하고 있다. 하이브리드 자동차 구입에 대한 환경적 명분은 유한한 천연자원에 대한 의존도를 줄이자는 것에서부터 테러리즘과의 전쟁에 이르기까지 다양하다.

미래에도 환경단체들은 저마다 다른 방식으로 활동을 계속할 것이다. 그린피스(Greenpeace)는 산업화 세계에 위험을 경고하기 위해 운동을 계속한다. 그들이 반대하는 항목에는 독성 폐기물, 산성비, 우라늄 광산 등이 있다.

1970년대 이후에는 광범위한 영역에 걸쳐 환경에 대한 사람들의 인식을 확장하고자 한 '심층(근본) 생태학(deeper ecology)' 운동이 활발했다. 노르웨이의 철학자이자 등반가 아르네 네스로부터 시작된 심층 생태학 운동은 네스가 실용적이고 단기적이며 결과지향적이라고 묘사한 '표층 생태학(shallow ecology)' 운동과 대비된다. 그는 심층 생태학 운동은 "자연 체계의 생태적·문화적 다양성을 진정으로 보존하는 방법과 가치관에 기초해 우리사회 체제 전체를 재구성하려는 운동"이라고 주장한다.

심층 생태학 운동의 지도자들은 모든 인간 유형을 받아들이지만 인간의 편의와 안락만을 추구하는 '산업기술 유형'은 거부하며, 다른 생물들과 다른 문화들과의 조화를 지지한다. 전 미국 부통령이자 《위기의 지구(Earth in the Balance)》의 저자인 앨 고어 역시 이 사상에 영향을 받은 많은 환경보호론자 중 한 사람이다.

그린피스의 창립자 패트릭 무어가 만든 정부 및 산업계 상담기관 그린스피리트(GreenSpirit)는 무어가 21세기를 위한 '이성적 환경정책'이라 부르는 것을 장려한다. 그린스피리트는 환경을 파괴시키지 않는 에너지 경제를 지향하며, 세계 인구 유지, 도시확장 제한, 산림개간의 현상유지 또는 축소 등을 목표로 삼는다.

지구에 대한 정부의 태도를 변화시키려는 환경단체와 더불어 대중에게 자연보호의 공익을 홍보하고 장려하려는 단체들도 있다. 예를 들어 '자연보호(Nature Conservancy)'라는 이름의 단체는 가까운 주변 장소를 연구하고 보존하기 위한 실천적 자연보호 프로그램을 실시한다. 그러한 프로그램 중 하나로, 캘리포니아의 카섬 강 보호구역에서는 수천 명의 학생이 자연 유물을 수집하고 나무를 심는 활동을 한다. 애리조나와 뉴멕시코 주의 목장주들이 모인 말파이 보더랜드 그룹은 야생생물과 목장을 보호하는 목축방식과 파트너십을 채택했다. 이 단체의 회원인 매트 매거핀은 "환경운동가들은 목장주들과 자주 충돌하지만, 우리도 그들과 같은 목적을 가지고 있다"고 말한다.

21세기에는 환경운동가들이 기업의 기부금에 더욱 의존할지도 모른다. 스타벅스와 같은 대기업들이 자연보호 프로젝트와 자금 지원에 앞장서면서, 기업체의 기부가 점점 늘고 있다. 기업의 지원을 받는다는 것은 옳지 않다는 비난에 대해 미국 오더번 협회(National Audubon Society : 미국의 동물보호 협회. 처음에는 조류애호가와 조류보호자들의 모임이었는데, 지금은 원자력문제 등 전반적인 환경보존을 목표로 활동하고 있으며, 그 영향력은 전세계에 미치고 있다—옮긴이)의 한 간부는 누군가 자신에게 이런 말을 했다고 전했다. "더러운 돈이라도 많이만 주면 좋겠습니다."

풀뿌리 환경운동이 계속되고 성장하는 데 따라 전문가들도 이에 발맞출 것이며 공공정책 기관들 역시 미래 환경변화 계획을 추진할 것이다. 지구 기후변화 퓨센터(Pew Center on Global Climate Change)는 2000~35년까지 미국 에너지 공급의 진로와 사용을 개괄한 '21세기를 위한 미국 에너지 시나리오'라는 보고서를 발표했다. 이 보고서는 새로운 공공정책과 투자 증대, 그리고 장기적인 목표를 달성하기 위한 즉각적인 조치, 즉 기후변화에 대한 완벽한 정책이 필요하다고 지적하고 있다.

대기업과 환경운동가들의 실제적인 계획에서부터 하이브리드 자동차의 구입에 이르기까지 다양한 환경운동은 21세기를 특징짓는 현상이 될 것이다. 이는 사람들이 정부의 개입이 있든 없든, 자신의 환경변화에 대해 뭔가 조치를 취하고 싶어하기 때문이다.

023 동물의 권리 신장
Read the Animals Their Rights

옛날에는 인간을 위해 동물을 여러모로 이용하기가 쉬웠다. 고기를 먹는 것은 애플파이만큼이나 미국적인 것이었고, 모피는 매력적이었으며, 실험실 쥐는 눈에 안 보이면 그만이었다. 그러나 과거 일부 열성적인 사람들만의 관심사였던 동물의 권리 옹호론이 지금은 주류 사상이 되었다.

현대의 동물보호운동은 호주출신 철학자 피터 싱어가 1975년 《동물의 해방(Animal Liberation)》을 출간하면서 촉발되었다. 그 이후로 동물의 권리문제는 학문적 토론을 불러일으켰고, 동물에게도 윤리적 대우를 해야 한다고 주장하는 단체가 생겼으며, 정부와 기업에 영향을 주었다. 2003년에는 25개의 로스쿨에서 동물권리법을 강의했다. 맥도널드와 버거킹 등은 육류가공 업체들에 동물을 좀더 인간적으로 도살하라는 압력을 넣었고, 바디숍과 같은 몇몇 화장품 회사는 자사 제품이 "동물에게 고통을 주지 않았다(cruelty-free)"는, 즉 동물실험을 하지 않았다는 점을 마케팅에 이용하고 있다. 동물의 권리가 높아지면서 모피는 설 자리를 잃고, 채식주의가 인기를 얻었으며, 고기 없는 식사가 슈퍼마켓과 레스토랑에 일반화되었다. 그리고 유명인들은 이런 시류에 편승했다.

대체로 동물보호운동은 좌익의 주장으로 여겨지지만, 일부 저명한 우익론자들도 동참할 정도로 지지계층이 확대되었다. 조지 부시 대통령의 전 연설원고 작성자였던 매튜 스컬리는 자신의 책《지배: 인간의 권력, 동물의 고통, 그리고 자비에의 외침(Dominition : The Power of Man, the Suffering of Animals, and the Call to Mercy)》에서 동물이 스스로 권리 주장을 못한다 해도, 사람들은 동물을 자비롭게 대하고 채식을 해야 한다고 주장했다.

어떤 사회운동이든 반발이 있게 마련이고, 동물보호운동도 예외는 아니다. 많은 사람들이 동물 해방전선(Animal Liberation Front)과 지구 해방전선(Earth Liberation Front)처럼 과격한 단체의 행동에 문제를 제기했다. 예를 들어 남부 빈곤법 센터(Southern Poverty Law Center)는 일부 동물보호운동가가 사용하는 폭탄 테러, 구타, 야만행위 등의 테러 전술을 비난했다.

동물연구를 통해 새로운 치료법과 약이 개발되기 바라는 환자들은 동물실험을 중지시키려는 동물보호운동가들을 비난한다. 한 에이즈 운동가는 1996년 〈로이터 뉴스미디어(Reuters NewsMedia)〉와의 인터뷰에서 에이즈 감염자들을 위한 개코원숭이 골수이식 실험에 반대하는 동물보호운동가들을 두고 이렇게 비난했다. "그들이 설치류의 권리를 주장하는 대신 치료법을 개발하는 데 그들의 창의적인 재능을 사용했으면 좋겠다."

동물보호운동가들의 타깃이 된 개인과 기업들은 범죄행위로 인한 피해를 입지 않기 위해 법정에 호소하는 방법을 택했다. 2003년 영국 법원은 헌팅턴 생명과학 연구소의 요청을 받아들여 헌팅턴 동물학대 반대 단체에게 접근금지명령을 내렸다.

많은 개인과 단체가 독자기고란이나 웹사이트에 동물보호운동가들의 주장에 반대하는 글을 올렸다. 이들은 서커스에 동물 사용을 찬성하는 서커스 팬들에서부터 덫이 인간적이라고 옹호하는 야생동물 사냥꾼에 이르기까지 매우 다양하다. 동물의 복지에는 관심이 있지만 동물보호운동에까지는 참여하지 않는 단체들은 축산업을 아예 없애자는 것과 다름없는 주장을 하는 열성적인 운동가들에게 반대 입장을 취했다. 마이클 폴런은 2002년 11월 10일 〈뉴욕타임스 매거진(New York Times Magazine)〉의 한 기사에서 '사육되지 않은 고기', 즉 작은 농장에서 길러져 즐겁게 살다가 인간적으로 도살된 동물의 고기는 먹어도 괜찮다고 주장했다.

"나는 아직 거기에 적합한 이름을 짓지 못했다. 그러나 이 방법만이 요즘 내가 편안하게 고기를 먹을 수 있는 유일한 길(인간적 육식?)이다."

반발이 있든 없든, 동물을 위한 권리보호운동은 논쟁을 불러일으켰다. 그들은 더 이상 무시될 수 없으며, 그들의 주장을 받아들이든가 반대하든가 둘 중 하나를 택해야 할 것이다. 당분간은 이런 조정과정이 지속될 것으로 보인다.

Chapter

3

비즈니스와 산업 트렌드

빠르거나(속도) 커져야(규모) 살아남는다

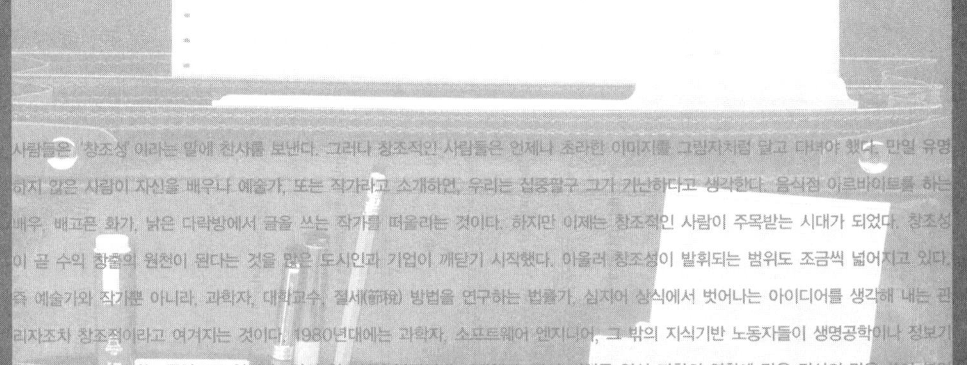

사람들은 '창조성'이라는 말에 찬사를 보낸다. 그러나 창조적인 사람들은 언제나 초라한 이미지를 그림자처럼 달고 다녀야 했다. 만일 유명하지 않은 사람이 자신을 배우나 예술가, 또는 작가라고 소개하면, 우리는 십중팔구 그가 가난하다고 생각한다. 음식점 아르바이트를 하는 배우, 배고픈 화가, 낡은 다락방에서 글을 쓰는 작가를 떠올리는 것이다. 하지만 이제는 창조적인 사람이 주목받는 시대가 되었다. 창조성이 곧 수익 창출의 원천이 된다는 것을 많은 도시인과 기업이 깨닫기 시작했다. 아울러 창조성이 발휘되는 범위도 조금씩 넓어지고 있다. 즉 예술가와 작가뿐 아니라, 과학자, 대학교수, 절세(節稅) 방법을 연구하는 법률가, 심지어 상식에서 벗어나는 아이디어를 생각해 내는 관리자조차 창조적이라고 여겨지는 것이다. 1980년대에는 과학자, 소프트웨어 엔지니어, 그 밖의 지식기반 노동자들이 생명공학이나 정보기술 분야를 이끌어가는 주역으로 인정받으면서 창조성이 부각되기 시작했다. 당시 기업들 역시 과학의 역할에 많은 감사의 말을 쏟아 부었지만, 예술이나 인문학에 대해서는 반드시 그렇지는 않았다. 하지만 이제 예술가나 인문학자들도 경제성장의 주요 원동력으로 점점 그 가치를 인정받고 있는 추세다. 리처드 플로리다는 《창조적 변화를 주도하는 사람들(The Rise of the Creative Class)》이란 책에서 창조적인 사람들이 현대 경제에서 없어서는 안 될 중요한 역할을 한다고 주장한다. 저자는 이들이 상품화되어 널리 사용될 수 있는 새로운 형

024 다중 채널 소비자
Clicks and Bricks

20세기 말 소매업의 장래에 대해 생각했던 사람들은 온라인 경쟁업체의 부상으로 전통적인 오프라인 상점은 궁극적으로 모두 사라질 것이라고 예견했다. 또 일각에서는 오프라인 상점으로는 웹사이트가 지닌 다양성과 편의성을 제공할 수 없으리라고 내다봤다. 클릭지닷컴(ClickZ.com)의 칼럼니스트 제프리 그레이엄은 다음과 같이 기고했다. "오프라인 상점들은 이제 모두 온라인 접근방식을 도입해야 할 것이다. 만약 그렇게 하지 않으면 소비자들이 요구하는 새로운 유형의 가치를 제공하지 못할 것이고, 결국 물에 떠다니는 쓸모없는 부유물로 전락할 것이다."

그러나 새로운 세기에 접어든 지 몇 년이 지난 지금의 상황을 살펴보면, 오프라인 상점과 온라인 사이트가 여전히 함께 공존하고 있음을 알 수 있다. 인포터치테크놀로지스(Info Touch Technologies)의 회장 겸 CEO

하메드 샤베지는 다음과 같이 말한다.

"오프라인과 온라인이 통합되는 시대가 도래했다. 오프라인과 온라인의 병행이라는 패러다임을 통해 이제 오프라인 운영과 온라인 운영 사이에 균형을 창출함으로써 이 둘 사이의 갈등에 종지부를 찍어야 한다. 이것은 전통적인 소매점과 닷컴 소매점 양쪽 모두에게 매우 적합한 방법이 될 것이다… 온라인과 오프라인의 병행 전략이 단지 유행이나 일시적 광풍이 아님을 강조하는 것이 중요하다. 우리와 아주 오랫동안 함께 할 현실이라는 의미다."

현재 백화점과 의류 아울렛, 그리고 특산품 매장들이 서로 통합되는 추세다. 미국의 경우 2000~03년 이들을 모두 합친 시장의 매출액은 1,490억 달러 이상을 기록했다. 이와 더불어 온라인 기업들과 통신판매 회사들도 전통적인 오프라인 상점의 요소를 도입하고 있다. 애플 스토어(Apple Store), 블리스 스파(Bliss Spas), 아메리칸 걸스(American Girls) 등의 상점이 좋은 예다. 리서치 회사인 가트너 그룹은 "만약 닷컴 기업들이 전통적인 오프라인 상점의 요소를 갖추지 못하면, 닷컴 사이트 가운데 98%는 쇠락의 길을 걷게 될 것"이라고 예측한다. 이제는 서비스 산업에서조차(단지 일방적인 정보제공을 위한 것이 아니라 실질적인) 쌍방향 온라인 사이트를 전통적인 오프라인 대리점과 결합시키고 있다.

전통적인 오프라인 상점들이 그들의 상점 내에 온라인 요소를 결합하는 기본적인 방법 중 하나는 인터넷 키오스크(Internet Kiosk: 마케팅 활동을 효과적으로 지원하기 위해 고안된 최첨단 제품으로, 기본적으로 모니터를 달고 직관적 인터페이스를 제공해 사용자들이 쉽게 사용할 수 있게 한 무인 단말기를 말한다. 예를 들면 은행의 ATM이나 영화표 또는 기차표의 발권기 등이 있다—옮긴이)를 설치하는 것이다. 이것을 이용해서 소비자는 특정 상품의 재고를 살펴볼 수 있고, 또 상점 내 광고물이나 온라인상의 특별 세일을 검색할 수 있다.

쇼핑 '현장'에 발생한 이러한 변화의 결과 새로운 종류의 구매자 형태가 나타났다. 다름 아닌 다중 채널 소비자(multichannel consumer)가 그들이다. 이들은 동일한 판매회사의 다양한 쇼핑 수단을 이용하는데, 상황에 따라 전통적인 오프라인 매장을 방문하기도 하고, 집에서 웹사이트나 카탈로그, 통신주문을 이용하기도 한다. 연구조사에 따르면 동일한 판매회사의 오프라인 상점과 온라인 상점을 모두 이용하는 고객이 어느 한 쪽만 이용하는 고객보다 연간 600달러 정도를 더 소비하는 것으로 나타났다. 또 전통 매장, 웹사이트, 카탈로그, 이들 세 가지 모두를 이용하는 3중 채널 구매자와 전통 매장에서만 상품을 구입하는 구매자의 구매 빈도를 분석한 결과, 전자가 약 70% 정도 높게 나오는 것으로 드러났다.

그렇다면 기존의 전통적인 오프라인 상점들은 그냥 넋놓고 바라만 보고 있을 것인가? 현재 그들 중 상당수가 한 세기 전 백화점이 처음 생겼을 때 보여주었던 오락과 환상을 상기시키는, 쇼핑객의 최종 목적지로서 거듭나기 위해 재단장을 서두르고 있다. 예컨대 시카고에 자리한 마셜 필드(Marshall Field) 백화점의 본점은 웅장한 목재주형 및 건축학적 미를 드러내기 위해 지난 세기에 매장을 장식했던 서민적인 디자인을 전부 제거했다. 물론 그 목적은 온라인 매장에서는 제공할 수 없는 전통적인 백화점 매장의 품격을 되살리는 것이다. 다시 말해서 시각 · 청각 · 후각 · 촉각 · 미각 등 우리의 다섯 가지 감각 모두에 경이로움을 선사하는 놀라운 경험을 창출하는 것이다. 만일 이 작업이 제대로 이루어진다면, 소비자가 컴퓨터 앞을 떠나도록 하는 정당한 사유를 제공할 것이다.

025 새로운 부의 키워드, 창조성 지수
Creative: Not a Dirty Word

사람들은 '창조성'이라는 말에 찬사를 보낸다. 그러나 창조적인 사람들은 언제나 초라한 이미지를 그림자처럼 달고다녀야 했다. 만일 유명하지 않은 사람이 자신을 배우나 예술가, 또는 작가라고 소개하면, 우리는 십중팔구 그가 가난하다고 생각한다. 음식점 아르바이트를 하는 배우, 배고픈 화가, 낡은 다락방에서 글을 쓰는 작가를 떠올리는 것이다. 하지만 이제 창조적인 사람이 주목받는 시대가 되었다. 창조성이 곧 수익 창출의 원천이 된다는 것을 많은 도시인과 기업이 깨닫기 시작했다.

아울러 창조성이 발휘되는 범위도 조금씩 넓어지고 있다. 즉 예술가와 작가뿐 아니라, 과학자, 대학교수, 절세(節稅) 방법을 연구하는 법률가, 심지어 상식에서 벗어난 아이디어를 생각해 내는 관리자조차 창조적이라고 여겨지는 것이다.

1980년대 과학자, 소프트웨어 엔지니어, 그 밖의 지식기반 노동자들이 생명공학이나 정보기술 분야를 이끌어가는 주역으로 인정받으면서 창조성이 부각되기 시작했다. 당시 기업들 역시 과학의 역할에 많은 감사의 말을 쏟아 부었지만, 예술이나 인문학에 대해서는 반드시 그렇지는 않았다. 하지만 이제 예술가나 인문학자들도 경제성장의 주요 원동력으로 점점 그 가치를 인정받고 있는 추세다.

리처드 플로리다는 《창조적 변화를 주도하는 사람들(The Rise of the Creative Class)》이란 책에서 창조적인 사람들이 현대 경제에서 없어서는 안 될 중요한 역할을 한다고 주장한다. 저자는 이들이 상품화되어 널리 사용될 수 있는 새로운 형식의 아이디어와 디자인을 생산하고, 새로운 문제 해결을 위해 폭넓은 지식을 활용해 스스로 사고할 줄 알기 때문이라고 그 이유를 설명한다. 이러한 창조적 계급에는 미술가·작가·음악가·학자·과학자·엔지니어·배우·디자이너·건축가·출판인·분석가·여론주도 세력 등 새로운 형식을 창조해 내는 '순수창조의 핵심(super-creative core)' 그룹이 포함된다. 또한 금융인·관리직 종사자·법률가·의사 등 창조적으로 문제를 해결하는 '창조적 전문가(creative professional)'도 포함된다.

미국 노동인구의 약 30%인 3,830만 명이 창조적 계급에 속하며, 이는 1980년의 20% 이하에서 많이 늘어난 수치라고 말한다. 또 세리 루스 앤더슨과 폴 레이는 《문화 창조자(The Cultural Creatives)》에서 '문화 창조자'의 숫자를 5,000만 명으로 추산했다. 앤더슨과 레이의 기준은 플로리다의 시각과 다소 달랐다. 그들은 문화 창조자들을 정신적인 영역과 개인의 성장과 관련된 문제에 관심을 가진 독특한 이질적 문화집단으로 보았다.

창조적인 사람들을 정확히 어떤 기준으로 파악해야 하는지, 또 그들이 위의 저자들이 말하는 것만큼 많은지는 논란의 여지가 있다. 하지만 어떤 방식으로 파악하거나 그룹화하든, 오늘날처럼 급변하는 세계에서 창조적인 사람들이 경제성장의 중요한 추진력이 된다는 점은 분명하다. 우리는 낮아진 무역장벽, 글로벌 경쟁, 급속한 기술발전의 시대에 살고 있다. 이러한 환경에서 한 나라의 경제적 위치를 결정짓는 것은 단순히 값싼 노동력 확보나 기존산업의 보호정책이 아니라, 변화에 적응하고 발전하는 능력과 끊임없이 솟아나는 새로운 아이디어다. 이 같은 인식이 확산됨에 따라 창조성은 수익창출의 대립조건이 아니라 그것의 필요조건이 될 것이다.

플로리다가 말한 것처럼, 창조적인 사람들은 특정한 성격을 갖는 도시에 모여 사는 경향이 있다. 활발한 예술과 음악활동이 꽃피는 곳, 흥미로운 역사를 가진 곳, 잠들지 않는 밤이 있는 곳, 야외활동이 활발한 곳, 젊은이들이 넘치는 곳, 동성애자의 도시 같은 곳 말이다. 마지막 항목은 다소 의외라고 느껴질지도 모른다. 하지만 창조적인 사람들 중에는 '아웃사이더'라는 느낌을 갖고 살아 온 이들이 많으며, 이들은 다른 신념, 다른 지향점, 다른 라이프 스타일을 가진 사람을 환영하는 장소를 높이 평가한다.

또한 다른 사고방식, 다른 문화와의 접촉은 창조성을 한층 더 발휘하도록 만들어주기 때문에 창조적인 사람들은 다양성을 중시하며 기존 관습에 순응하기를 거부한다. 이와 같은 관점에서 플로리다는 '창조성 지수(Creativity Index)'라는 것을 고안했다. 그리고 창조적인 사람들의 수가 얼마나 되는지, 하이테크 산업과 두드러진 혁신이 얼마나 나타나는지, 동성애자의 수가 얼마인지(Gay Index : 동성애 지수) 등에 따라 도시들의 순위를 정했다.

대도시 가운데 창조성 지수가 가장 높은 곳은 샌프란시스코였고, 오스틴, 샌디에이고, 보스턴, 시애틀이 그 뒤를 이었다(뉴욕은 예술가들의 메카라는 명성에도 불구하고 9위에 머물렀다). 중간 규모 도시에서는 앨버커키, 올버니, 투손이, 소도시에서는 위스콘신 주의 매디슨, 아이오와 주의 디모인, 캘리포니아 주의 샌타바버라가 상위를 차지했다. 창조성 지수 하

위 그룹에는 앨라배마 주의 멤피스, 오하이오 주의 영스타운, 루이지애
나 주 슈리브포트가 포함되었다.

창조적인 사람들에 대한 수요가 늘어남에 따라 그들의 몸값도 상승
하고 있다. 플로리다의 말에 따르면, 1999년 창조적 계급에 속하는 이
들의 평균 소득은 5만 달러에 달했다. 이는 일반 노동자나 서비스업 종
사자들에 비하면 상당히 높은 수준이다. 데이비드 브룩스는 《보보스
(Bobos in Paradise: The New Upper Class and How They Got There)》에서 창
조성을 지닌 특정한 엘리트 계급의 특성을 예리하고 흥미롭게 기술하고
있다. '보보스(Bobos)'란 '부르주아적 보헤미안(bourgeois bohemians)'을
의미하는 바, 이들은 부르주아의 야망과 성공, 그리고 보헤미안의 창조
성과 이상을 함께 추구하는 특징을 보인다.

창조적인 사람들의 영향력이 늘어남에 따라, 도시나 기업들은 문화
및 생활양식의 안락함과 커다란 금전적 유인책을 이용해 이들을 끌어들
이기 위해 노력할 것이다. 하지만 그럼에도 불구하고 여전히 많은 예술
가들이 굶주리고, 많은 작가들이 다락방에서 글을 쓸 것이다. 진정으로
창조적인 사람들은 명예나 돈보다 자신의 창작물 자체에만 관심이 있기
때문이다. 이는 창작품을 많이 만든다고 해서 곧 돈을 많이 버는 것은
아니라는 의미다.

또한 누구나 자신의 자작소설을 책상 서랍 속에 가지고 있을 수 있
고, 반짝이는 아이디어를 끄적거린 메모지 역시 가지고 있을 수 있기 때
문에, 창조성의 세계에도 언제나 치열한 경쟁이 존재할 것이다. 그리고
그들의 몸값은 떨어질 것이다. 앞으로도 창조적인 사람들에 대한 수요
는 계속 늘어날 전망이지만, 아마도 공급 또한 줄어들지는 않을 것으로
보이기 때문이다.

026 늘어나는 재택근무
Telecommuting Grows

21세기에는 다양한 이유에 근거해 재택근무자 수가 수백만 명 더 늘어날 것으로 예상된다. 현재 2,400만 명이 넘는 미국인이 자택에서 일을 하고 있는데, 2010년경이면 그 수는 4,000만 명에 달할 것으로 보인다. 미래학자 데이비드 피어스 스나이더의 예측에 따르면, 2015년에는 모든 소득자의 3분의 1이 집에서 근무할 것이라고 한다. 또 다른 미래학자 조이스 지오이아는 21세기 초에 재택근무자가 약 60% 증가할 것이라고 내다봤다.

직장인들은 출퇴근 스트레스를 없애고 가족들을 보살필 수 있다는 점을 재택근무의 가장 커다란 장점으로 꼽는다. 여기에는 노인을 돌보는 문제도 포함된다. 가정노동연구소는 직장인의 42%가 나이든 부모를 부양하고 있으며, 그 비율은 계속 늘어날 것으로 예상한다. 미국 노동부 장관 일레인 차오는 "기업들은 그 어느 때보다 더 융통성 있고, 분산화되어야 하며, 노동자와 가정에 친화적인 존재로 거듭나야 한다"며 융통성 있는 근무환경의 필요성을 역설했다.

직장인들은 재택근무를 옹호하기 위해 생산성을 증가시키는 여러 가지 방법을 언급한다. 출퇴근을 하지 않으면 1년에 평균 8주(주 5일 근무의 경우)에 해당하는 시간을 더 일할 수 있으며, 이는 매일 약 53분을 근무시간으로 더 확보할 수 있음을 의미한다. 국제재택근무협회에 따르면 대부분의 재택근무자가 사무실에서 일할 때보다 25%나 생산성이 높다고 한다. 한편 고용주 입장에서 보면, 공간 확보를 위한 부동산 비용(연평균 약 8,000달러)과 출장 및 기름 비용을 절약할 수 있으며 무단결근을 줄일 수 있다.

또한 재택근무는 네트워크형 비즈니스 성장의 촉진제가 될 수 있다. 하향식 피라미드형이 아닌 방사형 네트워크를 구축할 수 있기 때문이다. 이는 또한 관리방식에도 근본적인 변화를 가져올 가능성이 높다. 근무현장에서 관찰과 상호작용을 토대로 직원을 평가하는 데 익숙한 관리자들이 이제는 성과 중심의 평가방식에 적응해야 하는 것이다.

재택근무 증가에 따라 기술과 자연환경의 변화도 수반될 것이다. 비교적 단순하지만 광범위한 기술변화는 바로 원격 화상회의다. 화상회의는 테러에 대한 두려움이 커지면서 더욱 널리 보급되고 있다. 화상회의를 통해 세계 곳곳의 계약업자와 함께 서로의 얼굴을 보며 상호간 업무 관계를 맺을 수 있다.

통신과 인터넷을 통한 업무의 증가가 환경오염 수준을 낮춤으로써 자연환경도 변화할 것이다. 미국 교통부의 보고서는 재택근무로 자가용 수와 기름소비량이 감소할 수 있음을 보여준다. 이에 따라 원유의 수입 의존도도 줄어들 것이다.

재택근무는 갈수록 그 수가 늘어날 퇴직자에게도 유용할 것으로 전망된다. 베이비붐 세대가 은퇴 연령에 가까워지고 있으며, 이들은 저축이나 연금에만 의존해서는 수입이 부족하기 때문에 파트타임 일자리를 찾을 것이다. 이들은 재택근무가 가능한 파트타임 일이나 상담직 등을 통해 수입을 보충할 수 있을 것이다. 이러한 노인 재택근무자 고용 움직임은 비정규직근로자 고용 활성화 추세와도 그 맥을 같이 한다.

재택근무에는 많은 장점이 있는 반면 불가피한 단점도 있다. 일부 전문가는 단점 가운데 지나친 업무효율성을 꼽는다. 스스로 충분한 동기부여를 갖고 있는 재택근무자는, 직장에서보다 훨씬 빨리 작업 목표를 달성했음에도 일하지 않는 나머지 시간에 대한 죄책감을 느낄 수 있다. 한 전문가는 일의 속도가 빠른 재택근무자들에게 그러한 죄책감을 벗어던지고 "남은 시간에 편한 마음으로 휴식하거나 차라리 운동을 하러 나가라"고 충고한다. 또 언제나 일을 할 수 있다는 점이 문제가 될 수 있다. 특히 인터넷은 언제 어느 장소든 '일터'로 만들 수 있다. 벤처캐피털인 세쿼이어 캐피털(Sequoia Capital)의 마이클 모리츠는 "앞으로는 일이나 광고, 그리고 학교로부터 도망칠 수 있는 장소가 점점 줄어들 것"이라고 말한다.

여러 모로 볼 때 재택근무를 원하는 것은 자연스러운 현상이고 또한 역사적으로도 그러하다. 1895년에는 근무의 50%가 집에서 이루어졌다. 물론 당시와 오늘날의 직종에는 차이가 있지만, 그 결과 일과 가정의 자연스러운 결합이 이뤄진다는 점은 동일할 것이다. 재택근무의 증가는 작업환경의 융통성에 대한 관심과 요구가 증가하고 있는 오늘날의 추세에도 부합한다. 젊은 노동인력이 향후 수십 년 동안 감소할 것으로 전망되기 때문에, 기업은 재택근무 활성화 등 근무환경의 융통성 확보에 힘써야 한다. 〈워크포스(Workforce)〉지의 편집위원 앨런 할크로는 이와 같은 융통성이 점점 보편화될 것으로 예측하면서 이렇게 밝히고 있다. "앞으로는 이곳저곳 옮겨다니며 일하게 될 것이다. 사람들은 4시간 일하고, 그 다음 4시간은 아이들을 보살피고, 다시 일터로 돌아갈 것이다." 이런 세상이 된다면 재택근무는 정말 해볼 만한 선택이 아닐까.

027 네트워크형 비즈니스
Networked Businesses

전통적인 비즈니스 모델은 하향식 위계질서를 가진 계급구조다. 맨 상층에 회장이 있고, 그 아래 사장, 수석 부사장, 그 아래 더 많은 부사장들, 이런 식으로 계속 내려가다 보면 청소 직원에까지 달한다. 이러한 회사를 확장하려면 더 많은 공장과 부서를 만들거나 자회사를 늘려야 하며, 관련된 모든 사항은 궁극적으로 한 사람의 우두머리에게 보고하도록 되어 있다. 이 같은 비즈니스 모델은 이집트의 파라오만큼이나 오래 된 것이며 앞으로도 완전히 사라지지는 않을 것이다. 하지만 통신망으로 서로 연결되고 세계화되어 있는 오늘날, 이 같은 전통 모델은 네트워크 모델과 경쟁하고 있다. 그리고 후자가 점차 우위를 점하고 있다.

네트워크형 비즈니스는 사내 하향식 운영이 아닌 파트너들과의 연계에 의지해 이익을 창출하는 방식이다. 네트워크형 비즈니스는 경상비용을 낮은 수준으로 유지하고, 비용이 비교적 적게 드는 외부 전문가를 통한 아웃소싱을 활용하며, 생산적 교환(예를 들면 고객과 납품업자 사이)에서 허브 역할을 한다. 또한 원활한 네트워크 운영을 위해 첨단기술을 적극 활용하며, 싱가포르의 하청업자와 기꺼이 계약을 맺고 뉴저지 주의 호보킨(Hoboken) 본사에서 덴마크의 고객을 끌어들이는 등 지역적·국가적 경계를 넘나든다.

네트워크형 비즈니스의 가장 대표적인 예는 온라인 경매업체인 e베이다. 이 회사는 그림에서부터 컴퓨터에 이르기까지 모든 종류의 물건을 구매자와 판매자가 쉽게 거래할 수 있도록 다리 역할을 도맡아 엄청난 성공을 거두었다. 전통적인 경매소와 달리 이 업체에는 먼지투성이의 물건을 보관하는 창고도, 월급을 줘야 하는 말 잘하는 경매인도 없다. 그 대신 인터넷과 기타의 온라인 수단을 통해 공급업체, 유통업체, 전자상거래 서비스 제공업체(Commerce Service Provider : CSP), 고객이 연결됨으로써 하나의 b-웹(business-web, 또는 b-web)이 형성된다. 가격은 시시각각으로 매매 당사자들의 협상을 통해 정해진다. 돈 탭스콧, 데이비드 티콜, 알렉스 로위 공저의 《디지털 캐피털(Digital Capital : Harnessing the Power of Business Webs)》에서, 저자들은 디지털 시대의 경제에서 생존해 성공하기 위해서는 b-웹에 동참하는 것이 필수적이라고 역설한다.

네트워크형 비즈니스는 특히 전자상거래 분야에서 두드러지는데 여기에는 그럴 만한 이유가 있다. 인터넷의 핵심은 네트워크를 이룬다는 점, 즉 전세계의 컴퓨터가 서로 연결되어 온라인상에서 정보를 공유한다는 데 있다. 인터넷은 그 자체로도 네트워크론(network theory)이라는 새로운 학문의 중요한 한 부문일 뿐 아니라, 기업들에게는 완전히 분산된 구조를 활용할 수 있는 매력적인 기회를 제공한다. 이를 최대한 활용하는 방법은 기업 자신이 네트워크화되어 한쪽으로는 소비자들과, 다른 쪽으로는 공급업체나 서비스 제공업체와 연결되는 한편, 기업 자신은 최대한 핵심영역에 집중하는 것이다.

한편 주요 사업이 비즈니스와 관련이 적은 기업들도 점차 네트워크형 비즈니스 모델의 장점을 발견할 것이다. 비즈니스 정보회사인 데이터모니터(Datamonitor)사는 2002년 자체 보고서에서, 2015년까지 네트워크화는 제약업계의 주요 경쟁 전략이 될 것이라는 전망을 내놓았다. 전통

적으로 제약회사는 극단적인 위계질서를 가진 큰 조직으로서 연구개발
과 제조 부문에 엄청난 자본을 투자한다는 점을 감안하면 이는 상당히
놀라운 주장이다. 데이터 모니터사는 제약회사들이 네트워크화를 통해
생산성과 수익성을 향상시킬 것이라고 내다보고 있다. 네트워크화가 이
뤄짐으로써 불황기에 과도한 생산 때문에 부담을 느끼지 않고 호황기에
생산 부족에 시달리지 않는, 유연하고 적응력이 뛰어나며 관료적 요소
가 사라진 기업이 될 수 있을 것이다.

주요 제약회사 가운데 네트워크화를 완전하게 이룬 업체는 아직 없
다. 그러나 많은 기업이 생명공학 회사나 임상시험수탁기관(CRO)과 협
력 계약을 맺는 등 서서히 그러한 방향으로 나아가고 있다. 1999년 세계
적인 제약회사 로슈(Roche)는 풀크럼 의약 개발(Fulcrum Pharma Develop-
ment)을 독립사업체로 발족시켰다. 풀크럼은 약품개발의 전과정을 아웃
소싱에 의존하는 방식을 통해 새로운 의약품을 실험하고 시장에 내놓는
다. 이는 일종의 프로젝트 관리팀으로서, 프로젝트당 20개에 달하는 계
약업체들을 조정하는 한편 고객들과의 접촉점 역할을 수행했다. 풀크럼
은 개발 기간을 28%까지 단축하고 비용은 49%까지 절감했다.

네트워크형 비즈니스 모델은 완전히 또는 거의 분산된 형태
에서부터 기업이 중심 리더 역할을 하고 필요에 따라 제휴관계
를 맺는 형태에 이르기까지 매우 다양하다. 앞으로 성공하는 신
생 기업들 중에는 글로벌 네트워크와 재택근무 인력을 십분 활
용하는 네트워크형 비즈니스 모델이 늘어날 것이다. 아울러 부
상하고 있는 b-웹 업체들과의 경쟁에서 살아남으려면 기존의 전통적인
비즈니스 업체들도 부분적으로든 전체적으로든 점차 네트워크 모델로
변화시켜 나가야 할 것이다.

028 디지털 디플레이션의 축복
Digital Deflation

디지털 기술이 우리 생활의 특정 부분들에 미치는 영향을 감지하기는 그리 어렵지 않다. PC, CD나 DVD 플레이어, 인터넷만 생각해 봐도 쉽게 알 수 있다. 하지만 그것이 전반적인 경제상황에 미치는 영향을 큰 그림으로 조망하기란 쉽지만은 않다. 투자분석가 그레이엄 다나카는 "디지털 디플레이션이 이미 진행되고 있다"고 말한다.

그는 《디지털 디플레이션(Digital Deflation)》라는 책에서, 디지털 기술을 통해 많은 비용을 지불하지 않고도 더 나은 생활을 영위하는 시대를 '디지털 디플레이션' 이라는 용어로 표현한다. 과학자와 엔지니어들의 지속적인 노력과 발전 덕분에, 제품과 서비스가 소비자에게 제공하는 가치는 계속 증가하는 반면, 가격의 상승 속도는 그것과 비례하지 않는다. 제품의 질과 가치는 계속 좋아져도 가격은 변함없이 그대로라면 지불해야 할 액수보다 더 낮은 가격에 신제품을 구입할 수 있다는 얘기다. 이것이 바로 디지털 디플레이션이다. 예컨대 올해 출시된 MP3 플레이어 모델의 경우 저장용량은 작년보다 두 배가 되었지만, 가격은 동일하거나 조금만 오르는 것이다. 디지털 기술의 발전으로 가격인상 없이 품질이 개선됨으로써, 소비자는 지불 금액에 비해 더 높은 가치를 얻는 셈이다.

디지털 디플레이션 효과는 '디지털' 이 아닌 제품이나 서비스에서도 나타날 것이다. 다나카는 그 예로 디지털 기술(슈퍼컴퓨터, 분석 소프트웨어 등)이 제품개발에 활용됨으로써 의약품의 안전성과 효능을 개선할 수 있을 것으로 내다본다.

디지털 디플레이션은 지난 수십 년 간 매년 두 자릿수의 성장을 유지해 오고 있다. 다나카는 디지털 기술의 발전이 마침내 더 이상 뛰어 넘을 수 없는 물리적 장벽에 부딪히기 전까지는 이러한 수준을 계속 유지할 것으로 예측한다. 하지만 최소한 앞으로 10년, 어쩌면 20년 후에도 그러한 장벽에 부딪힐 일은 없을 것으로 보인다.

사실 현재 IT 기술을 거의 활용하지 않는 산업들이 디지털 디플레이션의 혜택을 받기 시작하면서 디지털 디플레이션은 더욱 증가할 것이다. 다나카의 정의에 따르면 이러한 산업들이 이른바 신경제(New Economy)의 한 축을 형성하는데, 신경제 기업이란 소비자에게 달러당 더 많은 가치를 전달하기 위해 디지털 디플레이션을 이용하는 기업을 말한다. 또 그는 디지털 디플레이션이 심화됨에 따라 다양한 바람직한 경제적 성과가 뒤따를 것으로 전망한다. 즉 저 인플레이션과 생산성 증가가 나타나고, 많은 비용을 지불하지 않고도 높은 생활수준을 영위할 수 있게 될 것이다. 아울러 획기적인 신상품이 시장에 나옴으로써 소비자의 수요가 안정적으로 증가하고, 불경기가 오더라도 과거만큼 심각하지 않으며, 인플레이션 증가 없이 실업률을 낮출 수 있을 것이다.

다나카는 미국과 그 밖의 국가들이 정책수립에 사용하는 경제 데이터를 분석하는 과정에서 디지털 디플레이션을 지금보다 더 완전하게 고려하기만 해도 그 혜택을 극대화할 수 있다고 주장한다. 만일 그렇게 되면 현재 디지털 기술로 실질적인 혜택을 받고 있는 나라에서 각기 추정하고 있는 것보다 인플레이션이 1~2% 정도는 더 낮아질 것이다. 무엇보다도 데이터를 조정함으로써, 인플레이션 유발에 대한 두려움 없이 통화를 늘리고 이자율을 낮출 수 있다는 얘기다. 따라서 세계적으로 지속적인 경제 성장이 나타날 것이라는 주장이다.

다나카의 주장이 과연 옳은 것일까? 아직 이에 대한 일치된 결론에는 도달하지 못했다. 지난 몇 년 동안 생산성은 확실히 꾸준한 증가 추세에 있다. 한 추정치에 따르면, 1995~2002년 미국의 비농업 분야의 연평균 생산성 증가율은 2.6%라고 한다. 그러나 이 성장의 어느 정도가 기술진보에 의한 것인가는 논란의 여지가 있다. 기업환경이나 근무태도 등 기타의 요소들 역시 생산성에 영향을 주는 인자로 작용하기 때문이다.

더욱이 디지털 기술 덕분에 '개선됐다'고 과시되는 많은 것들의 실질적 효익이 외형적인 성과에 못 미친다는 의혹이 존재하는 게 사실이다. 예를 들어, 휴대폰에 스피커폰이나 용량이 더 커진 MP3 플레이어가 정말로 필요할까. 폴 스트라스만은 〈컴퓨터월드(Computerworld)〉에 기고한 글에서, 기업의 성과 데이터를 분석해 보면 "컴퓨터가 정보관리의 전체적인 생산성을 현격히 증가시켰다는 것은 신화에 불과하다"고 주장했다. 컨설팅 회사 오붐 홀웨이(Ovum Holway)의 리처드 홀웨이 이사는, 기업들이 실질적 이점이 있어서가 아니라 '그냥 새로 나왔기 때문에' 신형 IT 제품을 구입하는 경우가 적지 않다는 점을 지적한다.

'디지털 기술을 통한 삶의 질 향상'의 범위와 그것을 측정하는 적절한 방법은 정의하기 어렵고 논란의 여지도 많다. 그러나 다나카는 핵심을 정확히 파악하고 있는 것으로 보인다. 전체적으로 디지털 기술은 가격을 올리지 않은 채 더 좋은 제품과 서비스를 생산하고 있다. 그리고 정부는 이런 변화를 예의주시하고 정책결정시 충분히 고려해야 한다(필시 앞으로 그렇게 될 것이다). 아울러 그의 주장에 동조하는 개인투자자들 역시 투자결정시 디지털 디플레이션을 염두에 둘 것이다. 예컨대 그들은 비기술 부문이지만 향후 몇 년 안에 디지털 디플레이션의 혜택을 받을 수 있을 것으로 보이는 의료 서비스 등의 부문에서 투자기회를 찾을 것이다. 또는 다나카가 말하는 이른바 '디지털 디플레이션 테스트'를 통해 기업을 평가할 것이다. 이는 제품과 서비스의 품질 향상에 기업이 최신기술을 얼마나 활용하는지 알 수 있는 테스트다. 우리는 DVD 이후의 또 다른 기술이 등장하기 전까지는 더욱 환상적이고 매력적인 가격의 DVD 플레이어가 나오기를 손꼽아 기대할 것이다.

029 멈추지 않는 세계화
Globalization Returns

오랫동안 세계 경제에서 멈출 수 없는 불가항력적인 힘을 자랑해 온 세계화라는 엔진이 최근에는 40kg 남짓한 허약한 병자처럼 보이기도 한다. 테러리즘, 전쟁, 성장둔화, 국제무역 분쟁 등이 세계 경제가 하나의 커다란 자유무역 지대로 통합되는 데 지속적인 걸림돌로 작용해 온 것은 사실이다. 그럼에도 불구하고 섣불리 세계화의 가능성을 완전히 배제하지 말아야 한다. 글로벌 경제통합의 추진은 필연적인 방향이며, 이미 그 속도가 붙기 시작했음을 보여주는 징후가 곳곳에서 나타나고 있다.

세계화는 이미 제2차 세계대전 이후부터 진행되었는데, 당시 많은 국가들은 관세나 국가보조금, 자국산업 보호를 위한 정부규제를 최소화하고 국가 간 자유무역이 이루어지면 상호 이익을 얻을 수 있다는 점을 인식했다. 현재의 EU가 탄생하기 훨씬 전, 유럽경제공동체(EEC)가 유럽의 경제적 통합을 위해 결성되었다. 또한 주요 경제대국들은 자유무역 촉진을 위해 관세무역일반협정(GATT)을 만들었으며 이후 1995년에 GATT는 WTO로 대체되었다.

제2차 세계대전 이후 수십 년 동안 제트기, 위성통신, 인터넷 등의 발전으로 사람과 자본, 그리고 아이디어가 좀더 쉽게 전세계로 퍼질 수 있게 되면서 세계는 더욱 좁아졌다. 냉전이 종식되고 자유무역이 많은 국가의 경제를 활성화시킴에 따라, 1990년대에는 그 어떤 것도 세계화의 강력한 물결을 막을 수 없을 것처럼 보였다.

그러던 중 2001년 9·11 테러가 발생했다. 그 결과 미국을 비롯한 여러 나라는 국제 여행과 교류에 새로운 제약을 가할 수밖에 없게 되었다. 무역문제가 주로 다뤄지던 세계 정상회담의 테이블에서 안보와 전쟁이 중심 주제로 부각되었다. 이미 불경기의 기미를 보이던 세계 경제는 더욱 침체상태에 빠졌고, 무역과 자본의 흐름도 감소했다. 정치가들은 세계화라는 피부에 와닿지 않는 추상적 개념을 지향하기보다는 자국 산업의 일자리를 보호하는 데 신경을 쏟았다. 한때 세계 무대의 리더로 존경받던 미국은 여러 가지 일방적인 조치를 취함으로써 국제적인 비난의 대상이 되고 말았다. 2003년 9월 멕시코 칸쿤의 WTO 각료회의가 결렬되면서, 2005년 1월까지 새로운 세계자유무역협정을 실현하려고 했던 WTO의 계획에도 차질이 생겼다.

하지만 이러한 모든 불안한 전망과 여러 논쟁에도 불구하고, 세계화의 엔진은 그 가동을 멈추지 않을 것으로 보인다. 누가 뭐라 해도 세계화는 이미 진행 중이다. 세계화는 단지 국가 간 무역협정에 좌우되는 것이 아니라, 근본적인 경제원리에 달려 있다. 빌 만이 풀닷컴(Fool.com)에서 밝혔듯, "사람들이 동일한 제품을 되도록이면 싼 가격에 구입하려는 것은 당연한 현상"이다. 또 토머스 프리드먼은 《렉서스와 올리브 나무(The Lexus and the Olive Tree : Understanding Globalization)》라는 책을 통해서, 세계를 움직이는 핵심세력으로 '디지털 집단(Electronic Herd)'을 지적한 바 있다. 디지털 집단이란 낮은 비용에 효율적으로 재화를 생산할 수 있다고 판단되는 곳이면 어디로든 자금, 공장, 일자리를 이동시키는 얼굴 없는 투자자·거래인·다국적 기업들을 일컫는다.

좀더 싸게 구입하려는 소비자의 심리와 디지털 집단의 존재가 사라질 가능성은 희박하기 때문에, 무역 협상가들의 노력에도 불구하고 세계화는 계속 진행될 것이 확실하다. 자유무역의 결과로서 가난한 나라들이 입게 될 피해를 역설하며 자유무역회담이 열릴 때마다 반대의 목소리를 높이는 반세계화주의자들도 그 흐름을 막을 수는 없다. 오히려 빈국에게도 혜택이 돌아갈 수 있는 방식으로 협정이 체결될 수 있도록 노력하는 편이 훨씬 효과적일 것이다.

침체된 경제가 세계화에 나쁜 영향을 미치고 있는 것은 사실이다. 세계화는 단순히 경제적인 밀물과 썰물의 문제가 아니다. 2003년 AT커니가 발표한 세계화지수(Globalization Index) 보고서는 "여러 분야의 세계화는 계속해서 그 추진력을 유지하고 있다. 세계화와 관련된 정치적 움직임도 활발하고, 글로벌 차원의 인적 교류와 기술 통합도 점점 증가하는 추세"라고 밝히고 있다.

아울러 세계화는 국가 간 지역적 연대에 의해서도 이루어진다. 예를 들어 2003년 10월 싱가포르와 태국은 동남아시아국가연합(ASEAN) 회원국들에게 공동시장 형성을 위해 서로 긴밀하게 협력할 것을 촉구하고, 만일 다른 회원국들이 호응하지 않더라도 이들 두 국가만이라도 앞장서 나가기로 선언했다.

최근 새롭게 등장한 강력한 블록은 20플러스 그룹(Group of 20 plus) 또는 그룹21(Group of 21)이라 불리는 국가군이다. 인도와 브라질의 주도로 형성된 이 블록은 풍부한 자원을 기반으로 경제적 도약을 꿈꾸는 개발도상국들로 구성되어 있다. 이들은 자유무역을 천명하면서도 회원국 각자가 자신의 이해관계에 따라 미묘한 입장 차이를 갖고 있다. 이 연합은 칸쿤 무역협상이 결렬되기 전에도 상당한 영향력을 발휘했다. 전(前) 미국무역대표부 대표 샬린 바셰프스키는 〈뉴욕 타임스〉와의 인터뷰에서, "이 연합은 기존의 개발도상국 연합에 비해 훨씬 잘 조직되어 있고 현 상황에 정통하다"고 평가했다. 아직은 여러 난관과 불협화음이 존재하지만, 많은 국가들의 현실적인 이해도가 높아지고 세계화를 바라는 목소리 또한 점점 커질 전망이다.

030 괴력을 과시하는 미디어 거인
Conglomermedia

〈프로그레시브(Progressive)〉지의 보도에 따르면 지난 반 세기 동안 미디어 산업의 많은 분야에서 대규모 합병이 이루어졌다. 1960~90년 사이

엄청난 수의 신문사가 문을 닫았으며, 남은 신문사들도 소수 대기업으로 흡수되었다. 출판계도 예외가 아니다. 출판사의 숫자도 과거에 비해 줄어들었으며, 주요 케이블 TV와 음악산업 역시 대부분 소수의 미디어 재벌이 소유하게 되었다.

합병은 지난 십여 년 동안 두드러지게 증가했다. TV 방송국의 자체 프로그램 제작을 제한하고 영화사의 자체 상영관 소유를 금지하거나, 가족 기업의 TV와 라디오 방송국 소유를 제한하던 법률이 완화되었다. 그 결과, 몇몇 소수 기업과 개인이 TV와 라디오 방송국을 소유할 수 있었다. 2004년 현재 주요 미디어 그룹들이 소유한 미디어들을 살펴보면 다음과 같다.

- 타임워너(Time Warner) : CNN, 워너 브라더스, 타임, AOL, WB, TNT, HBO
- 디즈니(Disney) : ABC, 월트 디즈니 스튜디오
- 제너럴 일렉트릭(General Electric) : NBC
- 뉴스 코퍼레이션(News Corporation) : 폭스 영화사 및 TV, 폭스 뉴스채널
- 비아컴(Viacom) : CBS, UPN, MTV, 파라마운트, 사이먼 & 슈스터

미디어 합병 지지자들은 미디어 독점화의 우려에 대한 해답으로 인터넷을 제시한다. 이들은 중요한 정보전달 매체로 성장한 인터넷이 미디어 시장을 더욱 넓힌다고 말한다. 이제 개인도 새로운 미디어 근거지를 만들 수 있게 되었다. 전통적인 방송국들만이 미디어의 소유주가 될 필요성이 희박해졌기 때문이다.

또한 미디어 재벌들은 미디어 구성단위를 확대해야 할 이유로 테러 위협의 증가를 들고 있다. 그들은 9·11 테러 같은 대형사건 발생시 발휘되는 미디어의 힘이 거대 미디어의 필요성을 입증한다고 지적한다. 게다가 미디어 합병을 공공서비스 확보를 위한 하나의 방안으로 제시하기도 한다.

인터넷 보급률이 매우 높아졌고 이것이 미디어 영향력을 분산시키는 힘이 된 것은 사실이다. 하지만 아직 인터넷은 주요 방송사나 영화사와 같은 힘을 갖지는 못했다. 따라서 그들과 동등한 경쟁자가 되기엔 부족하다. 더욱이 전형적인 미디어 재벌들은 공공 서비스의 측면보다 수익을 늘리는 데 더 많은 힘을 쏟고 있다. 영화를 제작해서 자사의 TV와 라디오를 통해 홍보하고, 극장에서의 영화상영이 끝난 후에는 TV를 통해 방영하고, 영화 관련 음반을 제작하는 식으로 미디어 거인의 손발을 모두 동원하는 것이다. 파라마운트, CBS, 케이블 채널 쇼타임(Showtime), 여러 개의 TV 방송국, 150개 이상의 라디오 방송국, 비디오 대여점 블록버스터 비디오를 소유하고 있는 비아컴이 그 대표적인 예다.

지난 수 년 동안 미디어 비평가들은 미디어가 소수 기업의 손아귀에 집중되는 현상을 비난해 왔다. 허버트 실러는 1989년에 출간된 《문화(株): 공공의사표현의 사유화(Culture Inc.: The Corporate Takeover of Public Expression)》에서, 미디어에 대한 '독점적 사유화'를 줄이고 미디어가 '판매할 수 있는 상품'이 되는 것을 막으려면 정치권이 적극적으로 개입해야 한다는 의견을 피력한 바 있다. 또 그는 "비상업적 표현과 창의성 발휘에 대한 정부 차원의 지원과 장려"가 있어야 한다고 지적했다. 하지만 최근 몇 년 동안 이와 관련한 구체적인 움직임은 없었으며, 아직 뚜렷한 진전 신호도 감지되지 않고 있다.

오히려 지난 20년 간 미국 정부는 방송국들의 소유 집중화 추세의 가속화에 일조해 왔다. 1996년에는 통신법(Telecommunications Act)이 업계에 우호적인 방향으로 개정되었고, 2003년 미국연방통신위원회(Federal Communications Commissions : FCC)는 기업의 미디어 소유 관련 규정을 완화하기로 결정했다. 여기에는 기업이 소유할 수 있는 TV 방송국의 시장점유율 상한선을 35%에서 45%로 확대하는 조항도 포함되었다. 그리고 기업은 더 많은 지방 TV 방송국을 소유할 수 있게 되었다. 즉 기업은 한 시장에 5개의 방송국이 있는 경우 그 둘을, 18개 이상일 경우에는 3개를 소유할 수 있다. 9개 이상의 TV 방송국이 있는 지역에서는 TV 방송국뿐 아니라, 신문과 라디오 방송국도 소유할 수 있다. 만약 라디오 방송국이 45개 이상이 되면, 그 가운데 최대 8개까지 소유할 수 있다. 이 개정에 따르면 한 기업이 대도시에서 최대 3개의 TV 방송국과 8개의 라디오 방송국, 하나의 신문사, 하나의 케이블 회사를 소유할 수 있는 셈이다. 또한 이 결정은 TV 방송사가 더 많은 방송국을 인수할 수 있도록 허용한다. 기업규제 완화의 일환으로 이루어진 이 개정은 통신산업 규제를 목적으로 제정되었던 1934년 통신법에 반하는 것이다.

소수 거인들의 미디어 세계 장악에 대한 미국 국민들의 생각을 정확히 말하기는 다소 애매한 게 사실이다. PBS가 '언론발전기획(Project for Excellence in Journalism)'이라는 단체의 조사를 인용해 보도한 결과를 살펴보면, 미국 국민은 소수 기업이 대부분의 방송국을 소유하는 현상을 그다지 우려하지 않는다. 사람들이 지나치게 비슷비슷한 프로그램에 짜증을 내고 그것을 미디어 주인들 탓으로 돌리지 않는 한, 그 주인들의 덩치는 점점 더 커질 것이다. 미국 전역의 모든 방송국을 'AGENTVV (AOL, General Electric, New Corporation, Time Warner, Vivendi Universal, Viacom의 약자 조합—옮긴이)'라는 하나의 미디어 거인이 운영한다고 상상해 보라.

031 할인 항공사의 물량공세
Come Fly with Me

2003년 초, 항공업계는 곤경에 처했다. 〈뉴욕 타임스〉가 항공운송협회의 통계를 인용해 보도한 바에 따르면, 이라크 전쟁과 SARS 확산에 대한 두려움 때문에 국내외 여행이 두 자릿수의 감소율을 나타냈다. 그러나 항공권을 할인해 판매하는 몇몇 할인 항공사(discount carriers)는 2004년 초, 2003년 4분기에 흑자를 기록했음을 발표했다. 그 중 일부는 순익과 매출증가로 흑자를 기록했고, 또 일부는 비용절감을 위한 갖가지 방법을 동원해 흑자를 일궈냈다.

항공운항은 여러 가지 면에서 달라지고 있다. 먼저 비즈니스 측면에서, 항공사들은 더욱 세분화되고 욕구가 다양해진 시장의 환경에 적응하기 위해 스스로 변화를 모색하고 있다. 예를 들어 여러 종류의 새로운 항공기를 도입하고, 기존의 대형 항공사가 운항하지 않는 지역까지 기착지를 확대하는 등의 노력이 그것이다. 그리고 경쟁이 심해짐에 따라 항공권 가격을 낮춰 안정화를 꾀한다. 무엇보다 중요한 것은 오락적인 요소를 증대시켜 항공여행을 즐거운 경험으로 만들려고 노력하는 점이다. 1960년대를 풍미하던 제트족(jet-set status: 제트여객기로 세계를 돌아다니며 즐기는 상류층—옮긴이)의 시대는 갔는지 몰라도, 형형색색의 승무원복과 개인용 TV, 그리고 특히 정시도착의 효력은 여전히 살아 숨쉬고 있다.

앞으로 할인 항공사를 지향하는 움직임이 항공산업 전반에 활기를 불어 넣을 것이다. 사우스웨스트(Southwest Airline)와 아메리카웨스트(America West), 에어트란(Air Tran) 등의 할인 항공사가 흑자를 기반으로 승객 유치 경쟁에 훨씬 적극적으로 나설 것이 분명하기 때문이다. 제트블루(JetBlue Airways) 등 몇몇 할인 항공사는 주요 기착지 여러 곳에 운항하고 있음에도 불구하고, 전통적인 관행 가운데 특히 기내식 제공을 없애는 방법으로 비용을 줄여나가고 있다. 또한 제트블루는 그들의 유니폼을 '프라다식(Pradaesque)' 이라고 홍보하며 유행과 스타일을 중시하는 측면을 자랑한다. 사우스웨스트 항공의 비용절감 방법 중 하나는 여행사 수수료를 없애는 것이다. 2003년 12월부터 시행된 이 계획은 향후 연간 약 4,000만 달러의 비용절감 효과를 가져다 줄 것으로 예상된다.

그 밖의 다른 할인 항공사들은 기존의 대형 항공사에서 독립한 자회사들이다. 이들 중 2003년에 서비스를 개시한 송(Song) 항공사는 델타항공(Delta Air Lines)의 자회사로서, 몇몇 할인 항공사와 마찬가지로 적극적인 태도와 스타일로 차별화를 시도 중이다. 출범 초기부터 송 항공사는 "낙관주의자들에 의해 설립되고, 신념에 찬 사람들에 의해 발전하는 회사"라는 기치 아래 '스타일과 서비스, 선택권을 고객에게 돌려주는 항공사'라는 마케팅을 펼쳐왔다. 친절한 '인재들(승무원들)'과 파랑·자주·오렌지색의 널찍하고 화려한 좌석이 송 항공사의 밝은 면을 보여주는 지표들이다. 앞으로 송 항공사는 유기농 재료로 만든 식단을 제공하고 좌석을 전부 가죽으로 바꾸며 영화 관람 및 인터넷 접속을 할 수 있도록 개인용 스크린을 설치할 계획이다. 이렇듯 송 항공사는 회색과 녹색의 스페이드 무늬 유니폼과 여러 가지 계획을 앞세우며 경쟁사인 제트블루를 제압하기 위해 애쓰고 있다.

몇몇 할인 항공사는 취항 부담금이나 공항이용 부담금 등 운영비가 적게 드는 소도시를 허브로 삼으며 가격을 내리고 있다. 플로리다 주 올랜도에 위치한 에어트란, 모든 운영 활동을 라스베이거스로 통합시킨 얼리전트(Allegiant Air) 등이 그 예가 될 것이다. 또한 중형 도시와 틈새 지역에 운항함으로써 자신의 입지를 다지고 있다.

한편, 이러한 일련의 변화는 할인 항공사와의 경쟁을 의식한 대형 항공사들의 서비스 개선을 촉진하는 효과를 유발한다. 2002년 항공사 품질평가(Airline Quality Rating : AQR)에 따르면, 몇몇 대형 항공사의 등급이 전년도에 비해 향상된 것으로 나타났다. 이 평가의 기준에는 수하물 취급방식, 고객불만, 탑승거부, 정시도착 여부 등이 포함된다. 전반적인 실적으로 상위 10위에 들어 있는 항공사 중에서, 전년보다 등급이 오른 회사는 알래스카(Alaska), 아메리카웨스트, 아메리칸 항공(American), 콘티넨탈(Continental), 델타, 사우스웨스트, 유나이티드(United), US 에어웨이스(US Airways) 등이다.

항공산업의 미래 계획에는 탑승객의 건강을 생각하는 연구개발 프로그램도 포함된다. 굿리치(Goodrich)를 비롯한 몇몇 기업이, 심정맥혈전(deep vein thrombosis : DVT)을 일으킬 수 있는 하체정맥에 대한 압력을 줄여주고, 올바른 자세를 유도하는 기내 좌석 쿠션을 개발할 것이다.

아울러 덜 매력적인 요구사항에도 보조를 맞추어, 항공사들은 SARS 와 같은 전염병 확산 예방을 위한 자체 및 정부규정을 받아들이기로 약속했다. 많은 항공사들이 세계보건기구나 미국 질병관리센터의 권고가 있기 전에는 별다른 교육 계획을 수립하지 않지만, 노스웨스트 등 일부 항공사들은 이미 SARS 훈련 프로그램을 자사의 전염병 교육프로그램에 포함시켰다. CDC의 이민 및 검역과 부소장 마티 세트론이 뉴스데이 닷컴(Newsday.com)에서 말한 바와 같이, 최악을 대비한 후에 최선을 기대하는 것이 현명한 일이다.

032 스캔들 주식회사
Scandal, Inc.

스캔들이 비즈니스 세계에서 새로운 일은 아니지만, 최근에는 엔론 (Enron)부터 마사 스튜어트(Marth Stewart)에 이르기까지 그 사례가 증가하고 있다. 대중의 분노는 규제를 더욱 강화할 것을 요구하는 쪽으로 나타나고 있다. 그런 종류의 상황에서는 언제나 그렇듯, 기업 관행에 대한 개혁 의지를 가진 사람들은 부유층이나 기득권을 지닌 이들과 투쟁을 벌인다.

다행히도 이와 같은 투쟁의 결과 새로운 법률이 제정되고, CEO의 기업운영에 대한 이사회의 통제와 감독이 강화되는 등 한층 개선된 기업 지배구조에 대한 움직임이 일고 있다. 우리는 여전히 스캔들 주식회사(Scandal, Inc.)의 시대에 살고 있다. 하지만 감독 주식회사(Scrutiny, Inc.)의 시대가 그 자리에 대신 들어서고 있는지도 모른다.

이러한 스캔들의 근저에 깔린 원인은 탐욕이다. 그러나 개별적인 문제들은 여러 가지다. 주식의 가치를 부풀리기 위해 분식회계를 하고 투자자들을 현혹시킨 후, 결국 파산에 이른 회사들이 있었다. 에너지 기업인 엔론과 통신업계의 거인 월드컴(WorldCom)이 그 대표적인 경우다. 2003년 6월에는 한 유명인사가 이 스캔들 주식회사에 입사했다. 홈 데코레이팅(Home-decorating) 업계의 여왕인 마사 스튜어트가 생명공학회사 임클론(ImClone)의 주식을 매각하는 과정에서 부당 내부거래 혐의로 기소된 것이다.

9,500만 명에 달하는 사람들의 자금을 관리해 주고 있는 뮤추얼 펀드업계 또한 스캔들 주식회사의 상징이 되었다. 뮤추얼 펀드는 많은 개인투자자들의 자금을 모아 전문적으로 관리되는 자산 포트폴리오에 투자하는 방식으로 운영된다. 하지만 모든 투자자가 평등한 것은 아니라는 것이 증명되었다. 대형투자자에게 내부 비밀정보를 알려주고, 고객에게 적절한 할인율을 적용하지 않고, 장마감후거래(late trading)와 단타매매(market timing trading) 등의 비정상적 관행을 통해 다른 일반 투자자들 대신 엄청난 이득을 챙긴 펀드의 최고 임원들이 입건되었다. 이들 중에는 PBHG 펀드의 설립자 게리 필그림과 헤럴드 박스터, 스트롱 캐피털(Strong Capital)의 설립자 리처드 스트롱도 포함돼 있다.

이 부정 사건은 산업계 리더들에 대한 대중의 신뢰를 땅에 떨어뜨렸

다. 2002년 12월 실시된 해리스 여론조사에 따르면, 미국인의 30%가량
이 대기업 운영자들을 '거의 신뢰하지 않는' 것으로 나타났다. 2000년
동일하게 대답한 사람들이 15% 미만이었던 것과 비교하면 엄청나게 높
아진 수치다. 부패가 과도할 때는 언제나 개혁을 위한 노력이 필연적으
로 뒤따른다. 그리고 현재 그 노력의 일부는 진행 중이다. 문제는 그러
한 노력이 부패의 심층부까지 얼마나 깊게 파고들 것인가, 그리고 그 효
과가 얼마나 지속될 것인가 하는 점이다.

　미 의회, 증권거래위원회(Securities and Exchange Commission : SEC), 그
리고 각 주의 규제기관들이 다각도로 노력을 기울였지만 그 성공은 일
부에 그쳤다. 엔론과 월드컴 등 일단의 스캔들을 겪은 후 2002년 미 의
회는 반부정행위 조항과 기업 지배구조에 대한 개혁 내용을 담은 사베
인-옥슬리 법안(Sarbanes-Oxley Act)을 통과시켰다. 뮤추얼 펀드 업계의
로비로 인해 이 법안은 뮤추얼 펀드에 대한 예외규정을 인정했고, 결국
이는 다음해 업계 전반을 뒤흔든 부정 스캔들의 발생 여지를 남겨놓은
셈이 되었다.

　뮤추얼 펀드 스캔들 이후, 미 하원은 부정 주식거래를 막고 펀드 이사
회의 독립성을 강화하는 법안을 승인했다. 하지만 일부 의원은 이 법안
이 로비스트들의 영향으로 오히려 예전 법안보다 약화되었다고 불만을
제기했다. 한편 현 증권거래위원회 윌리엄 도널드슨 위원장은 위원회의
시장 위법사항 감시기능을 개선하기 위해 새로운 리스크 관리평가 시스
템 계획을 입안했다. 그러나 이는 소 잃고 외양간 고치는 격이었다.

　지난 몇 년 동안 뮤추얼 펀드에 대한 증권거래위원회의 정기감사는 현
재 수면 위로 나타난 불법거래를 찾아내는 데 실패했다. 결국 주 정부가
조사에 착수했고, 2003년 11월 뉴욕 주 법무장관 엘리엇 스핏처는 증권

거래위원회가 여전히 뮤추얼 펀드 업계에 너무 관대하다고 불만을 토로했다.

일부 주의 규제당국은 기업의 불법행위를 끈질기게 추적하고 있다. 그러나 규제를 주 차원에 위임함으로써, 기업들이 좀더 간섭이 적고 자유로운 다른 주로 이동하거나, 또는 기업과의 불화를 원치 않는 주정부가 조사·감독을 느슨하게 실시할 가능성이 존재한다.

아마도 기업 부정행위의 물결을 막기 위한 최선의 방책은 기업 지배구조개선일 것이다. 그 동안 주주를 대표해야 하는 기업 이사회는 CEO의 결정을 무턱대고 승인해 왔고 그가 무능력하더라도 엄청난 연봉과 보너스를 손에 쥐어주었다. 대부분의 이사회가 CEO의 지인이나 측근들로 채워져 있고 CEO가 잘못을 범할 리 없다고 생각하는 문화가 만연했음을 감안할 때, 이는 그리 놀랄 만한 일이 아니다. 그러나 로저 로웰스타인은 2003년 12월 〈뉴욕 타임스 매거진〉에 기고한 '우두머리 위의 우두머리(A Boss for the Boss)'라는 글에서, 이제 그러한 문화가 변하고 있다고 말했다.

"규제당국, 투자자, 학자, 심지어는 기업 임원들도 기업을 내부에서 통제, 감독할 수 있는 효과적인 방법을 찾아야 한다는 생각으로 기울고 있다."

사베인-옥슬리 법안과 같은 법률 및 규제들이 점차 이사회의 기준을 강화하는 쪽으로 나아간다 해도, 스캔들에 충격을 받은 이사회는 CEO의 결정에 도전하거나 의문을 제기할 가능성이 높다. 감독 주식회사에서도 이와 유사한 종류의 투쟁은 계속 발생할 것이다. 탐욕의 힘을 결코 과소평가해서는 안 된다. 스캔들 주식회사의 생명력은 아직도 꺼지지 않았다.

033 컨설팅 회사의 구조조정
Specialized Consultants

많은 컨설턴트들이 자신의 황금시대가 끝났다고 얘기한다. 1990년대 기업들에게는 전략수립을 도와주고 새로운 기술 및 인터넷 아이디어의 활용에 대해 조언해 줄 컨설턴트를 고용할 자금이 있었다. 이 시기는 지난 반세기에서 컨설팅 업계의 최고 전성기였던 바, 한때 조용했던 컨설턴트라는 직업이 사회적 지위를 갖는 전문직으로 부상한 시기였다.

그러나 경제가 하강기에 접어들면서, 기업은 회사 전반에 대해 조언을 제공하는 컨설턴트에게 들어가는 비용이 부담스러워 그들을 외면하기 시작했다. 사실 순익이 증가하던 추세가 주춤하면서, 2001년에는 대부분의 기업이 자사 순익 수준이 하향세로 돌아선 것으로 판단했기 때문이다. 21세기에 접어들면서 기업들은 컨설턴트를 고용하면서 뚜렷한 목표와 결과를 염두에 두기 시작했다.

또한 5대 회계법인 중 하나인 아더 앤더슨(Arthur Anderson)의 회계부정과 몰락 등 최근에 벌어진 회계업계의 스캔들 때문에 기업들은 컨설팅 회사에 대해 냉담한 시선을 갖게 되었다. 회계사의 역할에 제한을 가하는 법규(예를 들면 사베인-옥슬리 법안)와 불안정한 경제 상황, 스캔들로 인한 기업의 반발심리 등으로 컨설팅 업계는 새로운 국면을 맞게 되었다. 컨설턴트들은 자신이 강력한 감시 법규들을 준수하고 있으며 원하는 성과를 제공할 수 있다는 신뢰를 고객에게 심어주어야 한다.

　자금 사정으로 압박을 받으며 예전보다 신중해진 기업들은 좀더 적은 비용으로 많은 결과를 제공해 줄 컨설턴트를 원하기 때문에, 앞으로 컨설팅 회사는 운영비 절감 방법을 모색하고 좀더 전문화되고 효율성 높은 방향으로 선회해야 한다. 전통적인 컨설팅 회사들도 여전히 존속하겠지만 나머지들은 규모를 더욱 줄이고 M&A(기업 인수·합병) 전문 컨설팅 같은 전문화된 서비스를 제공할 것이다.

　현재 컨설턴트의 45%는 회사에 소속되지 않고 기업과 독립적으로 계약을 맺어 일을 한다. 프리랜서인 이들은 프로젝트별로 고용계약을 맺는다. 금전적 보상의 범위가 제한적이고 회사 복리혜택 등을 신경 쓸 필요가 없기 때문에, 이 같은 프로젝트 단위 고용은 고용주에게 이익이다. 이처럼 아웃소싱을 통해 인력의 상당 부분을 해결함으로써 기업은 네트워크형 비즈니스라는 좀더 큰 추세에 합류할 수 있다.

　물론 일부 분야에서는 앞으로 수십 년 동안 컨설팅의 수요가 급증할 것이다. 생명공학처럼 고도로 전문적인 과학 분야, 모바일 상거래처럼 이제 막 부상하는 분야 등이 그러하다. 인력관리와 의료보건 부문의 컨설팅 수요도 꾸준할 것이다. 또한 심령 컨설팅과 같은 전혀 예상치 못한 분야가 활성화될 가능성도 간과해서는 안 된다. 신시아 헤스는 이미 이 분야에서 입지를 확보하고 있는 심령 컨설턴트다. 그녀는 '뉴멕시코 주에서 가장 고객이 많은 심령 컨설턴트'로 알려져 있으며, 라디오와 TV에 출연해 정치적 상황 변동이나 유명인사의 죽음 등을 예언한다. 그녀는 또한 개인 고객에게도 그들의 미래와 경쟁자들의 미래에 대해서 조언해 준다. 그녀에게 귀를 기울이면, 혹시라도 컨설팅 업계의 미래에 대해서도 알 수 있을지 모른다.

Chapter

4

과학과 기술 트렌드

신의 경지에 도전한다

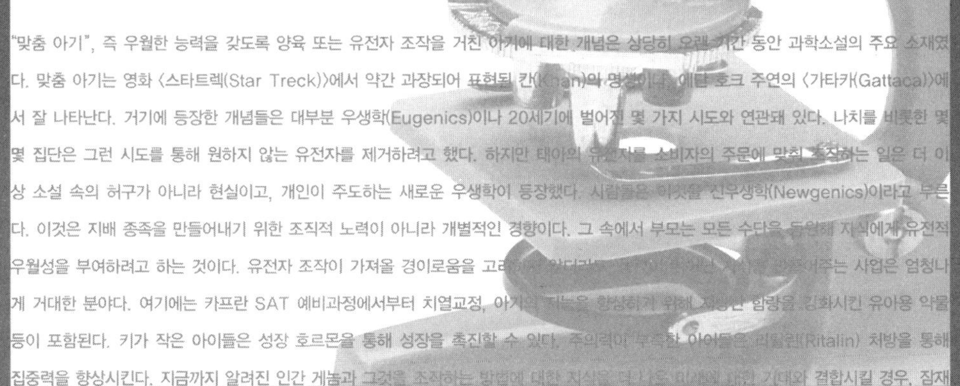

"맞춤 아기", 즉 우월한 능력을 갖도록 양육 또는 유전자 조작을 거친 아기에 대한 개념은 상당히 오랜 기간 동안 과학소설의 주요 소재였다. 맞춤 아기는 영화 〈스타트렉(Star Treck)〉에서 약간 과장되어 표현된 칸(Khan)의 명성이나 에단 호크 주연의 〈가타카(Gattaca)〉에서 잘 나타난다. 거기에 등장한 개념들은 대부분 우생학(Eugenics)이나 20세기에 벌어진 몇 가지 시도와 연관돼 있다. 나치를 비롯한 몇몇 집단은 그런 시도를 통해 원하지 않는 유전자를 제거하려고 했다. 하지만 태아의 유전자를 소비자의 주문에 맞춰 조작하는 일은 더 이상 소설 속의 허구가 아니라 현실이고, 개인이 주도하는 새로운 우생학이 등장했다. 사람들은 이것을 신우생학(Newgenics)이라고 부른다. 이것은 지배 종족을 만들어내기 위한 조직적 노력이 아니라 개별적인 경향이다. 그 속에서 부모는 모든 수단을 동원해 자식에게 유전적 우월성을 부여하려고 하는 것이다. 유전자 조작이 가져올 경이로움을 고려하더라도 아이들을 똑똑하게 만들어주는 사업은 엄청나게 거대한 분야다. 여기에는 카프란 SAT 예비과정에서부터 치열교정, 아기의 지능을 향상하기 위해 조성한 함량을 강화시킨 유아용 약물 등이 포함된다. 키가 작은 아이들은 성장 호르몬을 통해 성장을 촉진할 수 있다. 주의력이 부족한 아이들은 리탈린(Ritalin) 처방을 통해 집중력을 향상시킨다. 지금까지 알려진 인간 게놈과 그것을 조작하는 방법에 대한 지식이 태아를 맞춤화 하려는 기대와 결합시킬 경우, 잠재

034 검색 사이트의 진화
The Searchers

미국은 검색 사이트의 천국이다. 뉴스닷컴(News.com)에 따르면, 검색은 인터넷상에서 두번째로 많이 발생하는 활동으로, 이메일의 바로 다음 자리를 차지했다. 인터넷 세상에서는 매일같이 대략 2억 건 정도의 검색이 이루어진다. 그 범위도 심각한 내용에서 바보 같은 것에 이르기까지 다양하다.

사람들은 점점 검색 엔진의 다양성을 원할 것이다. 사용자들의 요구는 더욱 까다로워질 것이고 그 결과 좀더 정교한 검색 엔진이 생길 것이다. 업그레이드된 검색 엔진들은 더 다양하고 개인화된 방식으로 사용자들에게 좀더 쉽고 빠른 결과를 제공할 것이다.

현재 대부분의 사용자는 구글(goggle)에 먼저 접속한다. 〈뉴욕 타임스〉의 보도에 따르면, 구글은 2003년 한햇동안 발생한 모든 검색 건수의

55%를 수행했다고 보도했다. 구글은 검색어 하나에 대해 평균적으로 수백 페이지에 이르는 결과를 제공하면서 자체 알고리즘을 이용해 결과들을 가능성이 높은 것부터 순서대로 제시했다. 구글이 사용한 알고리즘은 그 사이트에 연결된 링크 수가 많을수록 높은 순위를 부여한다. 구글측은 이런 알고리즘이 '웹만의 고유한 민주적 속성'을 반영한다고 주장한다. 하지만 그들의 알고리즘은 널리 알려진 유명 브랜드의 사이트나 특히 많은 열성 팬을 확보한 소규모 사이트(예를 들어 음모론에 몰두하는 사람들의 사이트)들에게 높은 점수를 제공하도록 만들어졌다.

장래에는 다른 검색 엔진이 나와서 다양한 각도에서 접근이 이루어질 것이다. 현재 야후는 구글의 검색 알고리즘을 사용하고 있는데 자신만의 검색 알고리즘을 개발하는 중이다. 이를 위해 야후는 검색 알고리즘과 관련된 잉크토미(Inktomi)와 오버추어(Overture)사를 인수했다. 야후의 새 검색 엔진은 2005년 중에 등장할 것으로 예상된다.

이들 뿐만 아니라, 다른 검색 엔진들 역시 다양한 방식을 적용해서 사용자들이 검색 엔진을 사용하기 전 어떤 종류의 답을 원하는지 사전에 알기 위해 여러 가지 시도를 하고 있다. 이를 위해 다음 세대의 검색 엔진은 사용자의 검색습관에 대해 더 많은 정보를 수집하려고 할 것이다. 예를 들어, 미래의 검색 엔진에서는 서치엔진워크숍닷컴(SearchEngineWorkshop.com)이 '작은 로봇'이라고 부르는 것이 구현될 수 있을 것이다. 이 작은 로봇들은 각 사용자가 과거에 보여준 검색 습관을 근거로 그 사용자의 취향에 적응할 것이다. 이는 검색 엔진이 좀더 정교한 검색을 실행하고 사용자가 원하는 답을 제시할 것이라는 의미다.

더불어 각각의 검색 사이트는 서로 다른 관점에서 정보를 보게 된다.

예를 들어 그록시스(Groxis)와 카투(Kartoo)는 자신들의 자료를 시각적으로 구성하는 반면, 비비시모(Vivisimo)는 범주화된 그룹별로 자료를 정리한다.

원문에서 좀더 효과적인 정보를 얻기 위해, 사람들은 점점 더 본문탐색(text-mining) 도구에 의존한다. 이런 도구는 일반 검색 엔진에서 제공할 수 있는 것 이상으로 깊이 있는 탐색기능을 제공한다. 와이카토 대학의 '본문탐색 연구 그룹(Text Mining Research Group)' 웹 사이트를 보면, 본문탐색은 자연어에서 어떤 유형을 찾는 과정과 관련된 것으로, 특정한 목적을 위해 자연어를 분석해서 정보를 추출하기까지의 처리과정이라고 정의된다. 그리고 그 과정은 재현율과 정확률을 사용해 각기 다른 정보추출 기법들이 효과적인지 평가하는데 이를 통해 각 기법들에 대한 정량적인 비교가 가능하다.

검색 엔진이 공통적인 키워드를 갖는 문서를 찾는 것이라면, 본문탐색 프로그램은 문서 속에 있는 자연어로 구성된 문장들을 분석해 적절한 범주로 구분하며, 이를 통해 관련된 문서들을 서로 연계시키는 작업을 짧은 시간에 수행해 내는 것이다. 본문탐색 프로그램은 현재 학문적 연구와 상업적 조사를 위해 이용되고 있지만, 정보 홍수 속에 시달리는 일반 사용자들 사이에서 인기를 얻게 될 날도 멀지 않았다.

현재까지는 구글이 검색 엔진 시장을 지배하며 연간 추정 총 매출액이 7억 5,000만 달러, 그리고 그 중 30% 정도의 순이익을 올리고 있다. 하지만 검색결과의 다양성과 복잡성에 대한 사용자들의 욕구가 너무 커진 나머지 야후가 개발 중인 검색 엔진이나 본문탐색 프로그램과 같은 다른 검색 엔진이 안정적 지위를 확보할 수도 있다.

하지만, 〈서치엔진 가이드(Search Engine Guide)〉의 편집장 앤디 비얼

의 말처럼 사용자는 검색결과가 자신의 요구조건을 얼마나 잘 충족시키
는가와 그런 결과를 얻기 위해 자신의 프라이버시를 어느 정도까지 포
기할 것인가의 갈림길에서 결단을 내려야만 한다. 그는 다음과 같이 예
언했다.

"앞으로 불과 1, 2년 뒤에 우리가 얻게 될 검색결과는 철 지난 전화
번호부를 펼칠 때 느끼는 기분과 마찬가지로 현재의 검색 엔진 기술이
낡고 거추장스러운 것으로 느껴질 것이다. 하지만 그처럼 황홀한 검색
결과를 얻기 위해서 우리는 검색 엔진 제공자와 협력관계를 구축하는
관계를 배워야 하고 우리의 사생활이 외부로 노출될 수도 있다는 두려
움과 공포를 과감하게 버려야만 한다."

035 신우생학과 맞춤 아기
Newgenics

'맞춤 아기', 즉 우월한 능력을 갖도록 양육 또는 유전자 조작을 거친 아
기에 대한 개념은 꽤 오랜 기간 동안 과학소설의 주요 소재였다. 맞춤
아기는 영화 〈스타트렉(Star Treck)〉에서 약간 과장되어 표현된 칸(Khan)
의 명성이나, 에단 호크 주연의 〈가타카(Gattaca)〉에서 잘 나타난다. 거
기에 등장한 개념들은 대부분 우생학(Eugenics)이나 20세기에 벌어진 몇
가지 시도와 연관돼 있다. 나치를 비롯한 몇몇 집단은 그런 시도를 통해

원하지 않는 유전자를 제거하려고 했다.

하지만 태아의 유전자를 소비자의 주문에 맞춰 조작하는 일은 더 이상 소설 속의 허구가 아닌 현실이고, 개인이 주도하는 새로운 우생학이 등장했다. 사람들은 이것을 신우생학(Newgenics)이라고 부른다. 이것은 지배 종족을 만들어내기 위한 조직적 노력이 아니라 개별적인 경향이다. 그 속에서 부모는 모든 수단을 동원해 자식에게 유전적 우월성을 부여하려고 하는 것이다.

유전자 조작이 가져올 경이로움을 고려하지 않더라도, 능력이 뛰어난 자식을 만들어주는 사업은 엄청나게 거대한 분야다. 여기에는 카플란 SAT 예비과정에서부터 치열교정, 아기의 지능을 향상하기 위해 지방산 함량을 강화시킨 유아용 약물 등이 포함된다. 키가 작은 아이는 성장 호르몬을 통해 성장을 촉진할 수 있다. 주의력이 부족한 아이는 리탈린(Ritalin) 처방을 통해 집중력을 향상시킨다. 지금까지 알려진 인간 게놈과 그것을 조작하는 방법에 대한 지식을 더 나은 미래에 대한 기대와 결합시킬 경우, 잠재력은 훨씬 더 커진다. 이미 태어난 아이들을 말쑥하게 변화시키는 데 기꺼이 큰돈을 뿌릴 수 있는 부모라면 한걸음 더 나아가 아이들을 처음부터 주문 출산하지 못할 이유가 없을 것이다.

이 과감한 상업 부분의 태동은 1970년대로 거슬러 올라간다. 당시 시험관 속에서 인공수정이 최초로 성공했다. 시험관 수정(in vitro fertilization), 즉 IVF라고 불리는 이 기술은 불임부부가 아이를 가질 수 있도록 돕기 위해 등장했다. 같은 1970년대에 유전자 조작 기술이 최초로 실행됐는데, 하나의 생명체에서 추출된 유전자를 다른 생명체에 이식해서 새로운 생명체를 만드는 데 성공했다. 당뇨환자를 위한 인슐린을 생산할 수 있는 박테리아가 여기에 포함된다. IVF와 유전자 조작기술 모두 새로운 성공 사업으로 발전했다. 전자는 불임인 여성의 자궁에 착상할 수 있는 태아를 제공했고, 후자는 일련의 새로운 의약품과 작물, 유전자 조작 실험용 동물들을 만들어 냈다. 그리고 그 둘이 하나가 되면서 놀라운 가능성을 제공했다.

인간의 유전자가 박테리아에 자유자재로 이어 맞출 수 있다면, 이론적으로 시험관 수정으로 생성된 태아의 유전자에 포개는 것도 가능하다. 이론적으로 유전공학자(genetic engineer)들이 인간의 태아에 어떤 특질을 부여할 수 있다는 뜻이다. 예를 들어 푸른 눈에 높은 지성을 갖고, 빠른 공을 뿌릴 수 있는 투수로서 엄청난 능력을 소유한 아이가 태어나게 하는 식으로 말이다. 그렇게 하기 위해서 우리는 어떤 유전자가 어떤 기능을 갖는지 정확하게 파악해야 하지만, 1970년대 당시 이런 지식은 거의 전무했다.

각 유전자가 어떤 역할을 하는지에 관한 지식은 아직까지도 불완전한 상태지만 대단히 빠른 속도로 그 지식이 쌓이고 있다. 그 결과 2003년 4월 14일 중요한 진보가 이루어졌다. 인간 게놈 위원회는 인간의 유전자, 즉 게놈 속에 있는 30억 개에 달하는 모든 DNA 염기배열을 결정하기 위해 수 년 간 들인 노력이 최종 결과에 도달했다고 선언했다. 현재 과학자들은 그 거대한 유전자지도를 이용해 질병이 발생했을 때 관련된 유전자는 어떤 형태를 취하는지 또는 유전자가 인간이 가진 다양한 특질에 어떤 영향을 주는지 여부를 정확하게 이해하기 위해 노력 중이다. 그들의 지식이 쌓여 갈수록, IVF 연구실은 부모들이 원하는 특질만을 선택적으로 제공하는 방법으로 '맞춤 아기' 나 '슈퍼베이비'를 제공할 수 있는 가능성도 커진다.

실제로 비록 다른 종류의 기술이 이용되기는 했지만, 부모들은 이미 신우생학〔에드워드 블랙이 자신의 저서 《약점과의 전쟁(War against the Weak)》에서 사용한 용어〕의 세계를 경험하고 있다. 1970년대 말로 돌아가보면, 백만장자이자 발명가인 로버트 그레이엄이 '천재 아기'를 만들기 위해 머리가 좋거나 운동신경이 뛰어난 사람들의 정자를 기증받아 정자은행을 설립했다. 그리고 240명 이상의 아이가 태어났다. 그들 중 15명의 표본을 대상으로 진행된 조사에 따르면, 그들이 비록 노벨상을 타지는 못했더라도 건강하고 뛰어난 지능을 가진 것으로 나타났다. 이것이 비록 신우생학의 한 줄기에 불과한 것처럼 보이기는 해도 다음의 또 다른 사례는 신우생학의 주류를 이루는 분야임에 틀림없다. 그것은 바로 유전학적 스크리닝(genetic screening)이다.

1980년부터 사용된 이 기술은 양수천자법의 근본을 이루는 것으로서 산모로부터 양수를 추출해 다양한 유전자 표지(genetic marker)와 대조하는 표준 검사법이다. 이 검사법은 전세계에 걸쳐 30대 이상의 임산부에게 시행되는데 그들의 태아가 정상적인 21번 염색체를 가지고 있는지 여부를 확인해 준다(21번 염색체가 정상보다 많으면 다운증후군을 초래한다). 염색체에 이상이 발견된 경우, 많은 산모들이 임신중절을 택했다. 매일 이와 비슷한 선택이 이루어져 유전적으로 결함이 발견된 태아들 또는 부모가 원하지 않는 성별을 가진 태아가 낙태되고 있다. 예를 들어 중국과 인도에서는 부모들이 출산 전 태아 검사를 통해 아이의 성별을 확인하는 데 이용하는 것을 당연시한다.

최근의 기술동향은 IVF와 유전학적 스크리닝을 결합해 실험실에서 자신들을 위해 수정해 낸 여러 태아들 중 최적의 태아를 부모들이 선택하는 단계에 이르렀다. 착상전유전자진단법(Preimplantation Genetic Diagnosis : PGD)을 통해, 낭포성섬유증(囊胞性纖維症)이나 혈우병 등의 유전적 질병을 앓은 병력이 있는 부부는 오직 정상적인 유전자를 가진 정자만 엄마의 자궁에 착상되도록 함으로써, 그와 같은 질병을 일으키는 유전자를 가진 태아가 나올 가능성을 제거할 수 있다. 그 일례로, 2000년 콜로라도 주, 내시 가족은 이 기술을 이용해 먼저 태어난 누나와 똑같은 섬유조직을 가진 사내아이를 출산했다. 그 아이는 불치병을 앓고 있던 누나의 몸에 이식하기 위한 줄기세포를 제공했다.

만약 PGD가 이처럼 극단적인 상황에만 적용된다고 생각한다면, 여러분은 생각을 바꿔야 한다. 미국의 일부 불임클리닉에서는 이미 PGD를 적용해 부모가 원하는 성별의 태아 하나만 자궁에 착상시키고 있다. 〈워싱턴 먼슬리(Washington Monthly)〉에 따르면, 임신 전문가들은 이 기술을 이용해 부모들의 요청에 따라 동성애나 과잉행동장애(Hyperactivity)와 관계된 유전자를 제거해 주고 있다.

인간 배아에 대한 유전자 조작은 의도적으로 바람직한 유전자를 이식하면서 동시에 바람직하지 않은 것들은 제거하는 기술로, 아직 시술 단계에는 도달하지 않았다. 하지만 이것은 다른 기술을 적용했을 때 발생한 부차적인 결과로 나타났다. 1990년대에 세포질 전달과정을 통해 임신된 아이들은 미토콘드리아 DNA에 변화가 생겼는데, 이것은 가임 여성의 난자에서 나온 세포질을 불임여성의 난자에 주입한 결과 생긴 현상이다. 이때 변화된 유전물질은 그 아이들의 후손에게도 전달됐기 때문에 만약 그런 것이 존재한다면 바로 이것이 유전적 변이, 즉 다음 세대로 전달되는 인간 유전자 조작의 첫번째 사례일 것이다.

현재로서도 신우생학 시장이 상당히 크지만, 유전 지식이 쌓이고 기술이 급속하게 발달함에 따라, 부모들은 필연적으로 이미 실행되고 있는 것보다 훨씬 더 다양하게 자식들의 유전자를 맞춤 조작하게 될 것으로 보인다. 현재 인간복제의 앞길에는 이미 갖가지 기술적 · 법률적 장애들도 가득 차 있다. 하지만 모든 문제들이 해결됐을 때, 부모들은 심지어 자신들의 작은 유전적 복제품을 만들어낼 수도 있을 것이다.

이런 추세를 멈출 수 있는 유일한 제동장치는 입법부 의원들이 제공할 것이다. 그들은 신우생학이 유익하지 않다고 확신한다. 이미 신우생학에 불리한 사례들이 여러 곳에서 나타나고 있다. 보수적인 기독교 신자들은 신우생학이 필연적으로 태아의 낙태나 왜곡을 초래한다고 주장한다. 좌파의 반대자들은 슈퍼베이비를 출산할 수 있는 부자와 그렇지 못한 사람사이에 차별이 생길 거라고 예상한다.

신우생학에 비판적인 프랜시스 후쿠야마(Francis Fukuyama)는 자신의 저서 《휴먼 퓨처(Our Posthuman Future)》에서 우리가 갖고 있는 근본적인 윤리와 정치적 권리(평등과 같은)는 인간 본성에 대한 평가에 근거를 두고 있다고 말한다. 따라서 그는 '맞춤 아기'라는 새로운 종족의 창조로 발생하는 인간 본성의 변화 결과, 그런 윤리적 원칙과 정치적 권리가 심각한 위협을 받을 것이기 때문에, 국가차원에서 인간 본성에 변화를 초래할 기술을 규제해야 한다고 주장한다.

어느 정도까지는 국가가 규제하게 될 것이다. 하지만 그렇다고 해서 신우생학의 발전이 멈출 것 같지는 않다. 과거 국가의 지원을 받은 우생학과는 달리, 신우생학은 근본적으로 독립적인 부모가 자신의 아이에게 최선의 것을 원하는 데서 생기는 문제며, 따라서 그들은 거기에 얼마든지 돈을 쏟아 부을 것이기 때문이다. 이런 욕구는 뿌리 깊은 인간 본성에 근거를 두기 때문에 단지 법률과 규제만으로 그것을 멈출 수는 없을 것이다.

　만약 정부에서 위반자를 심하게 단속하면 유권자들의 분노를 살 것이고(그들은 불임사업을 운영하는 자들의 로비에 영향을 받을 것이다), 아이에게 맞춤 유전자를 이식하는 데 많은 제약을 가하려는 의원에게는 표를 주지 않을 것이다. 결국 신우생학은 어떤 형태로든 존재할 것이다.

036 유비쿼터스 멀티미디어
Integrated Devices

인간이 생활하면서 동시에 여러 가지 일을 하듯이 그들이 사용하는 장비도 다양한 능력을 제공해야 한다. 몇 년 전에는 TV와 VCR, 또는 전화와 팩스의 결합만으로도 충분했다. 그러고 나서 개인용 컴퓨터에 DVD 플레이어가 통합됐다.

　이제는 더욱 복잡한 항목들이 좀더 많은 가전 요소들과 결합하고 있다. 그것은 전자수첩(organizer)과 전화, 녹음, 카메라, 미디어 재생기와 같은 것들이다. 심지어 진정 충직한 컴퓨터가 되기 위해서는 정보와 오락을 한꺼번에 제공할 수 있어야 한다. 이 정도 수준은 과일의 껍질을 깎고, 반듯하게 썰면서, 씨를 제거해 주는 기능을 제공했던 과거의 다목적 부엌칼, '핸디 하우스와이프 헬퍼(Handy Housewife Helper)' 에게는 너무 버거운 짐이다.

몇 가지 기능의 통합은 절실하게 필요했고, 불가능했던 업무를 가능하도록 제공한 제품들은 곧바로 대중의 인기를 얻었다. 그 중 하나는 GPS(Global Positioning System : 위성항법장치) 수신기를 장착한 팜탑 컴퓨터(Palmtop : 손바닥 위에 올려놓고 사용할 수 있는 컴퓨터)다. 팜탑은 사용자가 가진 PC의 윈도우 운영체제와 연결해 문서를 작성·편집하는 고유의 기능은 물론, GPS 수신기를 장착함으로써 현재 자신의 위치와 목적지까지의 경로를 알려줄 수 있다.

다른 형태의 통합기기는 이미 대중화된 요소를 새로운 방식으로 결합함으로써 인기를 얻고 있다. 그런 제품 중 하나가 PC와 멀티미디어 콘텐츠 관리기를 하나로 통합할 거라고 사람들은 예상한다. 마이크로소프트사가 사용하는 미디어센터(Media Center)라는 용어가 대중화될 정도로 PC는 다양한 능력을 보유하게 될 것이다. 앞으로 PC는 디지털 TV의 역할뿐 아니라, 음악 파일을 수집·재생하고, 더 나아가 디지털 사진을 위한 일종의 사진관과 전자오락실의 역할도 수행할 것이다.

하지만 아직까지는 미디어센터로서 PC의 역할에 대해 일부 업계와 소비자의 반발이 거센 편이다. 영화와 음반 제작자들은 인터넷에 연결된 미디어센터 때문에 동영상 및 MP3 파일의 불법복제가 증가할지도 모른다고 우려한다. 소비자들은 미디어센터가 추가됨으로써 컴퓨터 가격이 상승하고 다양한 기호를 완벽하게 충족시킬 수 없다는 이유로 반대하고 있다. 그럼에도, 관련업계의 종사자들은 통합 엔터테인먼트 도구의 시대가 다가오고 있다고 말한다. 컴퓨터 모니터용 비디오카드 제조사인 엔비디아(NVIDIA)의 젠센 황 사장은 〈뉴욕 타임스〉와 인터뷰에서 이렇게 말했다. "5년 내에 미디어센터는 가전제품 업계를 완전히 변화시킬 것이다."

미디어센터가 보편적인 가전제품으로 자리잡기 위해서는, 한동안 다른 형태의 가전제품을 하나씩 통합해 나가는 중간 단계를 거쳐야 할 것이다. 예를 들어 많은 미국인들은 자신이 원하는 음악 파일을 골라 MP3 플레이어에 저장하는 방법에 아직 익숙하지 않고, 더욱이 휴대전화와 전자수첩을 결합한 최신 휴대전화 단말기조차 제대로 사용하지 못하고 있는 상태다. 따라서 이 두 가지 기능을 모두 갖춘 기기의 사용은 아직 무리라고 판단된다.

어떤 분야에서는 다양한 기능을 통합한 전자기기들이 대단히 빠르게 일반화됐다. 특히 2004년 미국 대통령선거에서 이들 전자기기는 유용성을 과시하며 널리 이용됐다. 선거기간 동안 많이 사용된 전자기기는 손에 들고 다닐 수 있는 PDA였다. 그것은 영상팀이 촬영한 동영상을 문자로 된 자막과 함께 전송했다.

문자로 된 기사를 전송하던 기자들도 이제는 다양한 디지털 기기를 사용하고 있다. 그런 기기들에는 무선 인터넷이 가능한 노트북 컴퓨터와 디지털 녹음기(후보의 연설을 오디오 파일로 다운받을 수 있는 소프트웨어를 내장했다), 디지털 비디오카메라, 휴대전화 등이 포함된다. 접속할 수 있는 수단이 다양해졌기 때문에 기자들은 랜 케이블이 설치돼 있는 후보들의 선거운동 사무실에 방문할 필요도 없이, 원할 때면 어디서든 보도 자료를 다운받을 수 있었다.

21세기에는 다양한 기능을 통합한 전자기기들이 인간의 업무와 여가활동 모두를 담당한다. 하지만 일반인들이 그런 멀티미디어 기기들에 익숙해지려면 아직 많은 시간이 필요하다. 그런 이유로 대부분의 사람은 아직 단일한 기능을 수행하는 전자기기를 선호한다. 쉽게 비유하자면 한번에 한 여자에게만 구애하는 것이다.

037 유전자 조작과 거미염소
Spider Goats: The Age of Biobased Products

만약 거미와 염소를 교배시킨다면 무엇이 나올까? 그 결과는 최첨단 바이오 제품 시대의 개막이다. 바이오 제품은 주된 성분을 식물성 또는 동물성 원료에서 얻는 제품으로서 특별히 새로운 상품은 아니다. 목재가구나 유기비료는 같은 범주의 제품으로 고대부터 현재까지 이용되고 있는 좋은 사례다. 하지만 유전자를 조작하는 일련의 도구로 사용된 생명공학은 한때 촌스러운 분야였던 바이오 산업을 매혹적이고 무한한 성장 잠재력을 가진 산업으로 탈바꿈시켰다.

바이오 산업의 현실을 보여주는 가장 적절한 예는 몬트리올의 넥시아 바이오테크놀로지(Nexia Biotechnology, Inc)다. 2002년 넥시아는 미 육군과 함께 세계 최초로 천연 거미줄과 거의 같은 성질을 가진 합성 거미줄을 만들어냈다고 발표했다. 〈스파이더맨(Spiderman)〉의 팬이라면 잘 알고 있겠지만 거미줄은 가벼우면서도 강인한 특성 때문에 오래 전부터 동경의 대상이 되어왔다. 같은 무게일 경우, 인간의 머리카락 굵기의 10분의 1에 불과한 거미줄 한 가닥이 철보다 다섯 배나 강하다. 하지만 지금까지 어느 누구도 상업적 타당성을 가질 만큼 많은 양의 거미줄을 생산해 내지 못했다.

하지만 넥시아는 유전자 공학을 이용해서 거미유전자를 가진 염소를 키웠고, 그 결과 암염소는 거미줄 단백질을 함유한 젖을 분비했다. 이 단백질을 배양해서 실로 만들었을 때, 그 결과물이 바로 바이오스틸 (BioSteel)이란 상표명을 가진 물질이 되는 것이다. 넥시아는 바이오스틸을 수술용 봉합사나 방탄조끼를 비롯해 우주선과 미니밴의 경량 부품을 생산하는 데 이용함으로써 황금알을 낳는 거위가 될 것으로 기대한다.

일부 바이오 제품은 다른 방법으로는 구할 수 없는 성질을 갖고 있기 때문에 산업적 용도 측면에서 매우 매력적이다. 예를 들어 고강도 경량 거미줄과 같은 것이 그 예다. 또 다른 사례는 극한미생물, 즉 엄청난 고온의 열수나 심해 등과 같이 어려운 환경에서 서식하는 미생물이 있다. 이런 미생물들은 높은 온도, 압력, 강한 산화성 분위기 등의 극한 상황에서도 기능을 발휘하는 효소를 생산한다. 이들 효소는 생산 공정에서 촉매제로 사용할 수 있기 때문에 산업적으로 높은 가치를 갖는다.

다이버사 코퍼레이션(Diversa Corporation)은 미생물에서 DNA를 추출, 복제하는 일을 전문으로 하는 벤처 기업이다. DNA는 컴퓨터에 적용될 경우 엄청난 계산 능력을 발휘할 수 있는 잠재력을 가졌다는 이유로도 매력적인 대상이다. 연구자들은 DNA가 '분자 컴퓨터'로 이용될 수 있으며, 반도체에 기반을 둔 모델보다 크기는 작으면서 더 빠르게 정보를 처리할 수 있다는 사실을 증명했다.

다른 바이오 제품으로는 그들이 가진 특성뿐만 아니라 환경친화적 장점 때문에 매력적인 것들이 있다. 지금까지 제조업은 석유를 원료로 삼아 만든 플라스틱에 크게 의존해 왔다. 이 재료는 재생이 불가능하기 때문에 환경오염을 일으킨다는 단점이 있다. 이와 대조적으로, 식물과 동물성 재료들은 결코 소진되지 않는다. 그리고 대부분의 경우, 생물 분해성을 지니고 있다. 따라서 석유화학 제품과는 달리 생물지원 물질을 사용할 경우, 자연을 원래 상태에 가깝게 유지할 수 있는 장점이 있다.

바이오 기반 물질들은 연료와 섬유에서부터 용매와 윤활유에 이르기까지 온갖 형태로 등장하고 있으며, 첨단 생명공학에 이용되는 바이오 기반 물질의 수도 점점 늘고 있다. 지난 2002년 카길 다우(Cargill Dow)는 옥수수에 기반을 둔 환경친화적 물질 네추럴웍스(NatureWorks)를 시장에 선보였다. 그것은 의복이나 침대보, 포장 등의 분야에서 플라스틱과 폴리에스테르의 역할을 대신할 수 있다. 한동안 생명공학 전문 기업들은 기름 유출을 비롯한 독성 폐기물을 먹어치우는 미생물〔이 분야는 생물회복(bioremediation)이라고 불린다〕을 유전자 조작해 내거나, 비타민이나 산업용 효소를 대량으로 생산하는데 노력을 집중해 왔다.

이런 종류의 제품에 대한 수요가 급증함에 따라, 산업 생명공학(산업적 용도로 사용되는 생명공학)은 의료 생명공학만큼이나 거대한 시장을 형성할 것이다. 컨설팅 리소시스 코퍼레이션(Consulting Resource Corporation)은 향후 10년 동안 이 분야가 연간 17%의 성장을 이룰 것이라고 예측했다.

리처드 올리버는 《앞으로 등장하게 될 것들의 형상(The Shape of Things to Come)》이란 책에서 다음과 같이 예견했다. "새로운 경제성장 엔진으로서 바이오 물질들이 곧 새로운 비즈니스 세계에 동력을 공급하게 될 것이다… 바이오 물질의 시대, 즉 생명공학과 새로운 재료들에 의거해 창조된 놀라운 세계로 진입함으로써 우리는 물질에 대한 통제력을 획득할 수 있다는 기대를 품게 됐다."

제네코어 인터내셔널(Genecor International, Inc.)의 사장이자 생명공학 산업의 개척자인 탐 미첼은 다음과 같이 말했다. "앞으로 15년 정도 지나면, 우리는 생명공학이 산업에 미친 영향이 인간 생명에 미친 영향만큼이나 거대하다는 사실을 깨닫게 될 것이다."

038 웰컴 투 로봇 시대
Rosie the Robot Redux

우리가 소유했다고 생각한 로봇들은 지금 어디에 있는가. 왜 우리 주위에는 〈젯슨네 가족〉에 나오는 로지와 같은 로봇 하인이나 〈로스트 인 스페이스(Lost in Space)〉에 등장했던 윌 로빈슨의 바퀴 달린 로봇 친구를 가진 사람이 없는 것인가. 심지어 〈터미네이터(Terminator)〉에 나오는 살인기계는 어떤가. 사실을 말하자면, 로봇은 이미 우리 주위에 존재한다(하지만 우리가 생각하고 있는 모습을 기대하지는 말라). 로봇 기기의 시대에 오신 것을 환영하는 바다.

인공지능(AI)과 로봇 공학에 대한 수십 년 간의 연구 끝에, 과학자들은 진정한 의미의 '로봇 로지'를 가까운 장래에 만들어낼 수 없다는 결론에 도달했다. 즉 인조인간으로서 자신의 주인과 언쟁도 하고, 다림질을 하며, 인간을 위해 요리를 하거나 다른 로봇에게 구애도 가능한, 실로 인간과 별 차이가 없는 로봇 제작은 아직 멀었다는 뜻이다.

인간과 가까운 로봇의 구현은 현재 과학 수준으로 어림도 없다. 하지만 인간 활동에 작은 부분에만 집중하면 애기는 달라진다. 예를 들어 장애물을 피해가거나 미소를 짓는 등의 개별적 행동의 경우, AI와 로봇 공학 연구자들은 인간의 특정 활동을 수행하거나 특정한 특질을 흉내낼 수 있는 기계를 만드는 데 주목할 만한 성공을 거두고 있다. 이들 기계 중 상당수는 자동차 조립공장의 산업용 로봇이나 디즈니월드에 있는 자동화된 대통령 인형과 같은 형태로 수십 년 전부터 우리 주변에 존재했다. 하지만 최근에 이르기까지 그런 형태의 로봇의 곁에는 기술적인 훈련을 받은 인간 관리자가 있어야 했다. 더군다나 기업들만 보유할 수 있을 정도로 가격이 비쌌다.

이제 MIT의 인공지능 연구소(여러 가지 형태로 적어도 1959년부터 존재했다)와 같은 다양한 장소에서 진행되는 기초과학 분야의 발전과 더 빠르고 저렴한 마이크로프로세서, 그리고 상업적 관심의 고조 덕분에 진보된 인공지능을 가진 로봇이 소비자 시장을 파고들고 있다. 비록 기술적으로는 정교하지만, 이들 로봇은 중산층 소비자의 지갑을 겨냥해 쉽게 구입할 수 있도록 제작됐다.

이런 로봇 가전기기의 최초 모형은 하스브로(Hasbro)에서 판매하는 에니매트로닉(animatronic) 아기인형인 '내 진짜 아이(My Real Baby)'와 같은 장난감이다. 이 장난감은 아동이 어떤 조작을 하면 뚜렷한 음성으로 대답한다(간지럼을 태우면 웃고 음식을 주지 않으면 운다). 그리고 소니가 출시한 로봇 애완견 '아이보(AIBO)'가 있다. 이들처럼 단순히 즐거움을 위한 로봇은 21세기 초부터 등장하기 시작했고 그들의 판매는 변덕스러운 아동들의 취향에 달려 있다.

로봇 장난감의 뒤를 이어 실생활에 유용한 로봇이 나왔는데, 진공청소 로봇 룸바(Roomba)가 그것이다. 이 로봇을 만든 아이로봇(iRobot)사는 원래 MIT의 인공지능 연구소에서 출발한 회사로서 룸바를 출시하기 전 하스브로와 '내 진짜 아이'를 공동 개발했다. 2002년 12월에 이루어진 룸바의 데뷔는 커다란 대중적 관심을 끌어 〈투데이 쇼(The Today Show)〉와 〈레지와 캘리의 생방송(Live with Regis and Kelly)〉에 방송될 정도였다. 199.99달러의 가격과 '우수 가전제품' 표시를 달고 나온 받침

접시 형상의 기기는 지능적으로 진공청소를 수행한다. 즉 주인이 TV를 보거나 다른 활동을 하는 동안 스스로 계단과 같은 장애물을 피하는 것은 물론 침대 밑도 알아서 청소해 준다. 〈에스콰이어(Esquire)〉지는 룸바를 가리켜 "자체 추진, 자동항법 흡입기가 주인이 식사를 해치우는 동안 가구 사이를 춤추듯 돌아다니며 겁에 질린 애완견을 피해 다닌다"는 기사를 실었다.

다른 형태의 유용한 로봇들도 속속 등장하고 있다. 프렌들리 로보틱스(Friendly Robotics)사의 750달러짜리 잔디 깎는 로봇, 로보모우어(Robomower)도 포함된다. 앞으로 인류는 많은 수의 로봇기기가 각자 맡은 분야의 가사를 알아서 수행하는 장면을 종종 목격할 것이다.

어떤 로봇기기가 성공할지 여부는 가격과 쉬운 작동법에 달려 있다. 초기 판매량은 기기의 외형에 따라 결정될 것이다(인터넷 서점 및 경매 사이트인 아마존의 구매자들은 룸바를 가리켜 "내가 구입했던 것 중에 가장 근사한 물건"이라고 사용후기를 올렸다). 하지만 로봇 제설기, 로봇 쓰레기통, 로봇 접시닦기 등이 적정한 가격대로 출시되지 못하거나 자신의 업무를 제대로 수행하지 못한다면 판매는 급격히 감소할 것이다.

로봇기기 중에는 거의 로봇으로 인정할 수 없을 정도인 제품도 등장할 것이다. 세그웨이 인간수송기(Segway Human Transporter)는 현재 가격이 대략 4,500달러선인데, 두 바퀴의 스쿠터 모양을 하고 있다. 그 속에 내재된 불가사의한 균형유지 능력은 첨단 컴퓨터 기술의 산물이다. 요보틱스(Yobotics)라는 회사는 자신들의 전문성을 살려 로봇 보행기(RoboWalker)를 개발했다. 동력을 사용해 움직이는 이 기기는 걷는데 장애를 가진 사람이 다리의 기능을 강화해 주거나 대체하기 위해 착용하는 부목과 같은 장치다.

점점 많은 로봇기기들이 수술처럼 극도의 섬세함이 요구되는 상황이나, 폐허 속에서 생존자를 찾아 전장을 돌아다니는 등 인간이 수행하기 위험한 상황에서 사용된다. 공중에 떠 있는 프레데터(Predator) 무인항공기는 2003년 이라크와 전쟁에서 인간의 원격조정에 따라 이라크군 포대를 공격했다. 완전 자동화된 무인항공기도 현재 개발 중이다. 미 육군은 팩봇(Packbot)이라고 불리는 무인 로봇 차량을 이용하고 있다. 아이로봇사가 개발한 이 차량은 아프가니스탄에서 정찰 및 탐색 임무를 수행했다.

가상 로봇기기라고 불릴 수 있는 다른 종류의 기기도 있다. 소프트웨어 프로그램들은 첨단 AI 기술을 이용한다. 퍼지 논리(fuzzy logic)처럼 컴퓨터가 애매한 표현을 처리할 수 있도록 돕거나, 인간의 두뇌 작용처럼 경험을 통한 학습이 가능하도록 해주는 중추신경망 등이 그 부류에 속한다.

만약 당신이 아마존닷컴을 방문해서 당신의 구미에 맞게 선별된 책이나 CD 목록을 추천하는 화면을 보게 된다면, 그것이 바로 가상 로봇기기를 만난 것이다. 추천 시스템은 당신이 과거 구매형태를 기억하고 무엇을 좋아할지를 예측한 다음에 그에 맞는 목록을 제시한다 (역설적이지만 인터넷 소매상들은 추천 시스템이 정기적으로 인간 편집자의 손길이 닿아야 훨씬 큰 효과를 발휘한다는 사실을 발견했다).

인공지능 프로그램은 경찰 감시업무, 주식매매, 의료진단, 정비공장 등에서 그 적용범위를 점차 넓혀갈 것이다. 심지어 도박과 같은 인간 활동에도 도입될 것이다. 2002년 12월 오스트레일리아의 한 연구원이 메이트(MAIT)를 공개했는데, 이 기계는 자동화된 스포츠 결과 예측기계다. 오스트레일리아 럭비 리그의 결과를 이 기계로 예측했는데, 그 결과 최고의 인간 전문가들을 따돌렸다고 한다.

모든 가사를 담당할 수 있는 로봇 하인은 먼 미래의 꿈이지만, 가까운 장래에 여러 가지 임무를 수행할 수 있는 로봇의 출현을 기대해도 좋을 것이다. 단순하게 진공청소기의 역할만 하는 것이 아니라 바닥에 떨어진 돈을 찾아낼 수 있는 능력까지 겸비할지도 모른다. 그것은 또한 현재 각종 기기들이 복합화(hybrid)를 통해 한 가지 이상의 서비스를 제공함으로써 소비자들에게 더 높은 가치를 제공하려는 트렌드와 일치한다.

일부 로봇은 최초 생산시에 기본적인 기능만을 갖도록 설계될 것이다. 이런 로봇은 별도로 제작된 도구들을 사용하기 위한 플랫폼 역할을 하기 때문에 다양한 기능을 유연하게 사용할 수 있을 것이다. 이는 마치 가정용 PC가 새로운 소프트웨어를 장착할 때마다 새로운 기능을 갖게 되는 것과 같은 이치다.

미래의 로봇기기는 가정에 있는 컴퓨터와 통합될 것이다. 무선연결을 통해 컴퓨터의 중앙처리장치를 공유할 것이다. 눈에 띄지 않는 장소에서, 하인 로봇을 만들려는 인간의 꿈은 지속적인 혁신을 부추길 것이다. 〈뉴 사이언티스트(New Scientist)〉는 프로보틱스(Probotics)라는 회사가 사이(Cye)라는 로봇을 개발 중이라고 보도했다. 이 로봇은 냉장고에서 맥주를 꺼내 주인에게 갖다 줄 수도 있다. 기사에는 프로보틱스사 헨리 손의 말이 실려 있다.

"내가 알기로 그게 바로 우리가 만들 수 있는 로봇이다. 나는 향후 15년 내에 그 로봇이 여러분 가정의 화장실도 수리해 줄만큼 발전하기를 기대한다."

039 세균과의 싸움
The War on Germs

과거에는 세균이 패한 것처럼 보였다. 백신과 항생제가 급성회백수염, 디프테리아, 폐렴 등을 일으키며 고대로부터 인간을 괴롭혀 온 미생물들로부터 인간을 보호했다. 1980년에는 천연두가 예방접종 대상에서 제외된 질병이 되었다. 광고에서도 세균은 가벼운 존재로 다루어졌다. 미국인들은 구강청정제인 리스틴(Listine)을 이용해 자신의 신체에 접촉하는 수백만 마리의 세균을 죽였다.

그러다가 AIDS가 등장했다. 1990년까지 AIDS로 사망한 미국인은 십만 명 이상이다. 이미 과거의 질병으로 여겨졌던 결핵이 전염성을 갖추고 재등장했다. 한때 세균성 호흡기질환에 확실한 해결책이었던 항생제는 박테리아가 항생제에 대해 저항력을 갖게 되자, 효력을 발휘하지 못하는 경우가 자주 발생했다. 2003년 전세계 과학자들은 새롭게 등장한 SARS와의 전쟁을 위해 긴급히 나서야 했다. 지금은 어느 누구도 세균이 패배했다고 생각하지 않는다.

세균과의 전쟁을 더 복잡하게 만든 것은 테러리스트에 의한 의도적 감염이다. 2001년 가을, 탄저병이 미국 동부해안 지대에 퍼지면서 다섯 명이 사망하고 열네 명이 치료를 받았다. 전문가들은 아직 미국이 바이오 테러에 대항할 준비가 부족하다고 말한다. 《전염병의 부활(The Coming Plague)》의 저자인 러우리 가레트는 2003년 4월 〈내셔널 지오그래픽 뉴스(National

Geographic News)〉와의 인터뷰에서 이 문제에 대해 이렇게 대답했다. "이 나라의 공중보건 일선에 종사하는 사람이라면 누구나 똑같은 말을 들려줄 것이다. 미국은 그런 상황에 대한 대비책이 거의 없는 상태라고…."

테러리즘이 아니더라도, 보건부 공무원들은 자연이 보내온 세균들을 처리하는 데도 일손이 부족할 지경이다. 아시아에서 발생한 치명적 변종 바이러스인 조류 인플루엔자(조류독감)는 전세계 전염병 전문가들에게 곤란한 문제를 안겨 주었다. 당시 조류독감은 몇몇 사람이 감염된 것을 제외하곤 주로 조류들에게만 감염됐는데, 감염된 조류는 대부분 죽었다. 그나마 다행스러운 일은 조류독감이 사람에게서 사람으로 전염되지는 않았다는 사실이다. 만약 사람을 통해 전염된다면 조류에서 사람으로 전염되는 경우보다 전염을 억제하기가 어렵기 때문이다.

또 한 가지 다행스러운 점은 현재 과학이 그와 같은 새로운 병원균에 대항할 수 있는 무기를 만들어낼 만한 능력이 있다는 점이다. 예를 들어, 세계보건기구의 인플루엔자 네트워크에 소속된 과학자들은 역방향 유전학(reverse genetics)라고 불리는 새로운 방법을 사용해 백신을 개발하고 H5N1 A형이라고 알려진 바이러스의 진단검사를 수행하고 있다. 바이러스 퇴치에 적용되는 기술은 조류에게 해가 되는 유전자를 그렇지 않은 유전자로 대체하는 방법을 제공한다. 그러나 국제적 보건기구 관리들은 아시아의 절반에 해당하는 지역에서 조류독감이 급속히 창궐하자 상당히 당황했던 게 틀림없다. 그렇기 때문에 그들은 아시아 국가들에게 '수십억 마리에 달하는 조류를 모두 방역하라'는 식의 말도 안 되는 요구를 했던 것이다.

조류독감은 새로운 질병이 등장할 수 있는 한 가지 방법을 보여주었다. 동물 저장고 속에 잠복해 있다가 인간으로 전이하는 방법인데, 때로는 그 과정에서 돌연변이를 일으키기도 한다.

전염병 확산에 유리하게 작용하는 또 다른 요인으로 정부의 무능력을 들 수 있다. 중국 정부는 초기에 SARS의 심각성을 부인했고 그것이 병의 확산에 일조했다. 또 하나의 위험요인은 의약품과 전염병 전담반이 세계 전역으로 신속하게 이동하기 위해 타고 다녔던 현대적 운송수단에 있다. 1918~19년에 발생한 스페인 인플루엔자와 관련한 인터뷰에서 미군병리학연구소의 제프리 타우벤버거는 ABC뉴스닷컴(ABCNews.com) 기자에게 이렇게 말했다. "1918년 당시의 독감은 배나 기차의 이동속도와 같은 속도로 번졌다. 하지만 지금 우리는 매일같이 대양을 정기적으로 가로지르는 점보제트기를 갖고 있다. 여러 가지 측면에서 바이러스는 1918년 당시보다 훨씬 더 위험해질 수 있다."

이런 저런 질병에 무슨 일이 벌어지든, 자기만족은 대단히 위험한 생각이다. 특히 세균에 대해선 더욱 그렇다. 인간이 벌이는 세균과의 투쟁에서 인간의 승리는 쉽지 않을 전망이다. 오히려 지속적인 시가전의 양상을 띠게 될 가능성이 더 높다.

일부 지역에서 발생한 기록적인 한파와 폭설에도 불구하고, 지구온난

화는 멈추지 않고 있다. 부시 대통령은 이로 인해 생긴 문제들을 인정하지 않으려는 태도를 보이고 있지만, 그렇다고 문제가 사라지지는 않는다. 이제 앞으로 수 년 내에 예상되는 기상현상에 대해 살펴보기로 하자.

우리는 지구온난화가 실제로 일어나고 있다는 증거가 계속 쌓일 것이란 점과 그것이 온실 가스 효과 때문에 초래됐다는 사실을 추측할 수 있다. 주로 이산화탄소와 같은 물질들이 온실 가스의 주범으로 알려져 있는데, 이 물질이 지구의 열을 대기 밖으로 방출되지 못하도록 억제하는 성질을 갖고 있기 때문이다. 이산화탄소 가스는 지구 곳곳에 있는 공장들과 자동차를 비롯해 화석연료를 사용하는 온갖 기계들을 통해 발생한다.

지구온난화와 그것을 초래한 온실 가스의 영향에 대한 증거들이 세계 도처에서 수집되고 있으며, 앞으로도 그 수는 계속 증가할 것이다. 예를 들어 2002년 여름 그린란드의 빙하는 24년 전부터 빙하의 상태를 공식적으로 측정하기 시작한 이래, 그 어느 때보다 가장 많이 녹아내렸다. 산업화가 이루어지기 전에는 탄소 농도가 275ppm이었지만 최근에는 370ppm에 이르고 있다. 지구의 평균 기온을 살펴보면 지난 1000년 동안 가장 높은 수치를 보이며 상승을 멈추지 않고 있다. 2003년 9월은 1880년부터 기상현상이 기록되기 시작한 이후 가장 무더운 여름이었다.

한편 우리는 지엽적인 현상에 근거를 둔 단순한 생각으로 지구온난화를 부인하는 사람들도 보게 될 것이다. "여기는 여전히 눈이 내리고 있는데 지구온난화라니 무슨 소리야?"라는 식의 반응 말이다. 이는 지구온난화 연구가 일정 기간에 걸쳐 지속되는 지구 전체의 평균 기온을 다루는 것이며, 한두 곳에서 잠깐 동안 벌어지는 기상현상을 문제삼는 것이 아니란 점을 무시한 결과다.

실제로 우리는 지구온난화로 인해 겨울철 미국 동부해안 지대가 더워지는 것이 아니라 실제로는 더 추워질 거란 사실을 예상할 수 있다. 바다에 떠 있는 빙상이 녹으면서 대서양 북부 지역에 강수량이 증가하고, 이것이 그 지역에 한랭전선의 발달을 촉진하기 때문이다. 따라서 동부지역 사람들은 지구온난화의 영향으로 부드럽고 시원한 1월의 선선한 바람 따위는 기대하지 말아야 한다.

일반 대중들보다 더 많은 정보를 갖고 있는 일부 과학자들은 여전히 인류가 기후에 얼마나 큰 영향을 줄 수 있는지 알 수 없다는 식의 논리를 전개하며 지구온난화가 실제로 일어났는지의 여부도 불투명하다고 한다. 하지만 이 같은 태도를 견지하던 과학자의 수는 점점 줄고 있다. 심지어 그와 같은 주장이 산업계와 일부 정치가 들에게 매력적일 수밖에 없는 현실 속에서도 감소추세는 멈추지 않는다.

지구온난화를 멈출 수 있는 방법 중 하나는 인간이 화석연료의 사용을 줄일 수 있느냐의 여부에 달려 있다. 대부분의 산업국가들, 즉 일본과 유럽연합 국가들은 교토의정서에 합의했다. 하지만 부시 대통령은 조약의 비준을 거부했다. 쟁점은 교토의정서가 의무적인 온실 가스 규제를 주장하는 반면, 부시 대통령은 자발적인 규제만을 받아들이겠다고 맞서는 데 있다. 2002년 말 부시 대통령은 그런 입장에서 약간 후퇴할 수 있다는 의사를 보이기 시작했고, 미 의회에서도 점진적인 의무규제를 추진하겠다는 몇 가지 조짐이 나오고 있다.

비록 선진국에서 의무적 온실 가스 규제를 실시하더라도, 개발도상국들이 그 대열에 서둘러 합류하지는 않을 것이다. 최빈국들조차 세계화 추세에 따라 선진 산업국과 경쟁하지 않으면 안 된다. 따라서 예전보다 더 많은 지역에서 공장 굴뚝의 연기와 자동차 배기 가스가 대기를 휘젓고 있다. 일례로 중국에서는 세계 그 어느 곳보다 석탄 사용량이 빠르게 증가하고 있다.

이는 매우 심각한 문제다. 석탄을 태워 전기를 생산할 경우 석유나 천연가스를 사용하는 것보다 훨씬 더 많은 온실 가스가 발생한다. 파리에 본부를 둔 국제에너지기구(IEA)는 중국의 온실 가스 배출량은 2000~30년 내에 다른 모든 산업국에서 발생하는 증가량과 같은 수준에 이를 것이라고 전망했다. 근래 들어 빠른 성장세를 보이고 있는 인도 역시 온실 가스 배출량이 늘고 있는 형편이다. 게다가 브라질 아마존 강 유역의 정글파괴도 지구온난화에 한몫 거들고 있다.

세계는 에너지에 대한 갈증과 온실 가스 배출에 대한 규제 사이에서 균형을 잡기 위해 노력 중이다. 그러는 동안 대체 에너지 자원의 개발은 상당한 주목을 받게 됐다. 예전에는 안전에 대한 우려 때문에 방치되었던 원자력 발전에 대한 관심도 다시 높아지고 있다. 태양열과 풍력 발전 역시 한동안 '일광욕과 산들바람' 정도의 수준으로 무시당해 왔지만 진지한 고려 대상으로 재등장할 수도 있다.

사람들은 이제 공상과학 소설에서나 접할 수 있었던 아이디어들을 진지하게 생각할 것이며, 발전시킬 것이다. 그런 것들 중에는 우주 태양열 발전소도 있다. 지구궤도를 도는 인공위성을 통해 태양광을 흡수해서 마이크로파의 형태로 지구로 전달하는 것이다.

모든 노력에도 불구하고 지구온난화가 멈추지 않는다면, 땜질식 응급수단이 판을 치게 될 것이다. 〈뉴욕 타임스〉에 실린 논평에서 올리버 모턴은 아프리카의 킬리만자로 정상에 거대한 방수모를 설치해서 산의 만년설을 보호하자는 제안을 했다. 모턴은 그와 같은 방법이 사용되지 않는다면 킬리만자로의 만년설은 곧 역사 속으로 사라질 것이라고 경고했다.

물론 땜질식 대응이 지구온난화가 초래할 무서운 결과에 대한 해결책이 될 수는 없다. 허리케인은 그 어느 때보다 더 사나워지고 그것이 빨아들인 온갖 쓰레기 더미가 아메리카 대륙 대평원 곳곳에 뿌려질 것이다. 뉴욕 시는 북극의 빙산이 녹으면서 물에 잠길 것이다. 어쩌면 상황이 그 정도까지 심각해지기 전에 인류는 지구가 더워지고 있다는 사실을 좀더 냉정하게 받아들이고 특단의 조치를 취할 수도 있다.

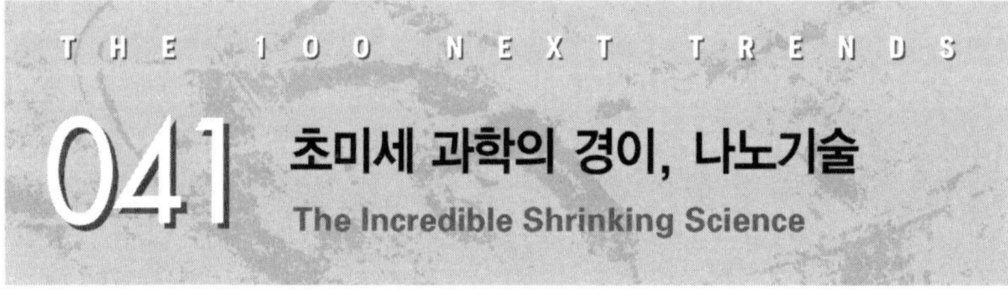

마이클 크라이튼이 어떤 분야와 관련된 새로운 소설을 발표할 때마다 사람들은 새로운 기술이 발달하고 있다는 사실을 깨닫는다. 세균과의 전쟁을 다룬 그의 소설 《안드로메다 스트레인(Andromeda Strain)》은 유전적으로 조작된 최초의 박테리아가 등장하기 몇 년 전에 발표됐다. 공룡복제에 관한 그의 소설 《쥬라기 공원(Jurassic Park)》은 포유류 복제가 최초로 성공하기 몇 해 전에 출간됐다.

2002년 그는 나노기술을 통해 생산된 미세 로봇 군단에 대한 이야기이자, 극히 작은 물체에 적용되는 과학이 산업으로는 어떤 식으로 적용될 수 있는지 보여주는 소설, 《먹이(The Prey)》를 세상에 내놓았다. 크라이튼의 소설 속에서 치명적이고 자유자재로 변모하는 나노 입자(nanoparticle) 구름이 그들을 창조한 인간에게 대재앙을 선사하고 있을 때, 실제 세계의 나노기술 과학자들은 자신의 분야가 최신 베스트셀러를 만들어낼 정도로 관심의 대상이 됐다는 사실에 만족을 느낄 수 있었다.

나노기술의 개념은 1959년 리처드 파인만의 연설 "바닥에는 엄청난 공간이 존재한다"까지 거슬러 올라간다. 하지만 그 용어 자체는 에릭 드렉슬러가 처음 사용했고 유명한 그의 저서 《창조의 엔진(Engines of Creation)》을 통해 세상에 널리 알려졌다. 나노기술(nanotechnology)은 나노미터(nanometer)에서 '극도로 미세한' 이란 뜻의 어근 'nano-' 를 차용한 것이다. 나노미터는 10억 분의 1미터에 해당하는 길이 단위로, 인간 머리카락 굵기의 10만분의 1에 해당한다.

나노기술은 100나노미터 이하의 세계를 다룬다. 즉 바이러스나 한 개의 분자, 마이크로 칩 속에 박힌 미세한 부품들의 세계인 것이다. 역사 대부분의 기간 동안, 나노 단위의 세계는 인간 사고의 범위 밖에 있었다. 지금까지 인간이 해온 일은 기껏해야 나무를 자르거나 바늘구멍에 실을 통과시키는 정도에 불과했다. 분자는 물론 심지어 원자 규모의 사물을 조작해 나노단위에서 동작하는 기계를 제작하게 된 것은 최근의 일이다.

나노기술의 목표는 유용한 작업을 극히 적은 비용으로 수행하기 위해 원자들을 특정한 순서로 배열하는 것이다. 비용절약은 분자 기계들이 알아서 작업을 수행하도록 만듦으로써 성취할 수 있다. 초미세 기계들은 스스로를 복제하고 기계적으로 원자들을 배열해 유용한 상품을 만들어 낼 수 있다. 일단 원자들을 이용해 분자 규모의 기계를 제작하게 되면, 이 기계에 육안으로 볼 수 없는 미세가공기술을 적용해 온갖 종류의 제품을 생산할 수 있다(새로운 치료법이나 양자컴퓨터, 또는 현미경 수준의 미세한 범죄 현장 조사는 물론, 자동 식기세척기를 만드는 일 등이 가능해질 것이다).

과학자들은 나노 세계의 미래를 향한 발전을 이루어왔다. 탄소 나노튜브(carbon nanotube)가 발명됐는데, 실린더 형태를 가진 이 탄소는 철보다 강하면서 전기가 실리콘보다도 잘 통한다. 또한 과학자들은 나노와이어(nanowire)를 개발했는데, 이것은 두께가 불과 몇 나노미터에 불과해 사실상 원자들을 연결해 만든 선(string)이나 마찬가지다. 나노 온도계(nanothermometer)도 등장했다. 이 온도계는 분자 크기의 영역에 온도변화를 측정할 수 있다. IBM은 밀리페드(Milipede)를 개발했다. 이것은 나노 탐침(nanoprobe)을 이용해 1평방인치의 면적에 테라(10^{12}) 비트의 데이터를 저장한다.

뉴욕 대학의 나드리언 시맨 박사는 DNA를 이용해 정교하고 분자단위까지 정확한 구조물을 건설하는 연구를 수행했다. 2003년 MIT와 하버드 의대 과학자들은 초보적인 수준의 혈관 시스템을 만들었는데, 이는 인간의 모든 신체 장기들을 이식할 수 있는 단계로 나가기 위한 첫걸음이었다. 이스라엘 과학자들은 최초로 생물학적 자가 조립을 이용해 작동 가능한 전기기계를 만들었다. 그들은 DNA와 탄소 나노튜브, 박테리아 단백질, 항체, 금, 은 등의 도구를 이용해서 자가조립이 가능한 나노트랜지스터(nanotransistor)를 만든 것이다.

정부 지원에 따라 연구소에서 나노기술 개발이 탄력을 받는 동안 비즈니스 세계는 잠재적인 수확을 확보하기 위해 여념이 없다. 몇몇 나노기술 제품은 이미 시장에 등장했다. 나노 단위의 점토 입자가 자동차의 차체를 강화하는 데 쓰이고, 탄소 나노튜브는 바블랏(Babolat) 테니스 라켓의 강도를 증가시키는 데 기여했다. 2003년 12월, 부시 대통령은 향후 4년 간 나노기술 연구·개발을 위해 연방정부 소속 연구소들이 37억 달러를 사용하도록 승인하는 법안에 서명했다.

미국 과학재단은 2015년까지 나노기술 제품의 시장 규모가 1조 달러에 이를 것으로 전망한다. 이렇게 분위기가 고조되면서 벤처 자금이 꾸준히 나노기술 회사에 유입되고 있으며, 나노젠(Nanogen)과 같이 주식시장에서 거래되는 몇몇 신생기업이 투자자의 관심을 끌고 있다. 투자자들은 IBM처럼 지적재산권이 풍부한 회사에 눈독을 들이고 있다. IBM은 귀중한 나노기술 기술특허를 보유하고 있으며, 다른 기업들은 자신의 사업을 위해 결국 돈을 주고 그 기술의 사용허가를 받을 수밖에 없다.

하지만 나노기술의 유행에 우려감을 갖고 있는 사람들도 있다. 그들이 우려하는 이유 중 하나는 이 분야의 실상이 너무 과장되었다는 것이다. 투자자들에게 기술관련 주식들이 얼마나 많은 거품을 형성하고 그게 얼마나 쉽게 터질 수 있는지 상기시키는 데는 과거 인터넷 신드롬을 언급하는 것으로도 충분하다. 이 모든 소동의 중심에 자리한 상상 속 분자 기계의 시대는 아직 도래하지 않았다. 그리고 마침내 그 시대가 왔을 때, 과연 누가 승자가 되고 누가 패자가 될 것인지는 어느 누구도 확신할 수 없다.

또 다른 문제는 나노기술이 초래할 보건과 환경 문제에 대해 아직 이렇다 할 검토가 이루어지지 않고 있다는 점에 있다. 2002년 듀폰

(DuPont)의 연구진이 탄소 나노튜브를 쥐의 허파에 주입했을 때 15%의 실험용 쥐들이 죽었다. 이는 탄소 나노튜브 확산을 촉진시킬 수 있는 결과가 아니었다.

나노기술이 발달함에 따라 더 많은 규제와 모순이 생길 것이라는 사실에는 의심의 여지가 없다. 그 점에서 볼 때 생명공학 분야와 다른 점이 없다. 하지만 생명공학 분야가 지난 수십 년 동안 엄청난 속도로 발전해 왔던 것처럼, 나노기술도 앞으로 똑같은 양상을 보일 것이다. 그 결과, 크기는 작지만 효과는 엄청난 현상이 일어날 것이다.

042 네트워크 이론
What a Tangled Web: Network Theory

1980년대 혼돈 이론(또는 복잡성 이론)은 이른바 뜨는 학문으로 잡지 커버스토리를 장식하고 연구비를 끌어들였다. 뿐만 아니라 베스트셀러를 탄생시키면서 모든 사람을 매료시켰다. 2000년대 들어 뜨는 과학은 네트워크 이론이다.

네트워크 이론가 또는 네트워크 과학자에게, 하나의 네트워크는 링크로 연결된 개별적 노드들로 형성된 모든 집합을 의미한다. 즉 고등학교 동창회, 인터넷, 알카에다 조직, 주식시장, 항공망, 전기배선, 유행, 두뇌세포, 전체로서의 인류 등이 네트워크가 될 수 있다. 1990년대 중반부터 네트워크 과학자들은 그와 같은 실제 세계의 네트워크를 분석해 그것을 지배하는 법칙을 찾으려고 했다.

그들은 전통적인 네트워크(그래프 이론) 수학으로 접근했다. 그래프 이론의 기원은 18세기 스위스 출신 수학자 레온하르트 오일러에서부터 시작되었다. 하지만 현대 네트워크 과학자들은 거대한 숫자를 다루는데 정교한 컴퓨터를 이용함으로써 이 분야에서 극적인 진보를 이루었다. 네트워크를 포함하고 있는 혼돈 또는 복잡계(system)에 중심을 두었던 초기 혼돈 이론처럼, 네트워크 이론도 많은 연구비를 끌어들이고 학문적 논쟁을 불러일으키며 대중의 의식 속에 파고들었다.

네트워크 이론을 이해하는 방법 중 하나로 존 구아레의 희곡《6단계 분리(Six Degree of Separation)》를 읽는 방법이 있다. 이 희곡은 1967년 심리학자 스탠리 밀그램의 실험을 근거로 쓰여졌는데, 창작의 토대가 된 실험결과는 다음과 같다. 미국에 사는 어떤 사람이든 여섯 사람 이하의 인적 고리를 통하면 다른 모든 사람과 연결될 수 있다는 사실이 그것이다.

또 다른 방법은 케빈 베이컨의 '6단계(Six Degree)'를 이용하는 것이다. 이 역시 똑같은 실험에 근거를 두고 개발됐다. '6단계' 현상은 우리가 '작은 세계'라고 부르는 네트워크들이 실제로 존재한다는 사실을 알려준다. 네트워크에서는 어떤 두 노드 사이에 링크들로 이루어지는 경로가 짧게 형성되는 경향이 있다. 6단계 현상은 또한 2003년 던컨 와츠의 저서에도 제목을 제공해《6단계 : 연결 시대의 과학(Six Degrees : The Science of a Connected Age)》이 출판됐다.

네트워크 이론에 따라 알려진 사실들은 사회학, 컴퓨터 과학, 경제학, 질병, 전쟁 등 많은 분야에 적용된다. 예를 들어 네트워크 이론가들은 다수의 작은 세계 네트워크가 자신의 허브와 같은 특성을 갖는다는 사실을 증명했다. 여기서 허브는 많은 링크를 갖고있는 노드로서 평범한 노드는 상대적으로 적은 수의 링크를 갖는다는 점에서 차이가 있다. 네트워크 이론에서는 허브로 가득 찬 네트워크를 '척도 없는(scale-free)'이라고 말한다. 허브들의 파괴는 척도 없는 네트워크를 무너뜨리게 되는데, 단순히 몇 개의 노드를 무작위로 선택해서 파괴한다고 해도 네트워크가 붕괴되지는 않을 것이다.

네트워크 이론가인 알버트 라즐로 바라바시가 자신의 저서 《링크(Linked : The New Science of Networks)》에서 설명한 것처럼 척도 없는 원리는 큰 의미를 지닌다. 예를 들면 네트워크 보안담당자는 겉보기에 침투가 불가능해 보이는 인터넷도 단지 몇 개의 허브만 파괴당하면 무력화될 수 있다는 점을 인식해야 한다. 전염병 학자들은 감염 네트워크 상에서 허브 구실을 하는 곳을 찾아 치료하는 방법으로 질병의 발생을 차단할 수도 있다.

미군은 네트워크 이론을 테러와의 전쟁에 적용하고 있는데, 이는 상당히 근거 있는 발상이다. 9·11 테러와 그 이후의 사태를 통해 잘 알려진 두 개의 네트워크, 월 스트리트와 알카에다는 뛰어난 회복력을 보였다. 세계무역센터 건물이 붕괴됐지만 월 스트리트가 폐장했던 기간은 며칠에 불과하다. 그 이유는 미국의 비즈니스 세계가 하나의 중심에 의존하는 단순한 계층구조가 아니기 때문이다.

그런 구조는 눈에 잘 띄는 현관을 하나 부셨다고 하더라도 쉽게 붕괴되지 않는다. 그와 같은 사실은 알카에다 조직에도 동일하게 적용된다. 미국이 아프가니스탄을 침공하고, 일부 조직 간부가 제거됐음도 불구하고 알카에다 자체는 붕괴되지 않았다. 알카에다를 굴복시키고, 테러 공격으로부터 미국을 지키기 위해서는, 네트워트 이론이 필요한 것이다.

네트워크 이론은 말콤 글래드웰의 《티핑 포인트(The Tipping Point)》에서 에드 켈러와 존 배리의 《입소문 전파자(The Influentials)》에 이르기까지 출판계 전반으로 번지고 있다. 《입소문 전파자》는 지역적 리더들이란 용어를 이용해 도시 및 농어촌 어디서나 존재하는 인간형으로 결국 한 나라의 여론이나 경향을 결정하는 사람들을 언급했다. 네트워크 이론에 생소한 독자들을 위한 출판물도 있다. 앞에서 언급한 와츠, 바라바시의 저서와 부캐넌의 《넥서스 : 작은 세계와 혁신적 네트워크 과학 (Nexus : Small World and the Groundbreaking Science of Networks)》이 여기에 포함된다.

네트워크 이론은 여러 가지 유용한 개념과도 연관성이 있다. 협력업체와의 연결에 기반한 비즈니스 모형인 '비즈니스 네트워크', 기술을 이용하는 사람들이 지도자 없이 그룹을 형성하는 '스마트 몹', 세포나 개미, 웹 사용자와 같은 단순한 개체들의 네트워크에서 출발하는 자연발생적 자기조직화이자 적응행동인 '이머전스(emergence)'가 대표적이다.

스티븐 존슨의 저서 《이머전스 : 개미, 두뇌, 도시, 소프트웨어들에 연결된 삶(Emergence : The Connected Lives of Ants, Brains, Cities, and Software)》이나 스티븐 스트로가츠의 《동기화 : 자연발생적 질서의 발생 과학(Sync : The Emerging Science of Spontaneous Order)》 등은 단순하게 많은 수의 발생 현상을 언급하는 것이 아니라, 책 자체가 발생 현상의 한 사례다. 책들의 네트워크가 네트워크에 대해 이야기한다. 아마 이런 현상이 한동안 지속될 것이다.

043 프로이드의 부활
The Return of Freud

지그문트 프로이드의 명성에 대한 이야기는 그가 다루었던 환자들의 얘기보다 훨씬 극적인 역사적 사례다. 그는 생존 당시(1856~1939) 정신분석학의 창시자로서 일상적으로 입에 오르내리는 인물이자 논쟁의 근원이었으며, 추종자는 물론 반대자도 양산했다. 그가 세상을 떠나자 오이디푸스 콤플렉스, 억압된 본능, 감정전이, 투영, 무의식의 중심적 역할 등 그가 정립한 개념들은 정신의학 분야에서 주류가 되었다. 또한 이들 이론은 많은 정신분석가들의 진찰실에서 실제로 적용되며 연구문헌과 대중문화 속에 서서히 스며들었다.

하지만 1970년대가 되자, 프로이드의 명성에 금이 가기 시작했고 급기야 1990년대가 되자, 프로이드는 자신의 이론과 더불어 심한 공격을 당했다. 당시의 비평 중에 그를 두고 비과학적 · 기회주의적이라고 말한 것은 그나마 예의바른 경우였다. 여성 혐오주의자에 편집증이 심하고 정직하지 못하다는 평까지 있었다. 하지만 근래에 들어 프로이드가 제시한 개념들은 새롭게 조명받고 있다. 비록 과학적인 정확성에 대해서는 논란이 많더라도, 프로이드의 논문들은 그 속에 포함된 문학적 · 인본주의적인 가치 때문에 다시 존경의 대상이 되고 있다.

게다가 무의식이란 개념이 다시 주목을 끌고 있다. 실험적인 연구를 통해 수많은 무의식적 과정이 존재한다는 문헌들이 나오고 있으며, 여기에는 잠재의식의 영향, 자기기만, 첫인상, 전의식적 결정(의식이 작용하기 전에 결정과정이 시작되는 것)에 관한 내용들이 포함되었다. 프랭크 탈리스는 그의 저서 《숨어 있는 지성(Hidden Minds)》을 통해 현대과학이 그 구조를 파헤치고 있는 무의식의 힘을 발견한 공로는 프로이드에게 돌아가야 한다고 주장했다.

프로이드에게 그 정도의 공적은 과분할는지도 모른다. 그가 무의식이란 개념을 만들어내지는 않았다. 단지 그것의 일부만을 선보였을 뿐이다. 그리고 현재 과학자들이 연구하고 있는 무의식은 그가 보여준 것과 큰 차이가 있다. 그럼에도 불구하고, 프로이드가 무의식을 유명하게 만든 것은 틀림없는 사실이고 대중의 마음 속에도 그런 식으로 각인돼 있다. 따라서 탈리스의 책과 같은 수단을 통해, 무의식에 대한 대중적 관심이 부활하면서 프로이드의 명성도 회복될 가능성이 커 보인다.

또한 인지과학에서도 프로이드의 이름이 거론되고 있다. 기존의 인지과학은 '습관체계'와 '주의집중 감독체계' 등과 같이 개별적이고 내재적 모듈을 통해 이루어지는 정신의 활동을 잘 설명하는 반면, 중앙집권적이고 의식적인 통제에 따라 지배되는 통일된 정신활동 단위는 제대로 보여주지 못한다.

새로 제안된 인지모형에서는 단일 중앙통제가 존재하지 않는다. 이를테면 두뇌 속에 개별적인 모듈들은 다양한 조합을 통해 서로 상호작용하거나 지원·투쟁·억제한다는 것이다. 예컨대 신경과학자 마이클 가제니가와 로저 스페리는 뇌의 좌우반구가 서로 분리된 환자를 대상으로 수행한 연구에서 우반구는 좌반구에서 정보를 보내주지 않아도 독자적인 결정을 내릴 수 있다는 사실을 발견했다. 좌반구는 사람이 어떤 결정을 내렸을 때 그것의 적합성 여부를 평가하는 기능을 수행한다는 것이다.

인지과학 모형에서는 특정하게 프로이드가 주장한 이드(id) · 에고(ego) · 슈퍼에고(Superego) 세 가지 부분에 상응하는 개념이 존재하지 않는다. 그래도 자신이 가지고 있는 자아상에 불리한 사실을 억압하거나 변명을 제공하는 자기방어 기구는 존재한다. 이런 사실은 랜덜프 네스와 알랜 로이드 등의 연구에서 나타나고 있다. 하버드 대학의 저명한 언어심리학자인 스티븐 핑커는 자신의 저서 《빈 서판(The Blank Slate)》에서 이렇게 밝혔다. "비록 현대 심리학자들과 정신과 의사들이 정통 프로이드 이론을 거부하는 경향을 가지고 있지만, 자기방어 기구에 관한 한 프로이드가 옳다는 사실을 인정한다."

오늘날 대부분의 심리치료사는 프로이드의 정신분석 방식을 엄격하게 적용하지는 않는다. 그리고 제약업계는 프로작(Prozac : 항우울제의 일종—옮긴이)과 같은 약물이 일반적인 정신장애를 치유할 수 있다고 주장한다. 하지만 대부분의 연구자는 이들 약물이 제한된 효과만 보이기 때문에 상담치료가 병행돼야 한다고 지적한다.

최근의 연구결과를 통해 우울증과 같이 일반적인 정신 장애가 과거에 생각했던 것보다 훨씬 널리 만연하며, 따라서 상담치료가 앞으로 성장할 가능성이 높다는 사실이 드러났다. 어떤 학파든 상담치료라는 개념은 프로이드에게 빌려온 것이며 그와의 연관성은 끊으려 해도 끊을 수 없는 것이다. 그 결과 사람들의 마음 속에서 아직도 그의 이름이 사라지지 않는 것이다.

비록 과학이 프로이드의 명성에 새로운 삶을 불어 넣기는 했지만, 그의 사상 속에 포함된 인도주의 역시 그의 명성을 되살리는 데 한몫했다.

펭귄 출판사는 《새 펭귄 프로이드(New Penguin Freud)》를 출판한다. 이 책은 프로이드의 모든 저술이 전문적 용어를 최대한 배제한 채 번역될 예정이다. 어떤 사람들은 단지 프로이드를 비판할 소재를 찾기 위해 이 책을 읽을지도 모른다. 어쨌든 사람들의 관심이 지대한 만큼 이 책은 많이 팔려나갈 것이다. 책이 성공을 거두면 더불어 프로이드에 대한 평가도 더욱 높아질 것이다.

044 행복의 과학
The Science of Happiness

한 세대 전만 해도 완고한 과학자들은 '행복' 이란 말에 신경도 쓰지 않았다. 액체 산소나 양자, 그게 바로 과학이었다. '행복' 이란 말은 결혼식 주례사나 크리스마스 카드에나 어울리는 개념이었다. 하지만 점점 많은 과학자들이 행복의 본질과 정밀한 연구를 통해 행복의 양을 늘일 수 있는지의 여부에 관심을 갖게 됐다. 그들의 연구가 범위를 넓혀가면서, 이제는 새로운 약물이나 기법, 과학적 근거를 조언을 통해 좀더 행복하게 살 수 있는 방법을 찾고 있다.

최근 가장 주목할 만한 발견 중 하나는 행복도 유전적 요소를 지니고 있다는 사실이다. 심리학자 데이비드 리켄 교수는 서로 다른 곳에서 성장한 일란성 쌍둥이를 대상으로 한 연구에서 유전자에 기반을 둔 '행복

기준점(Happiness Set Point)'의 존재에 대한 증거를 발견했다. '행복 기준점'이란 개인의 인생에서 어떤 행운이나 불행을 겪었는지와는 상관없이 그 사람의 성향에 따라 느끼는 기본 수준의 만족도를 일컫는다.

〈뉴욕 타임스〉의 칼럼니스트 리처드 프리드먼 박사에 따르면, 어떤 사람은 과다기분(hyperthymia)으로 알려진 '명랑한 기질'을 갖고 태어난 것처럼 보인다. 이런 기질 덕분에 그 사람은 상황이 좋고 나쁨을 떠나 언제나 활기차고 낙천적인 기분을 잃지 않는다. 이와 정반대 위치에는 기분저하증(dysthymia)을 가진 사람들이 차지한다. 기분저하증은 가벼운 우울증이 만성적으로 지속되는 것으로 이런 경향을 가진 사람들은 마치 만화영화 〈곰돌이 푸(Pooh Stories)〉에 등장하는 당나귀 이요(Eeyore)처럼 늘 비관적인 감정상태를 보인다.

연구자들은 현재 행복에 영향을 주는 유전자를 식별하는 연구에 몰두하고 있다. 2003년 과학자들은 하나의 후보를 발견했다. 뇌 속에서 일종의 화학물질 전달자, 또는 신경전달물질의 역할을 하는 세로토닌의 사용에 관계하는 한 유전자가 인간의 기분에 영향을 주는 것으로 생각된다. 800명의 성인을 대상으로 실시한 연구에서, 특정한 형태의 세로토닌 전달 유전자를 가진 사람들은 그것과 다른 형태의 전달 유전자를 지닌 사람에 비해 우울증에 걸릴 확률이 높았다. 지금으로서는 이런 연구가 아직 걸음마 단계에 불과하지만 머잖아 우울증을 치료하고 행복감을 높일 수 있는 새로운 처방이 세상에 등장할 것이다.

유전적 연구는 행복에 대한 생화학 연구로 연결된다. 즉 뉴런들이 신경전달물질을 교환하는 방식으로 서로 의사소통을 할 때마다 두뇌에서는 무슨 일이 일어나는지, 그리고 그것이 인간의 기분에 어떤 식으로 영향을 주는지 등의 연구로 자연스럽게 이어지는 것이다.

1980년대에 시작된 이래로, 생화학 연구는 새로운 유형의 중요 항우울제로서 선택적 세로토닌 재흡수 억제제(Selective Serotonin Reup-take Inhibitor : SSRI)를 만들어냈다. 이 유형의 항우울제로 유명한 것이 바로 프로작이다. 하지만 다른 약품들도 부상하고 있는데, 여기에는 루복스·팍실·졸로프트·셀렉사 등이 있다.

의학적으로 우울증 진단을 받은 1,900만 명의 미국인 중 다수가 한두 종류 이상의 항우울제의 혜택을 받았다. 새로운 치료제의 개발도 계속 진행 중인데 새로운 항우울제는 부작용을 억제하면서 약효를 강화시켜 줄 것이다. 현재 진행 중인 연구에는 '해마' 라고 불리는 두뇌 영역에서 새로운 신경세포의 성장을 가속시키려는 시도와, 스트레스 호르몬인 코티솔(cortisol)의 방출을 억제하려는 시도가 동시에 포함돼 있다.

약물치료가 발전하고 더 널리 보급되면서, 어떤 사람들은 미국이 행복에 겨운 얼간이들 천지가 되지 않을까 우려하기도 한다. 세상 밖으로 나가서 고된 노력을 통해 만족을 얻기보다는 약물에 의지해 기분을 전환하려는 세태를 걱정하는 것이다.

"조작된 행복, 바로 그것이 약물에 의해 우리의 정신적 삶을 관리하려고 할 때 생길 수 있는 위험이다." 이는 생명윤리에 관한 대통령 자문위원회가 최근 작성한 보고서에 인용된 말이다. 이런 우려는 항우울제의 정확한 기능을 오해한 데서 비롯된 것으로 보인다. 코카인이나 헤로인 등의 마약과 달리, SSRI는 중독성이 없으며 기분을 고양시키지도 않는다. 이것은 열심히 일하려는 인간의 욕망을 감소시키는 것이 아니라, 너무 우울해서 일하고 싶은 의욕을 잃는 사태를 방지함으로써 오히려 근로의욕이 생기도록 돕는 것이다. 캘리포니아 대학의 연구에 따르면, 우울증이 아닌 실험대상은 SSRI 팍실을 복용해도 특별히 더 행복한 감정을 느끼지는 않는 것으로 밝혀졌다.

행복은 매우 복잡한 현상이다. 어떤 과학자도 하나의 유전자나 화학물질이 사람의 행복을 좌우한다고 주장하지 않는다. 미국 아이오와 대학의 안토니오 다마지오 박사가 자신의 저서 《스피노자를 찾아서 : 기쁨, 슬픔, 그리고 느끼는 뇌(Looking for Spinoza : Joy, Sorrow, and the Feeling Brain)》에서 주장한 것처럼, 두뇌의 상태는 물론 신체의 상태 역시 기쁨이나 슬픈 감정을 느끼는 데 영향을 준다는 증거가 점점 늘고 있다. 리켄 교수는 자신의 저서 《행복 : 인간 본성과 기쁨 그리고 만족의 본질(Happiness : The Nature and Nature of Joy and Contentment)》에서 우리가 가진 행복 기준점을 최대한 활용할 수 있는 많은 활동들이 존재한다는 제안을 했다. 예를 들면 우리를 즐겁게 하는 것에 집중함으로써 부정적인 감정을 중화시키는 것이다.

적절한 훈련을 통해 사람들이 부정적 사고 유형을 바꾸도록 유도하는 데 중점을 두는 인지행동 요법도 유용하다. 이는 우울증을 치료하는 데 어느 정도 효과를 보이고 있다.

다니엘 고울만은 《파괴적 감정 : 달라이 라마와 함께하는 과학적 대화(In Destructive Emotions : A Scientific Dialogue with the Dalai Lama)》라는 저서에서 불교적 명상기법을 통해 자극된 자비심은 즐거운 상태의 감정을 유발하며, 반대로 증오와 욕망은 비참한 기분이 들게 한다는 과학적인 증거를 제시했다. 고울만의 증거는 심리학자, 신경과학자, 철학자, 불교승려 들이 참석한 회의에서 제시됐다. 이렇듯 다양한 분야의 인사가 참석했다는 사실만으로도 오늘날의 과학자들이 행복을 이해하기 위한 탐구에 얼마나 멀리까지 나가보려고 작정하고 있는지 잘 알 수 있다.

045 제2의 우주시대
Back to Space

1972년 마지막 미국인 우주비행사가 달을 떠났을 때, 덩달아 사람들의 마음도 미국의 우주개발 계획을 떠난 것은 아닐까. 그 후 수십 년 간 우주개발 분야에서 행성 무인탐사선이나 우주실험실, 스페이스셔틀, 허블 우주망원경 등의 성과가 멈추지 않고 진행되었다. 하지만 그 어떤 것도 인간의 달 착륙만큼 극적이지는 못했다.

예전에 우리는 달에 갔다. 현재의 우리는 우주선을 화물차처럼 사용해 인공위성을 궤도에 옮기는 일을 하고 있다. 즉 우주 탐험가에서 케이블 TV 설치업자가 된 것이다. 하지만 최근 들어 우주는 다시 관심의 대상이 되고 있다. 단지 미국 정부뿐만 아니라 전세계가 우주개발에 관심을 보이고 있다. 이런 추세가 제2의 우주시대로 확대될 수도 있다.

우주시대가 몰락하게 된 첫번째 이유로 냉전의 종식을 꼽을 수 있다. 미국의 달 여행은 소련과의 우주경쟁의 일환이었고, 그 경쟁은 소련이 1957년 스푸트니크 위성을 발사하면서부터 시작되었다. 당시에는 미국의 위신과 국가안보가 우주공간에서 소련을 물리치는 일과 밀접하게 연관돼 있다고 생각했다. 소련이 점차 몰락하다 결국 1991년 완전히 해체되자 미국은 우주개발을 추진해야 하는 이유를 상실했다. 두 차례에 걸친 스페이스셔틀의 비극적 사고(1986년 챌린저호와 2003년 콜롬비아호)로 인해 미항공우주국(NASA)은 자존심에 커다란 상처를 입었고 미국이 우주개발 사업에서 완전히 손을 떼야 한다는 주장이 제기될 정도로 상황은 악화되기도 했다.

하지만 현재의 추세는 다시 우주를 향해 밀려가고 있다. 단순히 두 열강이 우주를 놓고 경쟁을 하는 것이 아니라, 다극화된 국제질서 속에서 여러 국가가 이 경쟁에 참여하고 있다. 2003년 10월 15일, 중국은 유인우주선 발사에 성공한 세번째 국가로 이름을 올리며 위상을 한껏 드높였다. 같은 해 말, 유럽우주기구가 발사한 무인탐사선이 화성궤도에 도착했다. 하지만 탐사선에 실려 있던 화성착륙선 영국의 비글 2호는 지구와 교신하는 데 실패했다. NASA는 2004년 벽두에 두 대의 무인탐사선을 성공적으로 발사시킴으로써 콜롬비아호 참사에서 완전히 회복됐다. 스타더스트(Stardust)는 와일드 2 혜성을 구성하는 물질의 시료를 채취하는 데 성공했고, 화성탐사 로봇 스피릿(Spirit)은 무사히 화성에 착륙해 놀라운 영상을 지구로 전송해 주었다.

그 밖에도 몇몇 국가에서 야심적인 우주계획을 발표했다. 중국은 달의 궤도를 도는 우주정거장을 건설할 계획이다. 프랑스는 상업용 인공위성 발사 사업에 몰두하고 있다. 러시아와 미국은 국제우주정거장에 계속 인원을 상주시킴으로써 우주에서 그들의 존재를 과시하고 있다. 미국 우주선 카시니(Cassini)는 2004년 7월 토성의 위성 중에 하나인 타이탄에 도착했다. 부시 대통령은 2020년까지 달에 우주비행사를 보내 달 기지를 화성을 향한 우주선 발사대로 사용하겠다는 안을 제시했다. 그는 또한 현재 사용 중인 우주왕복선의 후속 모델도 제시했는데, 그것은 유인탐사선(Crew Exploration Vehicle)이라는 이름과 함께 기존의 우주왕복선보다 더욱 다양한 기능을 갖춘 우주선이 될 것이다.

계획이 발표했다고 해서 반드시 실천이 뒤따르는 것은 아니다. 아버지 부시 대통령도 1989년 달 기지와 화성탐사 계획을 요구했으나 결국 실현되지는 않았다. 그러나 이번에는 경쟁이 심해진 국제 정세에 따라 부시 대통령의 계획이 추진력을 얻을 가능성이 크다. 하지만 기술적 어려움이 존재한다. 화성에 가는 일은 달에 가는 것과 차원이 다르다. 여행 기간이 훨씬 길뿐만 아니라, 비행사들은 상대적으로 더욱 커다란 양의 방사능 피폭에 노출될 위험을 감수해야 한다.

우주왕복선을 대체하는 문제도 말처럼 쉬운 일이 아니다. 현재의 우주왕복선보다 저렴하고 안전하며, 더 많은 임무를 수행할 수 있는 대체 방안이 아직도 논의 중이다. 새로운 유인탐사선은 수직으로 발사돼야 할까 아니면 수평으로 발사돼야 할까? 또는 유인탐사선 전부를 재사용이 가능하도록 만들어야 할까? 아니면 우주왕복선처럼 일회용 추진로켓을 사용해야 할까? 게다가 극단적으로 새로운 방법을 동원해서 유인탐사선을 우주로 발사해야 할지의 여부도 아직 결정되지 않았다. 그런 혁신적인 방법 중 하나로 우주 엘리베이터가 있다. 이는 길고 가늘지만 단단한 케이블로 지구의 발사대와 우주의 위성을 연결하는 것이다. 위성은 발사대 상공의 정지궤도에 머물러야 한다. 나노기술을 이용해 개발된 나노튜브(nanotube)가 그 둘을 연결하는 케이블을 만드는 데 사용될 것이다.

그러나 가장 큰 장애물은 우주개발에 대한 대중의 무관심이다. 여론 조사 결과를 살펴보면 1990년대 초부터 일반인들의 우주에 대한 관심이 극히 낮은 상태며, 1969년 인간이 달에 처음 착륙했을 당시만큼 높은 수준을 보인 적이 한 번도 없다. 대중의 관심을 되돌리는 방법 가운데 하나는 일반인의 상업적 우주여행이 가능하도록 만드는 것이다. 현재는 오직 부자들만이 우주에 가는 차표를 구할 수 있는데, 돈이 궁한 러시아 우주 프로그램과 계약을 하는 방법이 있다. 하지만 몇 년 내에 상업적으로 사용 가능한 경량의 초음속 압축공기연소엔진, 즉 스크램제트(scramjet)가 개발될 전망이다.

이 엔진은 음속의 몇 배에 달하는 속도로 작동하기 때문에 뉴욕에서 파리까지 한 시간 내에 비행할 수 있으며, 더 많은 고객을 우주에 보내는 일도 가능할 것이다. 현재 몇몇 국가에서 상용 가능한 스크램 제트 개발에 박차를 가하고 있다. 2002년 오스트레일리아 연구팀은 스크램 제트의 원형을 개발해 그것을 초속 2.4km의 속도로 지구 상공 313km까지 쏘아올리는 데 성공했다. 상업적으로 스크램 제트를 이용한 여행은 50년 후에나 가능할는지도 모른다. 하지만 우주개발 기관들은 그보다 훨씬 빠르게 스크램 제트를 이용하게 될 것이다. 아프리카에서 사파리를 즐기기 위해 엄청난 돈을 쓰며 모험을 즐기는 여행자들이 존재하는 현실을 감안할 때, 우주를 눈으로 볼 수 있다는 그들의 기대를 충족시키는 일이 일반인의 관심을 우주시대로 집중시킬 수 있는 최상의 길인지도 모른다.

Chapter

5

소비 트렌드

마케팅 주파수를 재조정하라

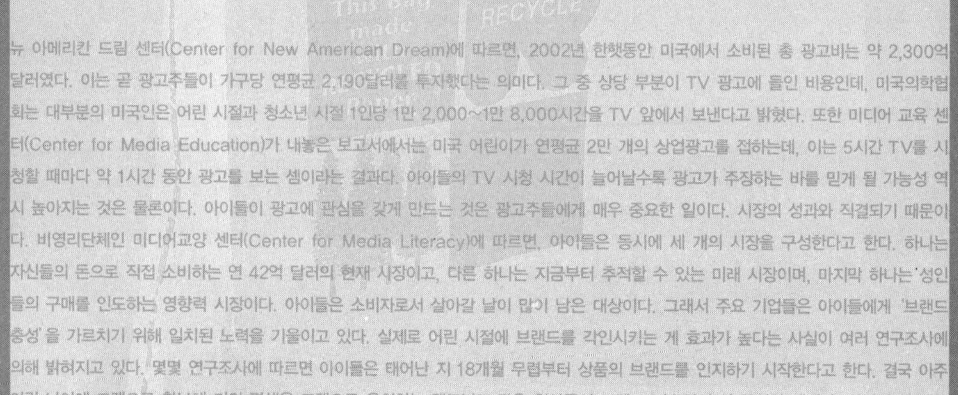

뉴 아메리칸 드림 센터(Center for New American Dream)에 따르면, 2002년 한햇동안 미국에서 소비된 총 광고비는 약 2,300억 달러였다. 이는 곧 광고주들이 가구당 연평균 2,190달러를 투자했다는 의미다. 그 중 상당 부분이 TV 광고에 들인 비용인데, 미국의학협회는 대부분의 미국인은 어린 시절과 청소년 시절 1인당 1만 2,000~1만 8,000시간을 TV 앞에서 보낸다고 밝혔다. 또한 미디어 교육 센터(Center for Media Education)가 내놓은 보고서에서는 미국 어린이가 연평균 2만 개의 상업광고를 접하는데, 이는 5시간 TV를 시청할 때마다 약 1시간 동안 광고를 보는 셈이라는 결과다. 아이들의 TV 시청 시간이 늘어날수록 광고가 주장하는 바를 믿게 될 가능성 역시 높아지는 것은 물론이다. 아이들이 광고에 관심을 갖게 만드는 것은 광고주들에게 매우 중요한 일이다. 시장의 성과와 직결되기 때문이다. 비영리단체인 미디어교양 센터(Center for Media Literacy)에 따르면, 아이들은 동시에 세 개의 시장을 구성한다고 한다. 하나는 자신들의 돈으로 직접 소비하는 연 42억 달러의 현재 시장이고, 다른 하나는 지금부터 추적할 수 있는 미래 시장이며, 마지막 하나는 '성인들의 구매를 인도하는 영향력 시장이다. 아이들은 소비자로서 살아갈 날이 많이 남은 대상이다. 그래서 주요 기업들은 아이들에게 '브랜드 충성'을 가르치기 위해 일치된 노력을 기울이고 있다. 실제로 어린 시절에 브랜드를 각인시키는 게 효과가 높다는 사실이 여러 연구조사에 의해 밝혀지고 있다. 몇몇 연구조사에 따르면 아이들은 태어난 지 18개월 무렵부터 상품의 브랜드를 인지하기 시작한다고 한다. 결국 아주 어린 나이에 고객으로 확보해 거의 평생을 고객으로 유치하는 맥도널드 같은 회사들이 브랜드 지속력의 산 증인인 셈이다. 심지어 델 컴퓨

046 쇼핑계의 큰손, 어린이 고객
Child Shoppers

밀레니엄 세대는 대부분 어린 나이임에도 불구하고 이미 스스로 구매 결정을 내리는 등 쇼핑에 직접 관여한다. '모방 붐 세대' 또는 'Y세대'라고도 불리는 이들은 현재 9~18세까지로, 대부분 본격적인 직업활동에 돌입하지 않은 상태에서 부모와 함께 거주하는 미성년자들이다. 그럼에도 불구하고 지난 몇 년 사이에 이 청소년들은 경제의 거의 모든 영역에 막강한 영향력을 끼치는 세력으로 성장했다.

일부 청소년은 가족의 소비에 직접적인 영향력을 행사하거나 일정량의 돈을 직접 소비한다. 또한 미국의 경우 청소년의 약 10분의 1 정도가 신용카드를 소지하고 있다. 4~12세 어린이를 위한 미국의 소비 시장은 연 300억 달러 규모에 달하며, 이 가운데 8~12세 어린이의 구매력이 가장 빠르게 증가하고 있다.

사실 부모의 구매에 어린이나 청소년이 끼치는 영향력은 어제 오늘 생긴 것이 아니다. 웹사이트 글로벌 이슈(globalissues.org)에 따르면, 그러한 영향력은 1980년대 중반 이후 급격한 성장세를 보였다고 한다. 그 영향력의 가치를 돈으로 환산하면, 1984년에는 500억 달러 정도였는데, 1990년에는 1,320억 달러, 1997년에는 1,880억 달러에 달했다. 바로 이런 이유로 현재 광고주들이 어린 소비자를 대상으로 연 20억 달러에 달하는 광고비를 쏟아 붓고 있는 것이다(그 가운데 대략 절반 정도가 식품 광고다).

뉴 아메리칸 드림 센터(Center for New American Dream)에 따르면, 2002년 한햇동안 미국에서 소비된 총 광고비는 약 2,300억 달러였다. 이는 곧 광고주들이 가구당 연평균 2,190달러를 투자했다는 의미다. 그 중 상당 부분이 TV 광고에 들인 비용이다. 미국의학협회는 대부분의 미국인이 어린 시절과 청소년 시절 1인당 1만 2,000~1만 8,000시간을 TV 앞에서 보낸다고 밝혔다. 또한 미디어 교육 센터가 내놓은 보고서에서는 미국 어린이가 연평균 2만 개의 상업광고를 접하는데, 이는 TV를 5시간 시청할 때마다 약 1시간 동안 광고를 접한다는 의미다. 아이들의 TV 시청 시간이 늘어날수록 광고가 주장하는 바를 믿게 될 가능성 역시 높아지는 것은 물론이다.

아이들이 광고에 관심을 갖게 만드는 것은 광고주들에게 매우 중요한 일이다. 시장의 성과와 직결되기 때문이다. 비영리단체인 미디어 교양 센터에서는 아이들은 동시에 세 개의 시장을 구성한다고 주장한다. 하나는 자신들의 돈으로 직접 소비하는 연 42억 달러의 현재 시장이고, 다른 하나는 지금부터 추적할 수 있는 미래 시장이며, 마지막 하나는 성인들의 구매를 인도하는 영향력 시장이다.

아이들은 소비자로서 살아갈 날이 많이 남은 대상이다. 그래서 주요 기업들은 아이들에게 '브랜드 충성'을 가르치기 위해 많은 노력을 기울이고 있다. 실제로 어린 시절에 브랜드를 각인시키는 게 효과가 높다는 사실이 여러 연구조사를 통해 밝혀지고 있다. 몇몇 연구조사에 따르면 아이들은 생후 18개월 무렵부터 상품의 브랜드를 인지하기 시작한다고 한다.

아주 어린 나이에 고객으로 확보해 거의 평생을 고객으로 유치하는 맥도널드 같은 회사들이 브랜드 지속력의 산 증인인 셈이다. 심지어 델 컴퓨터(Dell Computers)나 치리오스(Cheerios: 미국의 유명 시리얼 브랜드—옮긴이) 같이 성인이 되기 전에는 직접 구매할 일이 없는 브랜드에 대해서도 알게 되고, 또 신뢰감을 쌓기도 한다. 플로리다 대학의 리처드 루추 교수가 지적했듯이, 아이들은 종종 부모의 상품 선호도를 그대로 답습한다.

아이들을 대상으로 제품 라인의 일부를 구성하는 기업들이 늘어날 전망이다. 어린이만을 위해 특화한 제품의 예를 들면 하인즈(Heinz)의 녹색 케첩과 자줏빛 케첩, 할리 데이비슨(Harley-Davidson)의 유아복, 케이블 TV 예술오락 채널의 〈어린이 전기(傳記)〉 등이 있다. 〈타임(Time)〉과 〈스포츠 일러스트레이티드(Sport Illustrated)〉, 〈피플(people)〉 등의 잡지사도 이미 동명 잡지의 청소년판을 선보이며 청소년 시장을 장악하기 위해 애쓰고 있다. 또 GM 같은 기업은 소비자의 만족도를 묻는 조사기간 동안 별도로 초중고 학생들의 견학을 유치해 미래의 운전자들이 원하는 바를 진지하게 수렴하고 있다.

기업들은 또한 각급 학교를 통해 아이들에게 접근하는 방법을 모색 중이다(여기에는 유치원도 포함된다). 교과서나 소풍, 급식 등을 후원하는 자연스런 방법으로 아이들의 삶에 기업 이미지를 각인시키고자 하는 것이다. 과학을 기반으로 하는 기업들은 과학 수업을 후원하며, 자신들의 브랜드가 붙은 기자재를 소개하는 방법을 쓴다. 이미 수업이나 소풍에 대한 후원활동을 벌이고 있는 기업으로는 토이저러스(Toys-R-Us, Inc)와 스포츠 오소리티(Sports Authority), 오랄 B(Oral-B) 등이 있다.

한편, 비영리 감시단체에서는 이런 식의 홍보와 미디어 광고물의 범람을 견제하기 위해 애쓰고 있다. 그들의 목표 가운데 하나는 "21세기 미디어 문화 환경에서 시민들, 특히 어린이들이 삶에 필요한 비판적인 사고와 기타의 기술을 개발하도록 돕는 것"이다. 이들은 이러한 목표를 실현하기 위해 현대 문화의 메시지를 연구하는 프로그램을 마련하고 있다.

아이들에게 쏟아지는 광고 홍수는 결국 소비욕구의 증가와 더불어 제품에 대한 인식력 증대라는 결과를 낳을 것이다. 일리노이 대학에서 광고학과 사회학을 가르치는 댄 쿡 부교수는 다음과 같이 말한다. "아이들 시장은 계속해서 커질 것이다. 왜냐하면 그것은 일반인들의 머리에 깊이 뿌리박힌 자기표현과 선택의 자유라는 신념에 의존해 살아가는 시장이기 때문이다. 아이들은 물건을 원할 뿐만 아니라 물건을 원해도 된다는, 사회적으로 인정된 권리를 보유한 존재들이다. 이들이 있는 한 자본주의는 영원토록 콧노래를 흥얼거릴 수 있을 것이다."

1929년 허버트 후버 대통령은 '아동의 건강과 보호'를 위한 백악관 협의회를 발기한 바 있다. 당시 그 협의회는 다음과 같은 결의문을 채택했다. "아이들은 그들만의 흥미를 지닌 독립적인 존재다. 따라서 아이들에게는 자기 정의(定義)의 감각을 형성하도록 돕는 그들만의 물품과 비품이 제공돼야 한다."

그로부터 거의 한 세기가 지난 2010년쯤이면 수백만에 달하는 아이들이 후버 대통령이 언급한 '자기 정의'를 창출하기 위해 연간 수십억 달러를 소비할 것이다.

047 향수(鄕愁) 브랜드
Comfort Brands

21세기 들어 변화의 속도가 훨씬 급격해지면서 일부 미국인들은 익숙한 것에서 위안을 찾을 것이다. 따라서 특히 노인 소비자들은 자신들이 젊었을 때 유명했던 제품들을 통해 위안을 찾을 것이다. 이런 브랜드들 중 일부는 이미 그 수명을 다한 상태이므로 현명한 기업인들은 꾸준히 브랜드를 부활시키고 있으며, 이 같은 추세는 앞으로도 계속될 전망이다.

이렇듯 재출시되는 제품들 가운데는 예전의 외관과 특성을 살린 제품도 있지만, 현재의 유행에 맞게 포장을 바꿔서 출시되는 제품도 있다. 그러나 이 경우에도 맛이나 촉감, 그리고 기존 상표 등은 그대로 유지한다. 이들 요소는 제품을 차별화하고 소비자들에게 젊음을 불러일으키기 때문이다.

이 같은 브랜드 부활 추세는 베이비붐 세대들이 어느덧 젊음이 사라진다고 느끼기 시작한 10년 전부터 이어져오고 있다. 1990년대에 새롭게 탄생한 브랜드로는 폴크스바겐 비틀(Volkswagen Beetle)과 버마 쉐이브(Burma-Shave) 면도 크림이 있으며, 부활한 상품으로는 스타키스트 참치(Starkist Tuna)의 찰리 더 투나와 모래시계 모양의 코카콜라 병이 있다(단, 유리병이 아닌 플라스틱 병으로 바뀌었다). 이와 비슷하게 21세기에 제너럴모터스(General Motors)의 뷰익 라인 자동차들도 새롭게 출시되었다〔단, 미국 최고(最古)의 올즈모빌(Oldsmobile)은 절판되었다〕. 《500년 델타(The 500-Year Delta)》를 공저한 미래학자 와츠 왜커는 이렇게 말한다. "우리는… 앞으로 무슨 일이 일어날지 모르기 때문에 과거로부터 모종의 따뜻한 위로를 필요로 한다."

제프리 힘멜이라는 기업가는 사라진 브랜드 몇 개를 부활시켜 큰 성공을 거두었다. 그는 향수를 불러일으키는 값싼 광고들을 재도입했다. 골드본드(Gold Bond : 발 냄새 및 가려움증 제거제) 병원용 파우더, 오발틴(Ovaltine) 초콜릿드링크 믹스, 브로모셀처(Bromo-Seltzer) 감기약, 브렉(Breck) 샴푸 등을 비롯해 여러 제품들을 다시 선보인 것이다.

옛 브랜드의 부활 추이는 간식거리나 화장품을 넘어 알코올 음료까지 확산되고 있다. 오랜 전통의 맥주 브랜드 가운데 일부는 한때 해당제품을 유명하게 만든 주소비자 층과는 전혀 다른, 새로운 인구집단에 의해 부활되었다.

올드 밀워키(Old Milwaukee), 파브스트 블루리본(Pabst Blue Ribbon), 폴스 시티비어(Falls City Beer) 등은 한때 블루컬러 밀집지에서 주로 판매되던 저가의 제품들이었지만, 이제는 젊은이들이 광고를 하지 않는 소박한 제품이라는 이유에서 이들 맥주를 애용한다. 지난 수십 년 간 검소한 애주가들이 그랬듯이, 유행에 민감한 젊은이들이 저가의 맥주를 재발견해서 그것을 즐기고 있다.

특히 '리바이벌' 장난감도 성인들에게 인기를 얻을 것으로 보인다. 예를 들어 2002년 휴일특별 세일에서 판매된 스타워즈 장난감의 25% 이상은 성인용이었다. 이와 마찬가지로 성인들을 겨냥한 바비 인형이나 매직-8볼(Magic-8 ball) 등의 제품 출시가 일반화될 전망이다. 또한 모씨(Moxie)와 버블업(Bubble Up), 네이(Nehi) 등 한때 친숙했던 지역 브랜드들이 여러 웹사이트를 통해 판매되고 있다.

그뿐만 아니다. 쇼핑몰 및 대도시 등지에는 고상하면서도 편안한 분위기로 단장한 리바이벌 과자전문점이 속속 등장하고 있다. 이 곳에서는 픽시 스틱스(Pixy Stix) 등의 친숙한 사탕과 담배 모양의 풍선껌을 판매하고 있는데, 1억 달러 규모의 사탕 시장에서 그 비중이 점점 높아질 전망이다. 이 곳을 찾는 고객들은 이렇게 말한다. "여기에 오면 어린 시절의 추억이 떠오릅니다."

그러나 이처럼 추억을 떠올리는 상품들이 모두 성공을 거둔 것은 아니다. 《그리운 먹거리 전시장(The Gallery of Regrettable Food)》의 저자이자 프리랜서 칼럼니스트인 제임스 릴렉스는 미국인들이 추억의 브랜드를 부활시키는 속도보다 더 빠르게 그것을 잊을 수도 있다고 말한다. "현대 대중문화가 과거의 부활만으로 메워져서 그것들이 오늘날의 문화로 자리잡는다면 20년 뒤에는 무엇을 회상하겠는가?"

일리노이 대학의 옛 브랜드 부활 연구 싱크탱크인 브랜드 연구소에 따르면, 제품의 부활 여부를 결정하는 데에는 차별성과 명성, 강력한 브랜드 위상을 비롯한 다섯 가지 기준이 적용된다. 이들 기준을 모두 고려해 본 다음, 행복했던 과거를 소생시키고자 하는 대중들의 지지를 얻어 적절한 기업가가 그 책임을 맡아야 할 것이다.

048 금성 판매와 화성 판매
Selling to Venus and Mars

남성과 여성은 금성과 화성만큼이나 서로 다를 수는 있으나, 적어도 한 가지 공통점은 존재한다. 즉 구매활동을 한다는 사실이다. 하지만 과거와 같이 남성에게는 강력한 차를, 여성에게는 예쁜 컬러의 차를 판매하는 것으로 끝나는 단순한 게임으로 생각해서는 안 된다. 이제 사람들은 성별에 관계없이 고유한 취향과 별도의 개성을 지니고 있다. 성별에 따른 구매방식과 고객유치 방법을 파악하는 일은 마케팅 담당자들의 주요 관심분야로 자리잡을 것이다.

21세기가 시작될 무렵 마케팅 담당자들은 마케팅의 미래가 여성고객을 겨냥한 판매활동에 달려 있다고 생각했다. 마케팅 전문가 페이스 팝콘은 리스 매리골드와의 공저 《클릭! 이브 속으로(EVEolution: The Eight Truths of Marketing to Women)》에서, 여성고객을 상대로 판매를 하려면 단지 특정영역의 관심을 도출하는 것만으로는 부족하다고 주장한다. 그녀는 〈USA투데이〉를 통해 "여성을 겨냥한 판매는 실질적으로 오늘날 이루어지는 모든 비즈니스 결정에 대한 벤치마크가 되어야 한다"고 밝히기도 했다.

여성들은 전체 소비재의 80%를 실제로 구입하거나 그 구매활동에 영향을 미치며, 자동차 및 개인용 컴퓨터의 50%를 구입하고, 주식보유자의 거의 절반을 차지한다. 이와 같은 몇 가지 조사결과가 팝콘의 주장에 설득력을 더해준다. 처방전 없이 구입 가능한 약품의 75%를 구매하는 것도 여성들이며, 의료보험을 결정하는 데에도 여성들이 훨씬 더 큰 영향(80%)을 미친다. 팝콘은 이제 틀에 박힌 성 역할에 관한 걱정 따윈 접고, 여성들이 구입하고자 하는 물건과 원하는 구매방식을 광고해야 할 때라고 주장한다. 이에 의견을 같이하는 경영 컨설턴트 톰 피터스는 이렇게 말했다. "여성들은 가까운 미래에 '최고의 기회'가 될 것이다."

페이스 팝콘은 여성들에게 판매를 하기 위해서는 여성들의 구매방식을 이해해야 한다고 주장한다. 즉 복잡하게 얽힌 여성들의 생활방식에 알맞은 포괄적인 판매방식을 발전시켜야 한다는 얘기다. 따라서 여성들이 삶의 다양한 요소를 노련하게 소화해 낼 수 있도록 돕는 상품판매에 주력해야 한다.

그 밖에 마케팅 담당자 사이에서 여성의 구매성향을 좇는 또 하나의 요인으로 지적되는 것은 시간절약이다. 트렌드사이트그룹의 마사 발레타 사장은 이렇게 말한다. "여성들은 그냥 '바쁜' 정도가 아니라 시간에 허덕이고 있다."

24~44세의 여성들 중 대다수가 직업을 갖고 있다는 점을 감안할 때, 이들은 시간을 절약해 줄 수 있는 일상적인 서비스를 모색할 것으로 보인다. 예를 들어 슈퍼마켓의 경우, 간단한 건강 테스트 코너와 다양한 종류의 유기농식품 코너, 매장 내에서 식사를 해결할 수 있는 코너, 샐러드 바, 즉석에서 만들어주는 소프트드링크 바 등을 갖춰 식료품 등을 합리적으로 구매하도록 만들 수 있을 것이다. 또한 이들이 늘 시간에 쫓기며 피곤하게 살아간다는 점을 고려해 마사지 시술소와 은행, 그리고 우편물취급소 등의 편의시설까지 함께 갖춘 슈퍼마켓의 등장도 곧 현실화될 것이다.

온라인 쇼핑몰의 경우에도 남성보다는 여성 방문자가 많으며, 여성들은 자신이 좋아하는 사이트의 고객 서비스 및 판매직원과의 채팅 등을 통해 관계를 구축하는 모습이 강하다. 넷스마트 아메리카의 설립자이자 사장인 버나데트 트레이시는, 여성과는 달리 남성은 엔터테인먼트와 비즈니스, 뉴스 관련 콘텐츠를 훑어볼 가능성이 높다고 말한다. 남성들의 온라인 쇼핑을 살펴보면, 선택의 폭을 넓히기 위해 여러 사이트를 돌아다니기보다는 원하는 품목 한 가지를 정하고, 그것을 구입하는 경향이 높은 것으로 나타났다.

판매 전문가들에 따르면, 남성 소비자는 일정한 자격을 갖추고 있으며, 제품에 관한 지식과 확신을 제시하는 세일즈맨에게 직접 구매하는 것을 선호한다. 또한 대부분의 남성 소비자는 감정표현이나 유머를 절제하고 신속하게 본론으로 들어가는 세일즈맨을 원하며, 매장이나 온라인 사이트, 또는 세일즈맨이 마음에 안 들면 구매를 하지 않고 다른 곳으로 가버린다.

하지만 이처럼 남성 소비자와 여성 소비자가 큰 차이를 보인다는 보고는 지나친 과장일 수도 있다. 적어도 비교적 젊은 세대의 경우라면 말이다. 글로벌 마케팅 및 소매업 컨설팅 회사인 WSL 스트라티직 리테일에서는 '2002, 미국의 쇼핑방법(How America Shop 2002)' 이라는 주제로 조사를 실시했다. 그 결과 18~34세의 젊은층은 일 주일 간 쇼핑 횟수가 거의 비슷하다는 사실(남성 3.6회, 여성 4.1회)을 비롯해, 성별에 따른 쇼핑 방식의 차이가 거의 없는 것으로 나타났다. 가장 놀라운 사실은 젊은 남녀의 백화점 이용실태 조사항목에서, 여성보다 남성이 더 높은 비율을 보였다는 점이다. 백화점 이용 비율은 남성이 22%, 여성이 16%며, 쇼핑몰 이용 비율 역시 여성이 18%에 그친 반면, 남성은 29%에 달하는 것으로 나타났다.

WSL의 연구에 따르면, 남성이 쇼핑에 친숙하게 된 원인은 예전에 비해 좀더 자유로운 성향을 지닌 어머니들이 아들에게 혼자 힘으로 물건을 구입하는 방법을 가르치면서 나타난 새로운 경향이다. 덕분에 남성들이 쇼핑몰과 슈퍼마켓을 돌며 물건 고르는 요령을 터득했고, 시리얼에서 청바지에 이르기까지 전품목의 브랜드를 익힐 수 있었다. 그 결과 새 세대에서는 여성에 비해 남성들이 좀더 적극적인 소비자로 변모했다. 이제 마케팅 담당자들에게 젊은 남성들은 "새로운 미개척 쇼핑객"이다. 페이스 팝콘의 표현을 빌자면 '남성의 혁명(Hevolution)' 인 셈이다.

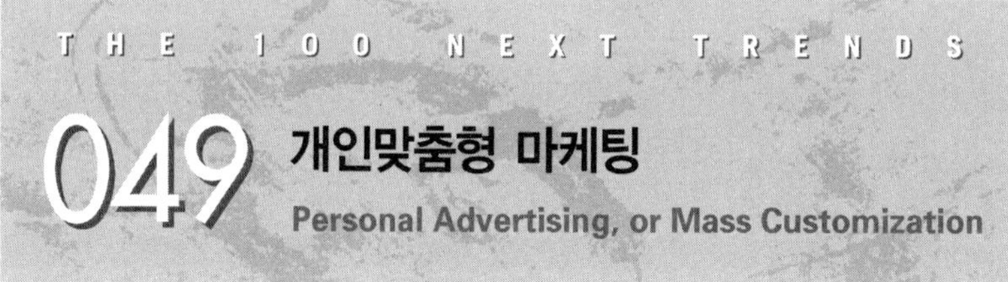

현대의 소비자들은 기술이 진보함에 따라 자신이 사용할 물품과 문화의 습득방식을 통제할 수 있게 되었다. 이에 발맞추어 광고담당자들은 이미 일부 케이블 TV 방송국에서 하는 것처럼, 각자 타깃으로 삼는 사용자 및 시청자들에게 인터넷과 TV를 통해 맞춤형 광고를 내보내려 할 것이다. 인터넷과 TV 방송국들 역시 광고주의 요구에 부응하기 위해 각 사용자 및 시청자에 대한 정보를 대량으로 수집할 수 있는 시스템을 도입할 것이다.

광고담당자들은 광고주의 니즈를 고려해서 맞춤형 광고상품을 제공하는 등 힘들고 고된 일을 수행할 것으로 보인다. 개인맞춤형 광고담당자는 광고주의 어깨 너머를 살펴보며 여러 가지 가능성을 제시할 수 있게 될 것이다. 또한 개인맞춤형 광고에 따라 거래방식과 사업방식에도 새로운 변화가 일어날 것이다. 어느 가구회사 중역은 개인정보를 대량수집하는 일이 "고객관계관리(CRM) 체계, 즉 매장의 직원과 고객 간 모든 상호작용을 좌우하는 일련의 정책 및 절차를 구축하기 위한 한 방법"이라고 말한다.

TV와 인터넷 등 커뮤니케이션 매체들은 저마다 다른 방식을 동원해 소비자에게 접근할 것이다. 이미 특정 형태로 나름의 방식을 시행 중인 매체도 있다. 예컨대 현재 케이블 TV는 위성방송 수신기나 주문형 비디오(VOD) 서버를 통해 고객에게 접근한다. 그들의 소프트웨어가 서버 내에 설치돼 있어 이용자의 소득수준과 성향에 관한 정보를 수집해 주며, 광고담당자들은 이 정보를 통해 이용자의 관심에 맞는 광고의 이미지와 메시지를 조정할 수 있다.

인터넷을 이용하는 기업들은 1대1 웹 애플리케이션을 다양하게 활용할 것이다. 소프트웨어 기술을 통해 케이블 및 위성 오퍼레이터들은 개인맞춤형 상업광고를 정하고 전달할 수 있다. 이 소프트웨어는 특정 인구통계학과 사이코그래픽스(수요조사 목적으로 소비자의 행동양식 가치관 등을 심리학적으로 측정하는 기술—옮긴이), 그리고 광고주가 이용하고자 하는 구매습관에 근거해 광고주가 원하는 소비자를 식별해 줄 것이다. 그런 다음 광고주들의 요구에 따라 인터넷 이용자들을 각 광고별로 적절한 집단으로 분류해 줄 것이다.

기업들은 소프트웨어 프로그램을 통해 그들이 온라인으로 구체적인 콘텐츠와 광고를 보낼 수 있는 개별집단을 구축할 수 있을 것이다. 이미 아마존닷컴을 비롯한 일부 기업들은 판매율을 높이기 위해 고객들을 좀더 세분화해서 판매에 나서고 있다. 은행을 포함한 다른 금융기관들은 자동예금인출예입장치(ATM)에 새로운 판매수단을 도입하고 있다. 사용자의 예치금에 관한 데이터를 수집하고 웹상에서 검색을 시행해서 "잠시만 기다려주십시오"라는 메시지가 뜨는 시간을 활용해 광고를 제공하는 것이다.

그 밖에 이메일 개인화 애플리케이션은 규칙에 기반을 둔 '개인화 엔진'과 기업의 웹 콘텐츠 관리 시스템을 활용해 고객에게 초점을 맞추고, 이메일 메시지의 내용을 평가한다. 이런 과정은 마케팅 담당자들과 광고담당자들이 이메일 뉴스레터를 만들고 판촉활동을 하는 데 도움을 준다.

휴대전화를 통해 개인맞춤형 광고를 전달하는 기술도 도입되고 있다. 모빅닷컴(mobic.com)에 따르면, 이 기술은 "소비자들 스스로 수신된 광고나 판매 제안을 통제하도록 도움을 제공해 이들의 경험을 강화시킬 것으로 예상된다"고 밝힌다.

이 같은 개인맞춤형 온라인 광고기법은 광고의 기본 개념을 충실히 이행하는 셈이다. 온라인 광고회사 애비뉴A가 지적했듯이, 마케팅을 활용해서 온·오프라인 판매를 가속화하고, 가능한 디지털 경로를 모두 이용해 광고를 전달하고, 광고내용을 지속적으로 갱신하고, 인지도 높은 브랜드를 구축하고, 소비자의 태도와 선택의 연관성을 이해해야 한다.

이처럼 기술의 변화가 마케팅을 재정의함에 따라, 소비자단체와 정부는 소비자의 사생활을 보호하기 위해 여러 가지 수단을 통해 맞대응할 것으로 보인다. 하지만 관련법이 시행되더라도 소비자 입장에서는 개인맞춤형 디지털 광고 및 강매 등의 행위로 혼란을 겪을 가능성이 높다. 스티븐 스필버그 감독의 영화 〈마이너리티 리포트(Minority Report)〉에는 지나가는 사람의 심리상태를 파악해 거기에 맞는 상품을 보여주는 광고판이 등장하는데, 이처럼 사생활을 침해하는 광고 기술이 등장할 수도 있다. 이 정도 수준에 이르면 디지털 혁신(e-novation)이라고 말할 수 있다. 한 마케팅 기술업체 사장은 이 같은 개인맞춤형 마케팅이 '개인맞춤형 직접 마케팅 모델'을 지향하는 매스미디어와는 별개로 광고에 변화를 불러일으킬 것이라고 주장한다.

처음에는 카탈로그를 보고 전화로 주문하다가 그 뒤에 나타난 것이 온라인 구매다. 이제는 오프라인 매장(쇼핑몰이나 백화점 등)이 아닌, 온라인을 통한 쇼핑이 주류가 되었으며, 이런 추세는 앞으로 점차 늘어날 전망이다. 포레스터 리서치에 따르면, 2008년에는 미국의 6,300만 가구가 온라인 쇼핑을 할 것이다. 2002년 3,400만 가구였던 것과 비교하면 거의 두 배로 증가하는 셈이다. 전세계에 걸친 온라인 쇼핑 또한 빠른 속도로 증가하고 있는 추세다.

드렉셀 대학의 연구에 따르면, 온라인 쇼핑을 통한 거래 대금은 1998년 350억 달러에서 2003년 3조 달러로 매년 100% 이상 증가해 왔다. 이같은 경향은 매우 뚜렷하며 그 변화의 힘이 매우 강하다. 《전자소매의 시대 : 새로운 세상의 전자 쇼핑 정복하기(The Age of E-Tail: Conquering the New World of Electronic Shopping)》의 공저자 필립 거베트와 딕 슈나이더, 그리고 알렉스 버치는 이 웹 소매의 시대를 15세기 발견의 시대(Age of Discovery)에 견줄 만한 '황금 탐험기'라고 일컫는다.

온라인 쇼핑의 유행 원인과 그로 인해 발생하는 행동양식은 꾸준히 흥미로운 연구주제다. 런던비즈니스스쿨과 UC 어빈(University of California, Irvine)이 수행한 연구에 따르면, 직업을 가진 여성이 그 주요 고객이라고 한다. 그들은 시간을 절약하려는 한 방편으로 온라인 쇼핑을 이용한다. 온라인 쇼핑 이용자들은 식료품이나 그 밖의 다른 생필품을 온라인으로 주문하고, 그에 따라 절약되는 시간에 자녀들의 학교 관련 프로그램에 참여하거나, 병원에 데리고 가는 등 집 밖에서 가족부양을 위한 활동에 투자한다. 시간을 절약해 주는 온라인 쇼핑이 출현했지만, 전체적인 쇼핑 시간은 늘어날 전망이다. 쇼핑은 오랜 세월 동안 사람들에게 탈출구와 재미를 제공해 왔기 때문에 여전히 기분전환이나 일탈, 또는 재미삼아 쇼핑을 즐길 것으로 보인다.

연구자들은 앞으로 인터넷을 통한 식료품 구매가 대중화될 것이라고 전망한다. 현재는 배달 시스템이 미흡하고 품목이 다양하지 못하다는 이유로 일반화되지 못한 실정이다. 하지만 호주의 원예개발연구소 연구에 따르면, 베이비붐 세대 가족들은 바쁜 스케줄로 일과 여가생활의 균형을 유지하기가 어렵기 때문에, 노인들은 마땅한 교통수단이 없어 외출이 힘들다는 이유로 가정에서 식료품을 주문하는 비율이 점차 높아질 것으로 내다봤다. 또한 이 연구는 전자 커뮤니케이션 서비스의 증가로 '가정식 대행' 등의 새로운 종류의 식료품 서비스가 늘어날 것이며, 그 결과 미국의 홈쇼핑 이용자도 상대적으로 늘어날 것으로 전망한다.

온라인 쇼핑에서는 사회발전을 위한 시도도 이루어지고 있다. 예컨대 21세기가 시작되면서, 캘리포니아 산타모니카의 지도자들은 인터액티브 컴퓨터 터미널 시스템을 통해 시민들과 공직자들이 함께 공무를 토론하는 온라인 토론의 장을 개설해서 유권자들의 참여를 높여왔다. 아직 초기 단계라 널리 활용되는 단계는 아니지만, 현재까지 참여한 시민들은 집 없는 사람들을 위한 시정(市政)에 어느 정도 영향을 주었다.

현재 온라인 쇼핑은 '대중들을 어떻게 유인하느냐' 라는 문제에 직면해 있다. 이 같은 요구가 증가하면서 인터넷 마케팅이 개선될 것으로 보인다. 이것은 제품을 잘 아는 세일즈맨과 직접 만나서 구매를 하는 오프라인 쇼핑의 장점을 도입하는 방향으로 초점이 맞춰질 것이다.

온라인 쇼핑 업체들은 여러 가지 소프트웨어를 활용해서 오프라인 매장에 버금가는 디스플레이와 제품설명을 제공할 수 있다. 실시간으로 직원의 도움을 제공하는 사이트들도 늘고 있는 추세다. 이를 위해 온라인 사이트들은 경험이 전혀 없는 고객에서부터 제품을 잘 아는 고객에 이르기까지 다양한 유형을 연구하고, 정보를 다운로드하는 시간을 최소화하며, 고객의 흥미를 반영하는 형태의 상호작용을 꾸준히 발전시켜 왔다.

드렉셀 대학의 연구에 따르면, 고객의 쇼핑 경험을 개선시킴으로써 결국 온라인 쇼핑이 과거의 오프라인 쇼핑을 대체할 수 있을 것이라고 전망한다. 또한 '전자구매 확산은 피할 수 없는 현상' 이므로 소매상들은 그에 걸맞게 변화해야 하며, 온라인 마케팅은 고객의 제품검색을 예상하고 그것을 차단할 수 있는 스마트 미사일이 되어야 할 것이라는 전망을 제공한다. 모든 사항을 종합해 볼 때, 전자소매가 우세해지면서 대중들은 "자신들에게 더 많은 사회생활과 여가생활, 그리고 만족감을 제공해 줄 새로운 전자생활 시대에 동참"하게 될 것이다.

온라인 쇼핑 시대를 맞이하면서 한때 실패작으로 생각되었던 화상전화가 다시 각광받을지도 모른다. 화상전화는 실시간으로, 또는 녹음·녹화된 오디오 및 비디오 신호를 수신하고 전송하는 일을 가능하게 해준다. 화상전화를 통해 랜즈엔드(Lands' End : 의류 카탈로그 판매업체)의 운영자와 소비자는 주문과정에서 서로의 얼굴을 볼 수 있으며, 그에 따라 온라인 쇼핑 때문에 사라질 뻔한 사회적 상호작용이 회복될 수 있을 것이다.

051 슈퍼사이즈 라이프
The Supersized Life

국가의 보조금 덕분에 미국인들의 삶이 점차 대형화되고 있다. 빅 걸프(Big Gulp : 세븐 일레븐 매장에서 커다란 컵에 담아 판매하는 청량음료—옮긴이)를 비롯한 대규모 농작과 대형 식품회사들이 미국인의 식생활을 바꿔놓았다. 또한 값비싼 대형 승용차와 외제품들은 부유한 사람들과 그들을 추종하는 이들의 소비생활을 대형화시키고 있다. 이들은 이제 작은 것에는 눈길조차 주지 않는다.

무엇보다도 미국은 식생활 면에서 대형화를 표방해 왔다. 모든 식료품목에서 대형화된 식품이 큰 비중을 차지하면서, 국민의 표준 칼로리를 바꾼 것이다. 그 원인 중 하나로 고속화된 생활방식을 꼽을 수 있다. 가족의 모든 구성원이 사회에서 또는 직장에서 막중한 업무를 처리하게 되면서, 직접 재료를 구입해 집에서 식사를 만들어 먹을 시간이 없어지자 시간절약의 한 방편으로 패스트푸드가 등장한 것이다.

21세기를 사는 가족들의 표준 식사는 패스트푸드가 될 것이다. 패스트푸드는 1인분의 양이 많다는 점과 지방과 칼로리 함유량이 높다는 점, 그리고 매우 편리하게 먹을 수 있다는 점 등 여러 가지 면에서 대형화된 식품이다. 게다가 패스트푸드점에서 세트 메뉴를 주문하면 낱개 품목으로 구입하는 것보다 가격이 싸거나 더 큰 음료수를 제공받을 수 있다는 이점이 있다.

이들 식품은 가격인상률이 매우 낮은 반면, 칼로리는 급격히 증가하고 있다. 사람들은 늘어난 1인분의 양에 잘 적응한다. 1인분의 양이 늘었다는 것은 1인당 섭취하는 칼로리가 늘었다는 얘기다. 실제로 1977년 이후, 미국인들의 1일 평균 칼로리 섭취량은 10% 이상 증가했다. 1인당 하루에 평균 200kcal 이상씩 더 섭취하고 있으며, 이것은 1년에 9.5kg의 살로 전환(에너지 소비량을 늘려 칼로리를 태우지 않을 경우)된다.

체중증가는 심장질환이나 당뇨병 등의 건강문제로 이어질 수 있고, 결국 수명을 단축시킨다. 뿐만 아니라, 국민의 세금으로 의료비 일부를 충당한다는 점을 감안한다면 그 치료비는 납세자의 몫이 될 것이다.

최근 발표된 WHO 보고서에 따르면, 비만에 따른 의료보험 비용은

750억 달러에 달하며, 미국의 납세자들은 그 비용의 절반에 해당하는 금액을 부담하고 있다. 대형화 추세가 지속적으로 증가할 경우, 그 비용도 상대적으로 늘어날 것이다. 버지니아 의과대학의 앤 울프 교수는 〈USA 투데이〉에서 다음과 같이 말했다. "인구가 고령화되고 비만인구가 꾸준히 증가함에 따라 노인의료보험 제도가 이들의 보건을 책임질 것이다." 비만과 관련한 질병으로 지출되는 연간 의료비는 이미 국민의료비용의 약 9.1%에 달하는 실정이다.

그렇다면 이 같은 저가의 고지방 식품들은 어디에서 나오는가? 부분적으로는 농업보조금 지원정책이 그 원천이라고 할 수 있다. 마이클 폴란은 〈뉴욕 타임스 매거진〉 기사를 통해 가공식품이 지나치게 많아진 일차적인 원인으로 '농작물의 과잉생산'을 꼽는다. 그는 정부가 "불필요한 식품들을 더 많이 생산하도록 농업에 무모하게… (보조금을 지원함으로써)… 문제를 더 악화시키고 있다"고 말한다.

제지할 수 없을 듯한 과잉생산에 대응하는 방법이 몇 가지 있다. 그중 일부는 공동대처법이며, 일부는 개인적인 대처법이다. 폴란은 '과잉생산 문제를 해결하는' 한 방안으로 농업지원금을 본래 목적으로 사용하는 방법을 제시한다. 폴란의 설명에 따르면, 1930년대 루스벨트 대통령 재임 시절에 도입된 농업보조금 지원의 본래 목적은 생산량 조절을 통해 농산물 시장의 붕괴를 막는 것이었다. 따라서 이 프로그램은 미국의 과잉생산을 막기 위한 목적으로도 사용할 수 있다고 폴란은 주장한다.

이 같은 식품의 대형화, 특히 고지방 및 고칼로리화를 막으려는 논쟁은 법정으로까지 이어지고 있다. 온라인 〈폭스 뉴스〉에 따르면, 맥도널드의 식품이 당뇨병, 고혈압, 비만 등의 건강문제를 야기한다는 집단소송이 제기됐을 때 연방판사는 이를 기각했지만, 맥도널드측이 직접 나서서 대형화된 식품이 위험하다고 주장했다. 소송절차가 진행되는 동안, 맥도널드측은 식품의 가공이 (종종 대량생산된 농작물과 함께) "완전히 다른, 더 위험한 식품을 만든다"고 말했다.

식료품 이외의 부분에서도 미국인들의 소비생활은 대형화 추세에 있다. 소매업 분석가들은 2003년 휴가철에 할인매장의 판매율은 침체된 반면, 티파니(Tiffany's) 등 고가 소매점의 판매율은 급증했다고 보고했다. 경제가 완전히 회복되지 않았음에도 불구하고 소비자들은 남양진주(지름이 10mm 이상 되는 큰 진주—옮긴이)와 허머 자동차, 1,000달러짜리 샴페인 등의 고가품목을 구입한 것이다. 이 같은 호화쇼핑은 대형 창고 매장에서의 대량구매는 말할 것도 없이 슈퍼마켓이나 패스트푸드점의 저비용 대형화 추세에 따라 더욱 가속화되고 있다. 대형화된 생활은 끊임없이 증가할 전망이다.

052 다양성 마케팅
Diversity Marketing

1990년대 기업의 마케팅 담당자들은 생활방식에 따라 시장을 세분화해서 판매하는 전략을 사용했다. 여기서 말하는 생활방식이란 연령과 성별, 교육정도, 정치적 성향에 이르기까지 모든 것을 의미할 수 있다.

21세기에 들어서면서부터 시장 세분화 마케팅의 기준은 다양성 마케팅, 즉 민족별 마케팅으로 바뀌었으며 이런 경향은 미래에도 계속될 전망이다.

21세기 세분화 마케팅의 주요 목표는 흑인과 히스패닉, 그리고 아시아계 인구집단에까지 영역을 확장하는 것이다. 1980~90년대 이들의 인구는 백인 인구보다 약 네 배나 빠른 속도로 급성장했으며, 현재 이들은 1조 달러에 이르는 구매력을 지녔다.

소매상인들과 여러 기업들은 아시아계 및 아프리카계, 히스패닉, 그 밖의 여러 소수민족들이 수십억 달러에 달하는 소비능력을 지녔으며, 적절한 방식을 통해 이것을 이끌어낼 수 있다는 사실을 인식하고 있다. 따라서 주택이나 의복, 차량 등 필수품 마케팅은 각 민족들의 관습 등을 먼저 파악하고 그것을 제시하는 방식으로 초점이 변해가는 중이다.

이들 소수민족의 쇼핑 성향은 인구통계 및 쇼핑에 대한 각각의 태도에 따라 다르게 나타날 것이며, 소비자들은 인종에 따라 구분되는 것 말고도 쇼핑 성향의 차이에 따라 세분화될 것이다. 즉 인종집단별로 특별히 선호하는 품목이나 판매점이 있을 수 있지만, 그 중에서도 연령과 재정상태에 따라 소비성향이 세분화된다는 얘기다.

히스패닉

히스패닉은 미국 거주자 여덟 명 중 한 명꼴의 비율을 차지하며 미국 내 최대 소수민족으로 자리잡았다. 2100년에는 미국 전체 인구의 3분의 1을 히스패닉계가 차지할 것으로 전망된다. 따라서 이들의 소비능력은 무한할 것으로 보인다. 조지아 대학의 셀리그 경제성장 연구소(Selig Center for Economic Growth)에서는 히스패닉 인구는 약 5,800억 달러에 달하는 소비능력을 보유하고 있으며, 5년 후에는 약 1조 달러까지 증가할 것으로 예상한다. 현재 히스패닉계는 미국의 인구집단 가운데 가장 빠른 성장세를 보이고 있다. 2007년에는 미국에 거주하는 히스패닉 인구가 전체 인구의 14.6%에 해당하는 4,410만 명에 달할 것으로 보인다.

영어를 완벽하게 구사하는 미국 태생부터 스페인어를 모국어로 사용하는 외국 태생에 이르기까지 히스패닉은 미국 전역에 걸쳐 확산되고 있다. 2003년 〈CBS 뉴스(CBS News)〉 분석에 따르면, 미국 태생의 히스패닉은 거의 대부분(81%)이 영어방송을 청취하는 반면, 외국 태생의 히스패닉은 대부분(56%) 스페인어로 방송되는 TV와 라디오를 이용하는 것으로 나타났다.

마케팅 담당자들은 이처럼 다양한 인구집단의 고객을 유치하기 위해 소비자들의 기호에 맞춰 영어와 스페인어로 제작된 판매자료를 제공할 것이다. 또한 블루크로스＆블루실드(Blue Cross & Blue Shield)나 휴매나(Humana, Inc.) 등 주요 보험회사를 비롯한 많은 기업이 영어와 스페인어가 모두 적힌 판매자료를 제공할 것이다. 의료보험 회사들은 히스패닉 고객을 유치하기 위해 히스패닉 세일즈맨을 고용할 것이다.

지난 수십 년 간 히스패닉 미국인 가운데 주택을 소유한 사람들의 수는 크게 증가했다. 따라서 부동산업자들은 이들을 마케팅 대상 1순위의 잠재고객으로 삼고 있다. 히스패닉 미국인의 주택보유율은 1990년대 42%에서 2000년에는 46%로 증가했다. 부동산업자들은 가족 간 유대감과 헌신을 중요시하는 히스패닉의 성향을 감안할 때 이들에게 많은 기대를 건다고 말한다.

일상생활에서 쉽게 접하는 품목들도 히스패닉을 겨냥해 변화를 꾀하고 있다. 에이본(Avon)은 제품의 색상을 좀더 다양화했고 맥도널드는 스페인어 광고를 제작했으며, 하겐다즈는 스페인 사람들이 좋아하는 '둘세 데 레체(dulce de leche)' 맛의 아이스크림을 자체개발했다.

아프리카계 미국인

미국 전체 인구의 12%를 차지하는 아프리카계 미국인은 3,000억 달러의 소비능력을 보유하고 있다. 이들 가운데 중산층은 나날이 증가하는 추세다. 1999년 인구조사에 따르면 전국의 아프리카계 미국인 가정 가운데 25.2%가 연간 가계소득 5만~7만 4,999달러에 해당했으며, 7만 5,000달러 이상에 해당하는 가정은 22.6%에 달했다.

현재 아프리카계 미국인은 회계 및 엔지니어링, 컴퓨터 프로그래밍, 법조, 의료, 언론, 경영 등을 비롯한 전문직에서 두각을 보이고 있다. 자동차 구매량의 21%는 아프리카계 미국인에 의존하며, 이들의 TV 시청률은 전체 인구의 시청률보다 높다.

마케팅 담당자들은 또한 아프리카계 미국인의 컴퓨터 기술 및 인터넷 사용량이 증가하기를 기대한다. 현재 이들은 전체 가정용 컴퓨터 사용자의 10%를 차지하는 것으로 추정된다. 시카고에서 개최된 2002 전국 기술박람회에서 가수 겸 작곡가인 퀸시 존스는 이렇게 말했다. "정보를 활용하면 자신의 운명까지 통제할 수 있다."

아시아계 미국인

아시아계 미국언론인연합회(Asian American Journalists Association)에서 출간한 가이드북 《우리는 모두 미국인이다 : 아시아계 미국인을 보도하는 방법(All American: How to Cover Asian America)》에 따르면, 대중매체에서 아시아계 미국인은 영원한 이방인으로 취급되어 왔다. 그러나 2000년 인구조사에서는 아시아계 미국인이 매우 매력적인 마케팅 대상으로 거듭났다. 인구조사 결과에 따르면, 아시아계 미국인은 보통 미국인들보다 교육수준이 높으며, 따라서 1990~2007년 그들의 구매력은 287%로 가장 높은 증가율을 보일 것이라는 전망이다. 이것은 미국 전체 인구의 구매력 증가율 예상치 131%보다도 훨씬 높은 전망치다.

2000년 인구조사에서는 이미 아시아계 미국인과 태평양제도 출신 미국인의 연소득이 미국 총 인구의 평균 연소득 4만 2,148달러를 훨씬 웃도는 5만 5,521달러에 이르는 것으로 나타났다. 게다가 2003년 조사결과에 따르면, 아시아계 미국인은 젊고 부유한 구매자들이 많아, 매우 매력적인 시장으로 손꼽힌다.

현재 이들은 온라인 쇼핑에서도 주도적인 역할을 하고 있다. 온라인을 통한 평균 구매량을 비교해 보면 히스패닉 미국인은 1년에 3개 품목, 아프리카계 미국인은 1.8개 품목인 반면, 아시아계 미국인의 구매량은 6개에 달한다.

민족마다 각각의 독특한 소비성향을 지니고 있지만, 이들 모두가 거대한 미국의 마케팅 기계장치의 일부이며, 기업과 광고회사들은 이들을 겨냥한 시장에 효과적으로 접근하는 일에 더욱 주력할 것으로 보인다. 미국 내에 거주하는 소수민족은 기업이 원하는 바, 즉 소비를 유발하는 많은 돈을 지니고 있으니 말이다.

Chapter

6

인구 트렌드

나이와 국적이 무의미해진다

미국의 역사가 시작된 시점부터 미국의 인구는 크게 백인과 흑인이라는 두 범주로 구분되어 왔다. 미국 인구조사국(Bureau of the Census)에 따르면, 1920~50년 백인의 비율이 90%로 전국민의 대다수를 차지했고, 흑인이 그 나머지의 대부분을 구성했다. 그 시기에 아시아인의 비율은 0.5%에도 못 미쳤으며 히스패닉은 거의 찾아보기 힘들 정도였다. 물론 백인의 대다수는 각지에서 막 이주해 온 사람들이었고 대부분 유럽 출신이었다. 그리고 그들은 자국의 문화를 버리고 다소 획일화된 미국 문화에 적응하도록 요구받았다. 영어를 배우고 농구를 좋아해야 했으며, 조지 워싱턴을 존경하고 헌법과 유대-크리스트교의 전통을 믿어야 했다. 하지만 이러한 미국식 보편화는 인종차별에 따라 훼손되었으며, 시민권이 확립되기 이전까지 흑인들은 소외와 멸시를 감당해야 했다. 결국 미국은 여러 민족들이 한데 융화된 '용광로'였지만, 흑인들은 결코 그 용광로에 포함될 수 없었다. 하지만 21세기로 향하면서 재미있는 현상이 일어났다. 지난 50년간 유럽 출신의 이주민이 감소하고 그 밖의 출신의 이주민이 급증한 것이다. 그 가운데서도 히스패닉 인구는 눈에 띌 정도로 증가해 지금은 미국에 거주하는 외국 태생 인구의 약 절반을 차지한다. 아시아계 미국인도 급증했다. 지난 50년 간 미국의 총 인구는 두 배가 되지 못한 반면, 이들의 수는 세 배 이상 늘어난 것이다. 아프리카계 미국인 인구도 백인보다 빠른 속도로 증가해 왔지만, 아시아계나 히스패닉을 따라잡지는 못했다. 그 결과 지금 아시아계 미국인은 전체 인구의 4%를 차지하며, 히스패닉계는 12.5%에서 계속 늘고 있는 추세로 미국 최대의 소수민족이었던 흑인 인구를 넘어서기 시작했다. 반면 지난 50년간 백인이 차지하는 비율은 전체 인구의 90%에서 75%로 떨어졌으며, 50년 후

053 비만의 제국
The Fattening of America

미국이 점점 커지고 있다. 새로운 주(州)가 생긴다는 말이 아니라, 사람들의 덩치가 점점 비대해진다는 얘기다. 실제로 미국 보건국이 비만을 국가의 가장 심각한 건강 문제로 꼽을 정도로 미국인의 덩치는 날로 커져간다. 미국 질병통제예방센터(Centers for Disease Control and Prevention)의 줄리 거버딩 소장은 미국의 성인 65%가 과체중이거나 비만이라고 지적한다. 잘못된 식습관과 운동부족은 탄저병, 천연두 병균, SARS 등과 같은 지독한 전염병보다 미국인들의 생명을 위협할 가능성이 훨씬 높다.

그렇다고는 해도 미국인들은 지난 몇 년 간 건강에 좋은 식생활을 위해 노력해 왔으며, 그 일환으로 국민의 식생활에서 지방과 육류의 섭취량을 크게 줄였다. 하지만 이러한 변화에도 불구하고 미국인들의 체중은 날로 증가하고 있다. 활동량이 많다고 생각되는 미국의 젊은이들조차 지난 7년 간 지방 및 콜레스테롤 섭취량을 줄였음에도 불구하고 체중은 평균 3.7kg이 증가했다.

이러한 체중 증가는 비만율의 증가추세에 뚜렷이 반영된다. 거버딩 박사가 언급한 통계에 따르면, 2000년 현재 미국 성인들 가운데 과체중에 속하는 사람은 3,880만 명에 달한다. 더욱이 미국의 비만인구는 지난 10년 동안 꾸준히 증가해 왔다. 1999년 20세 이상의 성인 1,615명을 대상으로 조사한 결과, 35%가 과체중, 26%가 비만에 속했으며, 1994년에는 과체중이 33%, 비만이 23%였다. 1991년에는 과체중이나 비만에 속하는 사람이 전체 인구의 3분의 1 정도였다는 점을 감안할 때 지난 10년 간 비만 인구는 32%가 증가한 셈이다.

그러나 정말 나쁜 뉴스는 이제부터다. 비만은 여러 가지 질병 가운데서도 심장병, 고혈압, 암, 제2형 당뇨, 수명단축 등을 유발할 가능성이 높다. 이렇게 심각한 건강문제들은 심지어 아이들에게까지 영향이 미치고 있다. 영양사인 나딘 파즈너는 이렇게 말한다. "젊은이들에게서 심장병이, 어린이들에게서 고혈압이, 그리고 이삼십대 청년들과 심지어 고등학생들에게서 '성인당뇨병(제2형 당뇨병)'이 나타나고 있다."

설상가상으로 비만은 국가의 보건예산을 늘리며, 궁극적으로는 국민들의 세금을 가중시킨다. 현재 미국에서 비만으로 인한 질병 치료비는 개인부담금을 제외하고 건강보험에서 지불하는 비용만 연간 약 390억 달러에 이른다.

비만인구 증가는 미국에만 국한된 문제가 아니다. 예일 대학에서 심리학 및 전염병학, 공중보건학 교수로 재직 중인 켈리 D. 브라우넬 박사는 "전세계 대부분의 국가에서 비만은 증가추세에 있으며, 이들 국가는 점차 미국과 비슷해지고 있다"고 전한다. 1997년 WHO는 비만을 세계적인 전염병으로 선포하기도 했다.

이 같은 체중증가의 원인은 매우 다양한데, 그 중 한 가지로 꼽는 것은 예전에 비해 훨씬 나빠진 식습관이다. 미국인들은 싼값으로 어디서나 간편하게 음식을 먹을 수 있고, 지나치게 광고를 하는, 맛 좋은 고칼로리 식품의 유혹에 노출돼 있다. 음식을 향한 끝없는 정신적 유혹도 또 하나의 이유다. 텍사스 사우스웨스턴 의과대학 부교수이자, 인체영양연구소 연구원인 마고 덴케 박사는 이렇게 말한다. "음식은 미국의 비인격화에서 오는 불만을 충족시킨다. 그 점에 있어서 음식은 결코 실망시키는 법이 없는 멋진 심리적 보상이다."

영양학자들은 체중증가 현상의 주범으로 또 다른 요인을 꼽는다. 바로 다이어트에 효과가 있을거라는 생각에 '저지방'이나 '무지방' 딱지가 붙은 고칼로리 식품을 많이 섭취한다는 지적이다.

또 다른 문제는 미국인들의 절약습관과 관련이 있다. 미국인들은 음식을 버리는 행위를 매우 나쁜 습관으로 생각한다. 특히 식당에서 주문한 음식의 경우에는 더욱 그렇다. 게다가 식당에서 나오는 1인분의 양은 점점 늘고 있으며 가공식품의 크기도 점차 커지고 있다. 일례로 어느 제과업체의 블루베리 머핀 한 개는 열량이 430kcal, 지방함유량 18g, 중량은 약 180g이다. 그러나 미국 농무부의 식품 목록에 기록된 표준 크기 머핀의 중량은 약 60g이다.

최근의 한 연구에 따르면, 사람들은 식당에서 제공하는 1인분의 음식량이 늘었다는 사실조차 자각하지 못하고 있다. 그들은 늘어난 양을 잊은 채 많이 먹고 있는 셈이다. 특히 정크푸드(junk food : 칼로리는 높으나 영양가가 낮은 인스턴트 식품)의 경우엔 더욱 그렇다. 이 같은 미국인들의

식습관은 샴페인-어배나의 일리노이 대학 식품 및 품질분석 연구소
(Food and Brand Research Lab) 논문에서 증명된 바 있다.

사람들이 많이 먹을 뿐 아니라 좀더 빨리 먹는다는 점에서 체
중증가 현상은 지속될 것으로 보인다. 과거처럼 격식을 갖춘 식탁
앞에 앉아 정찬을 즐기던 것과는 달리, 이제 어디에서든 먹는 일이 가능
해졌다. 차 안에서나 일하면서, 또는 상점이나 영화관 등 장소를 가리
지 않고 어디에서나 식사를 할 수 있다.

자신의 식생활을 개선하려는 사람들은 막상 어떤 식단이 건강에 좋
은지 이해하는 일부터 막막하게 느껴질 수 있다. 대부분의 영양학자는
되도록이면 가공하지 않은 음식을 섭취해야 한다고 주장하는 반면, 일
반인들은 주로 단백질·탄수화물·지방에 근거해서 정확한 비율을 따
져가며 식품을 검토하고 있으니 말이다.

인간은 저절로 정상체중이 유지되는 방식으로 진화되지는 않을 것이
다. 따라서 스스로 운동과 자제심을 통해 정상체중을 유지해야 한다. 지
난 200년 동안 환경은 많이 바뀌었지만 인간은 많이 진화되지 않았다.
현재 인간이 지닌 유전자를 파악해서 그것을 변화시키는 방향으로 진화
하려면 수천 년, 아니 수백만 년이 걸릴 것이다. 그에 비해 환경은 너무
빠르게 변해왔다.

한때 인간은 식량이 귀한 환경에서 살았고, 당시 사람들은 고칼로리
가 함유된 식품을 발견하면 어떻게 해서든 많이 섭취하고자 했다. 하지
만 지금 우리는 풍요로운 환경 아래에서 살고 있으니 그것에 적응하는
방법을 배워야 한다. 브라우넬 박사는 우리가 식품산업을 개혁함으로
써 건강을 개선시킬 수 있다고 역설한다. 그리고 한 가지 방편으로 건강
식품산업에는 보조금을 지급하고, 건강에 유해한 식품은 가격을 인상할

것을 제안했다. 비만연구서 《비만의 제국(Fat Land)》을 저술한 그렉 크리처는 폭식을 일종의 중죄로 처벌한다면 도움이 될 수 있다고 주장한다.

하지만 처벌은 안락한 풍요로움을 구축하려는 국가의 추진력을 파괴할 것이다. 뉴욕 대학 식품영양학과 학과장 매리언 네슬 박사는 이렇게 지적한다. "우리는 전국의 남녀노소를 불문하고 1인당 하루 평균 3,800kcal를 섭취하고 있다… 그것은 1일 표준 섭취량의 거의 두 배에 해당하는 수치다."

또한 생리학자인 제임스 O. 힐은 "비만은 이상 현상이 아니라 미국 환경에 대한 정상적인 대응"이라고 주장한다.

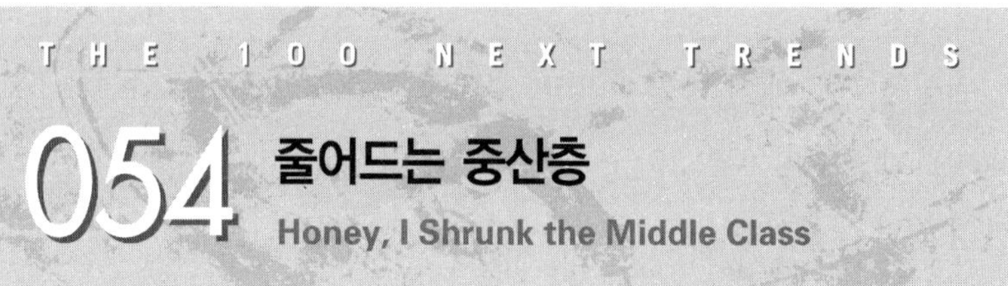

2003년 감세(減稅) 법안 통과로 부유한 사람들은 더욱 큰 부를 축적할 것으로 보인다. 이에 따라 투자 이익금을 소득으로 삼는 사람들과 연간 25만 달러 이상의 연봉을 받는 최상위 1%의 미국인들은 다른 사람들보다 훨씬 큰 감세 혜택을 받게 되며, 2003년 1인 평균 소득이 1억 7,400만 달러에 달한 가장 부유한 상위 400명의 납세자들은 그보다 더 큰 수혜자가 될 것이다.

2000년 이후 이들 상위 400명의 소득은 네 배 증가했지만, 소득세는

2003년 당시 정부 소득세의 22.3%를 차지했던 것보다 훨씬 낮아질 거라는 얘기다. 아이젠하워 정부 때 90%에 달했던 이들의 소득세는 1990년대에 39%로 감소되었고, 앞으로는 훨씬 더 낮아질 것이다. 따라서 '부익부' 현상은 계속될 것으로 보인다.

앞으로 중산층은 여러 가지 이유로 크게 감소할 것이다. 각종 청구서 대금을 충당할 수 있는 안정적인 직장과 가족들이 함께 살 수 있는 큰 주택, 의료비를 감당할 능력, 그리고 자동차를 사기 위해, 또는 휴가를 즐기기 위해 저축을 하는 능력 등, 20세기 중산층의 안락에 기여했던 구성요소들을 누리는 사람들이 전체적으로 크게 줄어들 것으로 보인다.

이처럼 부자들과 나머지 사람들 간의 차이가 벌어지는 양상은 지난 4반세기 동안 지속되어 온 현상이다. 이러한 격차의 원인 중 하나는 교육이다.

워싱턴 D.C.에 위치한 비영리 경제정책연구소(Economic Policy Institute)의 연구에 따르면, 1973~77년까지 전국적으로 석사 이상 학위소지자의 임금은 물가상승률보다 6% 정도 높게 나타났다. 대졸자의 소득은 그나마 거의 일정한 수준이지만 고졸자의 소득은 물가상승률에 비해 오히려 14%나 하락했다.

대졸 이하 근로자의 임금이 하락하면서 보수가 좋은 블루컬러 직종의 인력은 감소하는 추세다. 제조업·중공업·경공업 등 전문적인 교육이 거의 필요치 않은 전통적인 블루컬러 직업은 지난 4반세기 동안 계속 감소해 왔으며, 이런 추세는 향후 수십 년 간 계속될 전망이다. 각종 서비스업은 증가할 것으로 보이지만, 이들 대부분의 임금수준은 낮은 편이다.

게다가 건강보험 혜택을 받지 못한다면 비용이 증가하게 마련이다.

무보험자는 진료비 전액을 개인이 부담해야 하는 것은 물론이고, 보험회사보다 더 많은 요금을 지불해야 한다. 특히 입원환자의 경우 무보험자는 할인혜택을 전혀 받지 못한 채 '막대한 병원비'를 감당해야 한다. 보험가입자는 보험회사나 정부의 보건 프로그램(저소득층 및 신체장애자 의료지원, 노인 의료보험제도)과의 교섭을 통해 의료비를 할인받고, 보험회사나 정부 또한 의료인들에게 할인된 요금을 지불하지만 무보험자들은 정가의 병원비를 지불해야 한다. 의료비인상률이 임금인상률보다 훨씬 빠르다는 점, 그리고 노인층들이 의료 서비스를 받는데 좀더 많은 형식이 요구된다는 점을 감안할 때, 중산층 미국시민이 의료비를 충당하기는 갈수록 힘들어질 전망이다.

그 밖에도 일반적으로 생각하는 '중산층의 생활방식'을 위협하는 요인은 매우 많다. 통계를 보면, 대졸자와 석사 이상의 학위소지자들은 높은 임금을 받는다. 하지만 수많은 고용주들이 필수요건으로 생각하는 대학·대학원 교육을 받는데 드는 비용은 매년 두 자릿수의 비율로 증가하고 있다.

늘어가는 주 정부의 요구와 대학 진학 인구의 급증으로 비교적 비용이 적게 드는 주립대학들은 수업을 크게 늘릴 것이다. 그러나 기존의 강의실만으로 지원자 전원에게 교육의 기회를 제공하기란 불가능하다. 한편 사립대학들은 지난 수십 년 간 그래왔듯이 부유층이 아니라면 감당할 수 없을 정도로 어마어마한 비용을 요구할 것이다.

주거비용의 증가와 연금제도의 위축, 그리고 전반적인 생계비의 증가 또한 현대의 중산층을 위협하는 요인이다. 21세기가 시작된 지 얼마 안 된 시점부터 미국은 하위 99%를 축소하기 위한 큰 게임에 착수할 것으로 보인다.

055 고령화 쇼크
Seventy Million Navel Geezers

베이비붐 세대의 시대가 서서히 막을 내리고 있다. 앞으로 60년 후엔 제2차 세계대전 이후 희망의 시기에 태어난 아이들은 사라질 것이다. 하지만 그들은 최첨단 시설과 환경 아래에서 노후를 맞게 될 전망이다. 그들은 이전 세대들보다도 오래 살 것이며, 가장 늦은 나이까지 일을 하고, 가장 많이 즐기며 배울 것이다.

이는 이전 세대들에 비해 보건의료비용을 가장 많이 발생시키고, 개인연금 및 정부 차원의 연금 혜택도 가장 많이 받음을 의미한다(그럼으로써 이들 공공사업에 관한 차세대의 사고방식을 다시 형성할 것이다). 그리고 이런 경향은 대대적으로 진행될 것이다. 초년에, 또는 중년에 죽은 사람들을 제외하고도 이들의 인구는 7,000만 명에 이를 것으로 전망되기 때문이다.

지난 100년 간 미국의 고령인구는 무서운 속도로 늘었다. 노인 관련 통계에 관한 정부 포럼에 따르면, 1900년 당시 65세 이상의 미국 거주자는 300만 명으로 전체 인구의 4%였지만, 2000년에는 전체 인구의 13%인 3,500만 명이었다. 하지만 첫 베이비붐 세대들이 65세를 지나 85세가 되는 2030년에는 미국민 다섯 명 중 한 명이 65세 이상의 고령자일 것이다.

2020년만 돼도 65세 이상의 고령인구는 십대 인구를 두 배 넘어서

2030년에는 7,000만 명에 달할 것이며, 이들은 이후에도 더욱 오래 장수할 것이다. 2030년 85세 이상의 고령인구는 현재의 400만 명에서 1,900만 명으로 크게 증가할 것이며, 그들 중 38만 1,000명은 100세까지 살 것으로 예상된다.

고령인구가 증가하고 젊은이들이 감소하면서 일자리를 필요로 하는 노인들이 더욱 많아질 것이다. 캘리포니아 정부협회의 보고에 따르면, 2020년에는 65세 이상 고령인구 가운데 남성의 22%, 여성의 12%가 직장을 갖고 있을 것으로 보인다.

캘리포니아 산타클라라 카운티 노인 위원회(Council of Aging of Santa Clara County)의 폴 아이작스는 이렇게 말한다.

"직업은 변화하는 사회의 요구를 충족시키는 방향으로 보조를 맞출 것이며, 사람들은 더 이상 하루에 20시간씩 일하지 않을 것이다."

파트타임 일자리가 인구통계의 변화에 맞게 자리잡을 것이다.

고령인구가 막대하게 증가함과 동시에, 운전능력이나 의지가 떨어질 가능성이 높기 때문에 대중교통 수단도 지금보다 훨씬 많아져야 한다. 현재 수천 개의 지역 및 공공 서비스, 민간 서비스단체들이 노인들을 병원이나 쇼핑센터, 그 밖의 여가활동 장소로 실어나를 보조 교통수단을 제공하고 있다. 게다가 수많은 지역사회들은 좀더 안전하고 편안한 대중교통 수단을 만들기 위해 보도와 여유공간을 개선하고 있다.

이 세대의 평균 수명은 전 세대에 비해 30~40년 정도 길어질 것으로 보인다. 1960년 평균 수명은 70세였고, 1997년에는 여성 79세, 남성 74세였다.

미국 노인들의 건강상태도 변화하는 추세다. 지방 섭취량이 줄고 활동량이 늘어난 것은 이 세대의 건강상태에 전반적으로 긍정적인 영향을 주었으나 암과 같은 특정 질병은 증가할 것으로 보인다.

북미 암등록협회 이사인 홀리 호웨 박사는 2000~05년 사이에 "85세 이상 고령인구의 암 환자 수는 지금보다도 훨씬 늘어나 네 배 증가할 것"이라고 전망했다.

인구가 고령화되면서 보건문제는 개인 및 정부의 재력을 압박하는 요인 가운데 하나로 떠오르고 있다. 버클리의 기업경제연구소 및 노인인구학 센터의 조사에서는 연방 프로그램의 비용이 현격히 증가하며, GDP의 일부를 차지하는 연방 프로그램의 비용은 2030년대까지 35% 증가할 것으로 내다봤다. 이 비용의 대부분을 차지하는 노인 보건비용은 1999년 GDP의 8%에서 2075년에는 21%로 늘어날 것이며, 그 중 노인 의료보험비용이 11%로 절반을 넘어설 전망이다. 그 결과 봉급생활자의 세금인상, 혜택의 축소, 정부 보건제도의 전면적인 개혁 등이 뒤따를 것으로 예상된다.

보건제도의 개혁을 예상하는 이유 중 하나는 미국의 고령화가 베이비붐 세대와 함께 끝나지 않을 것이라는 전망 때문이다.

사회가 고령화됨에 따라 21세기에는 전반적으로 노인의 역할과 그들에게서 기대할 수 있는 의존율이 크게 증가할 것으로 보인다. 따라서 정부는 보건 프로그램에 지출하는 비용이 훨씬 많아질 것이다.

현재만 해도 보건 프로그램과 사회보장제도는 연방정부 예산의 3분의 1수준을 차지하고 있다.

21세기 후반의 주요 관심사 중 하나는, 미국이 인구의 고령화에서 기인하는 여러 가지 문제를 어떻게 해결하느냐가 될 것이다.

056 세계 인구의 성장 둔화
World Population: Slowing Growth

지난 50년 간 전세계 인구는 급격히 증가했다. 세계은행그룹에 따르면, 세계 인구는 1950년 25억 명에서 1999년 60억 명으로 크게 치솟았다. 사실 20세기 전반에 걸쳐 세계 인구는 매년 2%씩 증가했다.

이런 추세라면 2025년에 206억 명, 2600년에는 6조 3,000억 명에 달할 것이며, 결국엔 지구상의 공간이 부족해 서 있을 만한 땅조차 모자랄 지경에 이른다. 공간은 차치하고라도 식량부족난을 겪게 될 것이다. 이 문제에 관해 선구자적인 역할을 감당한 《인구폭탄(Population Bomb)》의 저자 폴 엘리치는 인구의 꾸준한 증가가 결국 식량부족난을 초래할 것이라고 단언했다.

하지만 근래에 들어 공간부족난이나 식량부족난이 발생할 가능성은 희박하다는 연구결과가 나오고 있다. 세계의 인구 증가율은 20세기와 비교했을 때 둔화될 것이며, 따라서 총 인구수는 과거에 예측했던 것만큼 급격하게 늘지는 않을 것이라는 전망이다. 2003년 발표된 유엔(UN) 보고서는 2050년에 세계 인구가 앞서 예상했던 93억 명보다 적은 85억 명에 그칠 것이라고 전망했다.

인구증가율이 감소하는 이유는 다양하지만, 주 원인으로는 HIV/AIDS의 증가를 꼽을 수 있다. 최근에 발표된 유엔 보고서에 따르면, 대부분의 국가가 AIDS로 큰 타격을 입을 경우 2050년 세계 인구는 예측보다 약 5

억 명 줄어들 것으로 전망된다. 세계적으로 인구증가율이 감소하는 또한 가지 이유는 출산율 하락이다. 선진국의 출산율은 총인구를 유지하는 데 필요한 '인구보충 수준 출생률' 2.1명을 밑돌며, 개발도상국의 경우에도 6.3명에서 2.9명으로 감소했다. 이처럼 AIDS와 상관없이 출산율이 감소하는 이유는 일반적으로 삶의 질이 높아지면서 가족계획을 세우는 가정이 늘고 있는 추세와 연관이 있다.

미국 역시 인구감소세에 있지만, 이민자들 때문에 전체 인구는 꾸준히 증가할 것으로 보인다. 향후 50년 간 인구증가는 개발도상국들을 중심으로 이루어질 것이다. 방글라데시·중국·콩고·에티오피아·인도·나이지리아·파키스탄 등이 여기에 속한다.

세계은행그룹은 앞으로 15년 간 후진국에서 약 6억 명, 중진국에서 약 3억 7,500만 명, 선진국에서 3%에 해당하는 3,000만 명이 늘어나 세계 인구가 70억 명을 넘어설 것으로 전망하는데, 지역별로 다음과 같이 나눠볼 수 있다.

- 남아시아 지역 : 3억 1,000만 명
- 사하라사막 이남의 아프리카 지역 : 2억 3,000만 명
- 동아시아 및 태평양연안 지역 : 2억 2,000만 명
- 중동·북아프리카·라틴아메리카·카리브해 지역 : 2억 3,000만 명
- 유럽 및 중앙아시아 : 900만 명
- 고소득 국가들 : 3,000만 명

2001년 〈네이처(Nature)〉에서 발행한 논문 '세계 인구성장의 끝(The End of World Population Growth)'은 세계인구가 2070년 90억 명까지 치

솟았다가 그 이후에는 감소할 것으로 내다보고 있다. 울프강 루츠와 워레 샌더슨, 세르게이 커보브가 공동 저술한 이 논문은 가장 현대화된 사회들을 대상으로 인구가 고령화되는, 그리고 마침내 인구가 감소하는 모델을 제시해서 21세기가 끝나기 전에 세계 인구 성장이 멈출 가능성이 약 85%임을 입증했다(UN 보고서는 이 모델을 근거로 2050년에 유럽 인구가 7억 2,800만 명에서 6억 3,200만 명으로 감소할 것이라고 전망했다).

한편 남반구 국가들의 인구비율은 증가할 것이며, 이에 따라 현격한 인구 재분배가 일어날 것으로 보인다.

뉴욕에 본부를 두고 있는 인구문제협회의 존 본가츠는 이러한 변화를 두고 다음과 같이 말한다. "유럽인과 백인, 그리고 북아메리카인의 숫자가 점차 줄고 있다."

하지만 미국은 예외다. 미국의 인구는 앞으로 수백 년 동안에는 꾸준히 증가할 것이다. 이주민들과 현재의 출산율을 감안할 때 2050년까지 2억 8,500만 명에서 4억 900만 명으로 증가할 것으로 보인다.

세계은행에 따르면, 전세계 여성들은 1분에 380명씩 임신을 한다. 하지만 임신과 출산이 이루어지는 지역은 주로 개발도상국들이며, 선진국의 출산율은 앞으로 계속 감소할 것이다.

유엔 인구분과는 이미 세계 인구의 44%가 인구보충 수준 출생률보다 출생률이 낮은 나라에 살고 있다고 전한다. 따라서 인구감소세에 있는 이들 국가가 어떻게 변화하고, 어떻게 공존할지는 22세기를 규정하는 중요한 변수가 될 것이다.

057 다문화형 인간
Multicultural People

빈 디젤과 타이거 우즈, 히스패닉 인구의 증가 현상이 갖는 공통점은 무엇인가? 다름 아닌 미국이 다문화를 수용하면서도 인종적으로는 좀더 융화된 사회로 변형되고 있다는 증거일 것이다.

미국의 역사가 시작된 시점부터 미국의 인구는 크게 백인과 흑인으로 구분되어 왔다. 미국 인구조사국은 1920~50년 백인의 비율이 90%로 전국민의 대다수를 차지했고, 흑인이 그 나머지의 대부분을 구성했다고 밝힌다. 그 시기에 아시아인의 비율은 0.5%에도 못 미쳤으며 히스패닉은 찾아보기 힘들 정도였다. 물론 백인의 대다수는 세계 각지에서 막 이주해 온 사람들이었다(대부분 유럽 출신이었다). 그리고 그들은 자국의 문화를 버리고 다소 획일화된 미국 문화에 적응하도록 교육받았다. 영어를 배우고 농구를 좋아해야 했으며, 조지 워싱턴을 존경하고 헌법과 유대 · 기독교의 전통을 믿어야 했다. 하지만 미국식 보편화는 인종 차별에 따라 훼손되었으며, 시민권이 확립되기 전까지 흑인들은 소외와 멸시를 감당해야 했다. 결국 미국은 여러 민족들이 한데 융화된 '용광로'였지만, 흑인들은 결코 그 용광로에 함께 녹아들 수 없었다.

하지만 21세기로 향하면서 재미있는 현상이 일어났다. 지난 50년 간 유럽 출신의 이주민이 감소하고 그 밖의 출신 이주민이 급증한 것이다. 그 가운데서도 히스패닉 인구는 눈에 띌 정도로 증가해 지금은 미국에 거주하는 외국 태생 인구의 약 절반을 차지한다. 아시아계 미국인도 급증했다. 지난 50년 간 미국의 총 인구는 두 배가 되지 못한 반면, 이들의 수는 30배 이상 늘어난 것이다. 아프리카계 미국인도 백인보다 빠른 속도로 증가해 왔지만, 아시아계나 히스패닉을 따라잡지는 못했다. 그 결과 지금 아시아계 미국인은 전체 인구의 4%를 차지하며, 히스패닉계는 12.5%에서 계속 늘고 있는 추세로 미국 최대의 소수민족이던 흑인 인구를 넘어서기 시작했다. 반면 지난 50년 간 백인이 차지하는 비율은 전체 인구의 90%에서 75%로 떨어졌으며, 50년 후에는 백인들이 전체 인구의 50%를 겨우 웃돌 것으로 예상된다. 그리고 곧이어 미국은 더 이상 뚜렷한 다수민족이 존재하지 않는, 소수민족들의 집합소가 돼버릴 것이다.

향후 몇 년 간 이러한 경향은 가속될 전망이며, 이에 따라 많은 사람들이 미국의 소국분할을 우려하고 있다. 또한 각 대학마다 '아시아인 연구'와 '라틴아메리카인 연구' 등의 학과가 증설되자, 미국의 어린이들이 조지 워싱턴과 헌법에 대해 긍정적인 관점을 지니지 못할 수도 있다는(또는 전혀 관심이 없을 수도 있다는) 우려까지 제기되는 실정이다.

사회학자 아미타이 에치오니는 2001년 저술한 책 《흑백 사회(The Monochrome Society)》를 통해 미국의 다문화주의의 성장에 대해 전혀 걱정할 필요가 없음을 역설하고, 그 근거를 제시했다. 수많은 연구결과, 과거 50년 간 인구통계는 크게 바뀌었지만 미국에 거주하는 모든 인종 및 민족들은 여전히 기본적인 가치관과 믿음을 공유하고 있으며 미국적인 사고방식을 고수한다는 것이다. 또한 에치오니는 기본적인 태도와 관련해서 "우리는 다채로운 사회보다는 흑백 사회에 훨씬 더 가깝다"고 주장한다.

미국인 학부모들을 상대로, 고등학생들에게 "모든 미국인을 결속시켜 주는 보편적인 역사와 이념을 가르쳐야 하는지"에 관해 여론조사를 실시한 결과, 85%가 "그렇다"고 대답했으나, 외국 태생 및 히스패닉 학부모의 경우 동일한 대답의 비율이 각각 88%와 89%로 '훨씬 더' 높았다. 외국 태생의 학부모들은 자녀들의 영어교육을 거부하기는커녕 오히려 학교에서 가능한 한 빠른 시일 내에 영어를 가르쳐주기를 원했다. 또한 최근 이슈에 관한 설문조사 결과들도 아시아계와 라틴계, 흑인과 백인 간 차이점보다는 유사점이 더 많다는 사실을 보여주고 있다.

인구의 변화로 국가가 분열될 가능성은 거의 없다. 오히려 인구 변화 때문에 나타나는 현상을 꼽으라면 미국인들이 예전엔 거의 몰랐던 문화들을 새로 접하고 있으며, 그에 대한 관심이 점차 고조되고 있다는 점이다(세계화와 인터넷은 국가 간 교류와 커뮤니케이션을 크게 도왔다). 지난 10년간 라틴계 미국인 아티스트들의 음악이 주류로 떠오르면서 '제니퍼 로페즈'와 '리키 마틴', '크리스티나 아길레라' 등의 이름은 이제 낯익은 것이 되었다. 또한 9 · 11 테러를 계기로 미국인들은 자국 내에 무슬림이 증가하고 있음을 자각하게 되었으며, 그로 인해(적대심이 아닌 호기심에서) 이슬람 문화에 관한 서적 판매량이 급증하고 있다. 2002년 브로드웨이에서는 40년 전의 고정관념을 모두 지우고 새롭게 각색한 〈플라워 드럼 송(Flower Drum Song)〉이 재연되어 중국계 미국인의 역사에 대해 풍부하면서도 새로운 시각을 제시했다. 같은 해 가을에는 픽션 에디터 데보라 트레이스먼이 고급 시사주간지 〈뉴요커(New Yorker)〉에 소수문학을 싣기도 했다.

새로운 이민자들은 전 세대 이주민 못지않게 제2의 조국에 충성을 다하는 한편, 자기 민족의 전통을 찬미하고 고수할 가능성이 높다. 따라서 미국은 이제 수많은 재료가 한데 섞여 있으면서도 고유의 맛을 잃지 않는 '샐러드'에 가까워질 것이다. 현재 미국에는 같은 민족을 대상으로 판매활동을 벌여 수익을 내는 사업이 수없이 등장하고 있다. 이를테면 고야푸드(Goya Foods)부터 서반어 전문 네트워크인 텔레문도(Telemundo)와 유니비전(Univision), 정기간행물인 〈엘 디아리오(El Diario)〉와 〈라티나(Latina)〉에 이르기까지, 모든 분야에 걸쳐 히스패닉 시장만을 상대로 서비스를 제공하는 기업들이 번창하고 있다.

앞서 언급한 변화들을 모두 감안해 볼 때, 민족적 정체성에 관한 의문이 점차 복잡해지고, 어쩌면 그리 중요하지 않은 문제로 전락할 가능성이 높다. 골프 챔피언인 타이거 우즈가 아시아계 미국인인가? 아프리카계 미국인인가? 그도 아니면 또 다른 소수민족인가? 사실 그는 자신이 원하는 어떤 민족이든 될 수 있다. 히스패닉은 확연히 구분할 수 있는 민족이 아니다. 히스패닉은 어떤 민족도 될 수 있으며 그들의 조상은 유럽인과 미국 원주민의 유전자가 생물학적으로 혼합되고 종종 아프리카인이 한 명씩 섞여 있다. 50년 전만 해도 흑인은 거의 언제나 빈곤할 수밖에 없었다. 하지만 이제 흑인 중산층이 점차 증가하고 있다. 통계적으로 볼 때 이들은 다른 중산층과 비슷한 시각과 구매습관을 지녔다. 게다가 고유의 미국인이 다른 민족이나 인종과 결혼할 확률은 점점 높아지고 있다. 1970년 이후, 그와 같은 민족 간 결혼은 72%나 증가했다. 일례로 이민 3세대 아시아계 미국인 여성의 40% 이상이 아시아계 이외의 민족과 결혼한다.

다민족적, 또는 다문화적 정체성을 지닌 미국인은 계속 증가할 것이다. 배우 빈 디젤은 2002년 인종적 정체성이 모호한 영

화 속의 스파이로 출연해 엄청난 히트를 쳤고, 공식 인터뷰에
서 스스로를 '다문화적'인 인물로 언급한 바 있다. 더욱 다양
하면서도 좀더 융화된 사회, 이것이 미국 인종집단의 새로운
파동이다.

Chapter

7

예술과 오락 트렌드

우리는 디지털 문화로 간다

'해적'이라는 단어를 들었을 때 제일 먼저 [illegible] 주장한 채 카리브 해를 항해하는 배들을 습격해 [illegible] 선원의 모습일 것이다. 그러나 21세기의 해적들은 칼이 아니라 컴퓨터로 무장하고 있다. 그리고 그들이 훔치는 보물은 보석이 아니라 [illegible] 털 정보며, 그들이 활보하는 바다는 카리브 해가 아닌 인터넷 [illegible] 한쪽 눈 [illegible] 끔눈도 아 니다. 그들은 평범한 10대 청소년처럼 보이지 어쩌면 이 [illegible] 그들이 [illegible] 얻은 음악의 [illegible] 형이 높 았다. 카자(KaZaA), 라임와이어(LimeWire [illegible] 르페우스 [illegible] 프로그 [illegible] 미국에서 [illegible] 6,000만 명에 달하며, 그들은 인터넷에서 무료로 음악을 다운로 [illegible] 이 다른 [illegible] 현상은 Peer-to-Peer, 또는 P2P라고 불린다). 파일을 공유하는 이들은 자신이 [illegible] 나쁘다고 생각 [illegible] 에 사는 14살의 [illegible] 소니아 안 트는 〈뉴욕 타임스〉와의 인터뷰에서 이렇게 말했다. "그게 불법인지 [illegible] 파는 게 아 [illegible] 하지만 음반사나 가수들의 시각은 다르다. 음반 판매량은 눈에 띌 정도로 줄었고, 가수들은 로열티를 잃고 [illegible] 2003년 9월 [illegible] 을 가하듯 미국음반산 업협회(RIAA)는 불법적으로 음악 파일 [illegible] 261명을 고소하고 한 곡 당 15만 달러의 배상을 요구 [illegible] 이러한 전략

058 예술의 분산화
Decentralized Art

20세기에 뉴욕은 출판·공연·예술의 중심지였으며 로스앤젤레스는 영화와 대중음악의 중심지였다. 그러나 21세기에 이르러 기술이 발달하자 고급예술과 대중예술은 이제껏 몸을 위탁해 오던 고향을 벗어나기 시작한다. 예술 분산주의 시대가 도래한 것이다.

이러한 흐름을 이끈 요인 가운데 가장 중요한 역할을 한 것은 바로 신기술의 발달이었다. 디지털 카메라, 전자출판, 인터넷, 그 밖의 다양한 혁신적 기술들은 눈부신 속도로 예술의 두 반신(半身), 즉 생산과 보급에 중대한 변화를 가져왔다.

대부분의 예술 분야에서 생산은 보급에 비해 비용이 적게 드는 부분이다. 이를테면 글을 쓰는 데는 펜과 몇 장의 종이만으로도 충분하지만, 이를 출판하려면 인쇄기와 저장창고, 그리고 영업사원 등이 필요하다.

그러나 일부 예술 분야는 생산비용조차 상상을 초월하기도 한다. 예를 들어 전형적인 할리우드 영화제작에는 수천만 달러가 소요된다. 하지만 놀라운 신기술 디지털 비디오가 탄생하면서 제작비가 크게 줄었다. 그리고 할리우드 밖에서도 손쉽게 영화를 만들 수 있게 되었다. 2000년 디지털 카메라로 영화 〈타임 코드(Time Code)〉를 촬영한 마이크 피기스는 이렇게 말한다. "이 기술은 영화산업을 송두리째 바꿀 것이다. 이제까지 높은 비용 때문에 소수가 독점하고 있던 영화제작이, 모든 사람의 손으로 옮겨갈 것이다."

기술은 또한 예술의 다른 반쪽인 보급을 확산시켰다. 인터넷은 누구나 출판업자나 화랑 주인, 음반회사 사장, 영화관 주인이 될 수 있도록 돕는다. 몬태나에 사는 화가가 네트워크상에 그림을 올려놓으면 맨해튼의 예술품 수집가들이 그것을 평가한다. 다양한 취향의 사람들이 접속하는 온라인 문학잡지에 글을 연재하는 작가는 서적을 출판할 때보다 더 많은 독자를 모을 수 있다.

이에 비해 인터넷상의 영화 보급은 아직까지 초기 단계에 있다. 장시간 고화질의 디지털 동영상은 용량이 엄청난 탓에 전송하기가 쉽지 않기 때문이다. 그러나 점점 더 많은 단편영화 제작자들이 인터넷에 뛰어들고 있으며, 몇몇 저예산의 비할리우드 스타일 영화들은 인터넷상의 인기에 힘입어 기대를 초월한 박스오피스 수익을 올리기도 했다〔대표적인 예로 1999년에 개봉한 〈블레어 위치(The Blair Witch Project)〉가 있다. 단돈 5만 달러의 제작비를 들인 이 영화는 인터넷을 적극 활용함으로써 개봉 주말 2,850만 달러 수입을 올렸다. 그 결과 영화업계 사상 제작비 대비 최고의 수익률을 올렸다.─옮긴이〕.

나아가 기술은 예술의 분산화를 촉진시킴으로써 생산과 보급의 관계에 영향을 미쳤다. 출판사를 구하지 못한 작가는 독자를 찾을 수 없으며, 작가를 구하지 못한 출판사는 판매할 작품을 마련하지 못한다. 굳이 경제적인 이유가 아니더라도 작가와 출판사는 항상 상대방과의 접촉을 유지해야 한다. 기존의 장거리 통신이나 장거리 여행은 속도가 더디고 비용이 많이 소모되었기 때문에, 최상의 방법은 물리적으로 가까운 장소에 함께 자리잡는 것이었다. 따라서 예술은 몇몇 특정 지역에 밀집하는 경향을 갖게 되었다. 뉴욕에는 출판사가, 할리우드에는 영화사가 몰려들었다.

그러나 이메일과 휴대전화, 그리고 장거리 운송체제가 널리 보급되자 뉴멕시코에 사는 작가와 플로리다와 사는 삽화가, 그리고 더블린의 출판업자가 쉽게 협력할 수 있었다. 동시에 해외 영업사원을 조달하는 일도 한결 손쉬워졌다.

할리우드는 더 이상 할리우드에 존재하지 않는다. 이제는 수많은 미국 블록버스터들이 캐나다 밴쿠버나 동유럽에서 촬영되며, 외국 자본을 끌어들이거나 외국 관객을 노리는 일도 흔해졌다.

예술의 분산화를 부추긴 것은 기술뿐만이 아니다. 시간이 지남에 따라 각국의 도시들은 예술이 경제발전에 매우 중요한 역할을 수행한다는 사실을 깨닫기 시작했다. 예술은 경제발전을 이끌 수 있는 독창적인 사람들을 유혹하며, 동시에 관광지나 휴양지로서 고수익을 올리도록 도울 수도 있다. 구겐하임 미술관 덕분에 활기를 되찾은 스페인의 빌바오, 새로운 연주회장 등 도시를 부활시킬 만한 예술 분야를 찾고 있는 디트로이트를 보라. 이 같은 트렌드는 세계 곳곳에 예술 중심지를 하나둘씩 증가시킴으로써 분산화를 더욱 심화시켰다.

예술 분야에서 이런 분산화는 긍정적인 현상인가? 2002년 현재 세계적으로 900만 개 이상의 웹사이트에 개인들이 자작시나 영화, 노래를 올릴 경우 이것이 예술 분야에서 이점으로 작용할 것인가? 어쩌면 대답은 ‘아니오’ 일지도 모른다. 어느 누가 웹상에 숨겨진 보석을 찾아 900만 개나 되는 갤러리를 모두 돌아다니겠는가?

관객들에게는 항상 예술품을 감상하는 데 도움을 줄 비평가나 존경할 만한 출판업자, 훌륭한 미술관, 이름 높은 관련기관이 필요하다. 이러한 관객들에게 필터로서의 역할을 하는 대부분의 기업체(예를 들면 영화사)는 마케팅과 유통에 사용할 거대한 돈 주머니를 가지고 있으며, 그곳에서 나오는 자본은 신인 예술가마저 초대형 음반회사나 영화사와 일하도록 설득함으로써 예술의 분산화를 막는 데 사용된다.

그러나 지금은 그러한 필터 그 자체에서마저 분산화가 일어나고 있다. 이제 영화 팬들은 TV 광고나 전문가들의 리뷰만큼이나 독립 영화비평 사이트 〈에인트 잇 쿨 뉴스(Ain’t It Cool News)〉의 편집자 해리 놀즈와 같은 사람들의 도움을 받는다.

예술의 분산화가 가져온 수많은 이점에도 불구하고(좀더 다양한 지역인구에게 예술과 접할 기회를 마련해준) 뉴욕이나 로스앤젤레스 등 예술의 지리적 중심지가 붕괴됨으로써 무언가 소중한 것이 사라진 것은 사실이다. 중심화의 장점 중 하나는 비슷한 지역에 모여 사는 예술가들이 서로의 아이디어를 자유롭게 논의할 수 있다는 데 있었다.

그러나 인터넷이 이 역할을 대신 담당하면서부터 그들은 이제 채팅방에 모여 서로의 웹사이트를 돌아다니는데 그친다. 반면 분산화는 오스틴이나 텍사스 등지의 새로운 예술 중심지를 발달시켰다. 예술의 분산화는 앞으로도 계속될 것이며, 머잖아 수많은 도시들이 이 대열에 동참할 것이다.

059 디지털 방송의 정착
Digital Broadcasting

누가 디지털 TV를 원하는가? 아직까지는 주위를 둘러보아도 간절히 디지털 TV를 원하는 사람은 없는 듯하다. 매년 구형 아날로그 TV는 2,500만 대가량 판매되는 반면, 디지털 TV의 판매량은 15만 대에 불과하다. 〈아이 러브 루시(I Love Lucy)〉가 방송되던 시절부터 비디오 기술을 사용해 화면을 전송하던 아날로그 TV와 달리, 디지털 TV의 작용 방식은 컴퓨터와 비슷하다. 즉 모든 데이터가 0과 1로 변환되어 디지털 정보의 형태로 전달되는 것이다.

그러나 이런 사실을 알게 되더라도 대부분의 사람은 왜 디지털 TV를 이용해야 하는지 깨닫지 못할 것이다. 디지털 라디오로 옮겨가면 의구심은 더 커진다. 옛날부터 사용해 오던 트랜지스터 라디오가 뭐가 잘못되기라도 했단 말인가. 왜 그걸 굳이 바꿔야 한단 말인가. 그러나 디지털 TV 방송과 라디오 방송은 이미 시행되고 있으며 앞으로 더욱 확대될 것이다.

화제를 바꿔보자. 요즘 떠들썩한 디지털 위성 시스템이나 디지털 케이블 시스템은 디지털 TV와는 완전히 다른 것이다. 이들 '시스템'은 말 그대로 디지털 전송방식을 의미한다. 디지털 전송신호는 다시 아날로그로 전환되어 아날로그 TV로 전달될 수 있다. 그러나 진정한 디지털 TV는 프로그램 촬영과 전송, 그리고 영상 디스플레이에 이르기까지 모

두 디지털 방식을 이용한다. 디지털 TV가 소비자들에게 매력적인 이유
는 다음과 같다.

- 완벽한 고화질 TV(HDTV)의 기적은 바로 와이드 스크린과 선명한
  화면, 6개의 돌비사운드 채널이다. 특히 16 대 9 비율의 와이드
  스크린은 극장 상영용 영화나 DVD를 집에서도 완벽하게 구현해
  준다.
- 좀더 많은 공중파 방송을 수신할 수 있을 뿐만 아니라, 시청자가
  데이터·이미지·사운드 등을 다운로드할 수 있는 인터랙티브
  TV가 실용화될 것이다. 달리 설명하자면 이것은 인터넷 접속 기
  능과 양방향 CD/DVD 플레이어를 구비한 TV와 같다. 앞으로
  TV는 시중에 이미 출시된 일부 모델처럼, PC와 통합되어 '홈 인
  포테인먼트(infortainment : 정보의 전달에 오락성을 가미한 소프트웨어
  또는 미디어를 가리키는 용어—옮긴이) 센터'로서의 기능을 담당할
  것이다.
- 하나의 방송국이 디지털 채널을 이용해 시청자가 선택한 다수의
  프로그램을 동시에 전송하는 멀티캐스팅(multicasting) 전송방식이
  상용화되면서 표준화질보다 훨씬 뚜렷한 고화질 프로그램을 맛볼
  수 있다. 여기서 추측할 수 있는 것은 방송사가 낮 시간에는 다수
  의 표준화질 프로그램을, 밤 시간에는 하나의 고화질 프로그램을
  방송할 것이라는 점이다.

이상과 같은 훌륭한 이유들을 듣고도 디지털 TV에 돈을 써야 할 필
요성을 못 느끼겠다면, 걱정하지 마라. 당신은 혼자가 아니니까. 수백

만 명의 미국인이 당신과 똑같은 생각을 가지고 있다. 사실 디지털 TV
를 소유하고 있더라도 아직은 그에 걸맞은 프로그램이 많지 않다. 몇 년
전 미국 연방통신위원회(Federal Communication Commission : FCC)가 상
업 및 공공 방송국이 디지털 포맷으로 전환할 수 있도록 일정 시한을 제
시했다. 하지만 방송국들이 필요조건에 부합하는 단계에 이르지 못한
관계로 최종 기한은 계속해서 미루어졌다.

방송국측은 디지털 TV를 구매하는 고객층이 얼마 되지 않는다는 이
유로 이 프로젝트에서 발을 빼고 싶어했다. 이것은 마치 닭과 달걀의 문
제와 같다. 무엇이 먼저인가? 소비자인가, 아니면 프로그램인가? 방송
프로그램이 존재하지 않는다면 시청자들은 흥미를 갖지 않을 것이며,
시청자가 없다면 방송사들이 관심을 갖지 않는다. 다음으로 1980년대
비디오 테이프 분쟁과 비슷한 방송 포맷 문제가 있다. 소비자들은 또 다
른 베타맥스(소니가 발명한 비디오 포맷 방식으로 경쟁에서 VHS에 패했다—옮
긴이)가 될지도 모른다는 우려 때문에 특정 종류의 디지털 TV를 구매하
는 일을 꺼린다.

그렇다 하더라도 디지털 TV의 대중화는 피할 수 없는 길이다.
우선 컴퓨터의 사용이 늘어나 사람들이 고화질의 이미지에 익
숙해졌다. 심지어 가장 하급의 컴퓨터 모니터조차 아날로그 TV보다
훨씬 선명한 화질을 구현한다. 인터넷 서핑과 DVD, PC 작업에 익숙해
질수록 아날로그 TV 화면은 점점 초라해 보일 것이다.

컴퓨터의 보급은 또 다른 변화를 가져왔다. 사람들이 좀더 많은 시간
을 온라인에서 보내게 되면서, 편안한 의자에서 일어나 다른 기계 앞으
로 옮겨가는 일을 귀찮아하기 시작했다. 얼마 안 가 그들은 모든 정보와
오락을 한자리에서 즐길 수 있도록 TV와 PC의 통합을 원할 것이다. 그

런 홈 인포테인먼트 센터에는 디지털 TV가 필요하다.

소비자들이 디지털 TV를 구매함에 따라 새로운 가전산업 시장이 창조되고, 수많은 채널이 속속 탄생함으로써 방송국이 광고를 판매할 수 있는 통로가 넓어질 것이다.

아날로그 신호를 받는데 사용되는 채널을 비롯해 라디오 주파수 사용인가를 통해 수익을 올리던 FCC의 중요성 또한 증대될 것이다. 현재 FCC는 2006년까지 디지털 채널 편성을 완료할 계획에 있으며, 그 때쯤이면 미국 가정의 85% 이상이 디지털 신호를 수신할 수 있는 장비를 갖출 것으로 보인다.

아직까지는 대부분의 사람이 아날로그 신호를 수신하고 있다. 그러나 디지털 TV를 향한 사람들의 욕구는 기하급수적으로 상승하고 있다. 특히 디지털 TV를 필수적으로 만드는 '킬러 애플리케이션(killer application)'이 등장하면 이 같은 추세는 더욱 가속화될 것이다. 더불어 디지털 TV의 앞 단계인 디지털 라디오 역시 널리 보급될 전망이다. 디지털 라디오를 이용하면 지금 흘러나오는 음악을 하드 드라이브에 저장할 수 있고 광고를 전달할 수도 있으며, 앨범이나 콘서트 티켓을 파는 웹사이트에도 곧바로 접속할 수 있다.

1954년 CBS와 NBC가 최초로 컬러 방송을 내보냈을 때, 미국에서 컬러 TV를 소유하고 있는 가정은 불과 100세대에 불과했다. 그러나 10년 후에는 어디에서나 컬러 TV를 볼 수 있게 되었다. 어쩌면 디지털 TV의 미래도 이와 비슷할지 모른다. 지금은 디지털 TV를 소유한 가정이 흔하지 않지만, 몇 년 후에는 당신의 거실에도 이 새로운 기계가 놓여 TV시청의 즐거움을 더해줄 것이다.

060 디지털 할리우드
Digital Hollywood

할리우드는 늘 새로운 것을 선호하는 곳이다. 그러나 역설적으로 영화를 만들기 위한 가장 기본적인 기술 분야에서만큼은 오랫동안 구식 물건에 길들여져 있다. 영화가 발명된 이후 100년 동안 영화제작 기술은 항상 똑같은 장비(셀룰로이드 필름과 현상액)를 이용해 왔다. 하지만 토키 영화(유성영화)의 출현 이후 영화산업의 가장 커다란 혁명은 구식설비가 디지털 기술로 대체되면서 비롯되었다. 0과 1의 형태로 정보를 변환하는 디지털 기술이 영화계마저 지배하게 된 것이다.

이러한 변화는 촬영(제작과정), 특수효과와 편집(촬영 후 과정), 스튜디오에서 극장으로의 보급(유통과정), 그리고 관객들에게의 제공(공개 과정) 등 영화산업 전반에 걸쳐 일어나고 있다. 그러나 아직도 대부분의 영화는 최근까지 다른 포맷이 결코 따라갈 수 없었던 깊이감과 풍부한 색감을 제공하는 35mm 셀룰로이드 필름으로 제작된다.

변혁은 촬영 후 과정에서 가장 빠르게 나타났다. 이제는 35mm 필름으로 촬영된 영화들도 의례적으로 디지털 과정을 거쳐서 특수효과나 편집을 훨씬 쉽게 끝마칠 수 있게 되었다. 편집자는 예전처럼 셀룰로이드 필름을 자르고 붙이는 것이 아니라, 디지털화한 필름 조각을 컴퓨터를 이용해 재구성한다. 디지털 특수효과는 보이는 곳과 보이지 않는 곳에서 동시에 이루어진다. 영화 〈헐크(The hulk)〉의 초록색 괴물이 특수효과의 산물이라는 것을 모르는 관객은 없다. 그러나 중세시대물 영화를 찍다가 배경에 나타난 자동차를 디지털 기술을 이용해 지웠다는 사실을 아는 사람은 관련 종사자뿐일 것이다.

변화가 가장 더디게 이루어지는 부문은 유통과 공개 과정이다. 비록 편집 과정에서 수없이 디지털화된다 해도, 영화는 다시 셀룰로이드 프린트로 바뀌어 각종 극장으로 수송된 후 상영된다. 위성이나 네트워크 라인을 통해 디지털 파일 형태의 영화를 각국 극장으로 전송할 수만 있다면 영화사는 엄청난 수송비용을 절감할 수 있을 것이다. 그러나 현재까지 디지털 상영기를 갖춘 극장은 세계적으로도 극소수에 불과하다. 디지털 상영기의 최근 시가는 약 15만 달러로서 디지털 영화가 인기를 얻게 되면 극장을 찾는 관객이 늘어나겠지만, 그렇다 하더라도 디지털 변환에 소모된 비용을 상쇄시켜 줄 정도는 아니다. 이런 경우 비용을 절감함으로써 혜택을 받는 것은 영화사이기 때문에(영화사가 셀룰로이드 프린트를 전세계로 보급하는데 소모되는 비용은 1년에 약 16억 6,000만 달러다). 극장주들은 설비에 필요한 비용을 영화사측에 요구할 수 있을 것이다. 그러나 많은 전문가들은 영화의 유통과 공개 과정이 완전히 디지털화되려면 2010년 즈음에서야 가능하리라 내다보고 있다.

영화산업에서 디지털 할리우드로의 탈바꿈은 리스크와 기회를 동시에 의미한다. 만일 영화가 디지털 파일의 형태로 수송되는 시기가 온다면, 영화사는 현재 음반업계가 애를 먹고 있는 무단복제라는 문제를 떠안게 될 것이다. 이미 많은 영화사가 디지털 영화의 도난이나 불법복제를 방지하기 위해 암호화 시스템이나 다른 기술들을 고안 중이다.

디지털 상영기를 설치하는 극장주들은 고화질의 영화를 상영할 수 있을 뿐만 아니라, 영화 시작 전에 화려한 광고를 내보내거나(구형 슬라이드

쇼여, 안녕! 어서 오렴, 디지털!) 화상회의를 개최함으로써 어부지리를 얻을 수 있다. 미국 최대의 극장 체인점 리걸 엔터테인먼트 그룹(Regal Entertainment Group)은 벌써 많은 지점에 디지털 상영기를 들여놓은 상태다.

디지털 할리우드로 인해 가장 많은 혜택을 받게 될 이들은 아마도 영화제작자일 것이다. 항상 커다란 압력으로 작용했던 배우들을 배재할 수 있을지도 모르기 때문이다. 2002년 개봉한 〈시몬(S1MONE)〉이라는 영화에서는 진짜 사람과 구별할 수 없을 정도로 정교한 컴퓨터 그래픽 배우가 등장한다. 빼어난 연기와 눈부신 찬사, 그러나 이 인공 배우는 높은 출연료도, 리무진이나 에어컨이 설치된 트레일러도 요구하지 않는다. 그러나 아직까지는 〈반지의 제왕(The Lord of the Rings)〉에 등장하는 골룸처럼 아무리 훌륭한 컴퓨터 그래픽 캐릭터라도 인간의 동작이나 목소리의 도움을 받아야 한다. 하지만 현재 많은 감독들이 사람의 연기를 보충하기 위해 디지털 기술을 이용하고 있으며, 제작자들은 빠른 속도로 영화 세트를 디지털로 교체하고 있다. 지금 할리우드는 디지털을 향해 나아가는 중이다.

'해적'이라는 단어를 들었을 때 제일 먼저 떠오르는 이미지는 칼로 무

장한 채, 카리브 해를 항해하는 배들을 습격해 보물을 약탈하는 거친 선원의 모습일 것이다. 그러나 21세기의 해적들은 칼이 아니라 컴퓨터로 무장하고 있다. 그리고 그들이 훔치는 것은 보물이나 보석이 아니라 디지털 정보며, 그들이 활보하는 바다는 카리브 해가 아닌 인터넷 네트워크다. 이 해적들은 검은 안대로 한쪽 눈을 가린 험상궂은 애꾸눈도 아니다. 그들은 평범한 10대 청소년일 수도 있으며, 어쩌면 이 책의 독자일는지도 모른다.

이제껏 디지털 해적은 음악을 훔치는 행위로 악명이 높았다. 카자(KaZaA), 라임와이어(LimeWire), 모르페우스(Morpheus), 베어셰어(BearShare) 등의 공유 프로그램 이용자는 미국에서만 6,000만 명에 달한다. 그리고 그들은 인터넷에서 무료로 음악을 다운받아 기꺼이 다른 해적들에게 나누어 준다(이러한 현상은 Peer-to-Peer, 또는 P2P라고 불린다). 파일을 공유하는 이들은 자신의 행동이 나쁘다고 생각하지 않는다. 캘리포니아에 사는 14살의 해적 소니아 안트는 〈뉴욕 타임스〉와의 인터뷰에서 이렇게 말했다. "그게 불법일 리가 없어요. 돈을 받고 파는 게 아니잖아요."

하지만 음반사나 가수들의 시각은 다르다. 음반 판매량은 눈에 띌 정도로 줄었고, 가수들은 로열티를 잃고 있다. 2003년 9월, 마치 제국이 역습을 가하듯 미국음반산업협회(RIAA)는 불법적으로 음악 파일을 다운로드했다는 이유로 261명을 고소하고, 한 곡 당 15만 달러의 배상을 요구했다. 이러한 전략은 불법 다운로드를 행한 사람들에게 확실한 경고를 가하는 데는 성공했지만, 음반사에게도 깊은 상처를 입혔다. 여론은 그 협회를 어린 중학생들로부터 수백만 달러를 갈취하려는 사이버 깡패로 취급했던 것이다. 이 소송사건은 불법 다운로드 행위를 순간적으로 급감시켰지만, 이내 음악 파일 공유는 다시 이전 수준으로 회복되었다.

이제 디지털 해적 행위는 다른 분야로 널리 확산되고 있다. 과거 해적질이 성행할 수 있었던 이유는 귀중한 물건들이 경계가 허술한 길을 따라 정기적으로 운반되었기 때문이다. 우리가 사는 21세기에 경계가 소홀한 길은 바로 인터넷이며 소중한 상품은 디지털 정보다. 음악·영화·TV 프로그램·컴퓨터 소프트웨어·기업비밀·은행계좌·전쟁계획 등 점점 다양한 종류의 데이터들이 전자 네트워크를 통해 이동하고 있으며(또는 업로드될 수 있으며), 데이터 습득 기술이 발전함에 따라 해적 행위도 더불어 증가하고 있다.

가장 좋은 예는 할리우드 영화다. 아직까지는 용량 문제 때문에 개별 PC 이용자가 두 시간 길이의 고화질 영상을 다운로드받기는 힘들다. 그러나 머잖아 다운로드 기술가격이 내려가고 좀더 편하고 빠르게 이용할 수 있을 전망이라, 소비자는 공짜 노래를 다운받듯 공짜 영화를 내려받아 서로 교환하기 시작할 것이다.

미래의 디지털 해적 피해자는 음반산업계와 마찬가지로 법적 수사나 재판을 통해 이 난관을 타파하려 들 가능성이 크다. 그러나 그러한 대처법은 오히려 수사망이나 법적 취약점을 교묘하게 피할 수 있는 기술이 난무하는 결과를 불러올 것이다. 지난 2002년, 음반계는 음악공유 프로그램 냅스터를 타파하는 데 성공했다. 냅스터는 위법으로 해석될 여지가 큰 중앙 서버를 사용하고 있었다. 그러나 그 뒤를 이어 나타난 라임와이어나 베어셰어 등의 차세대 음악공유 프로그램들은 중앙 서버를 이용하지 않았다.

블럽스터(Blubster)와 같은 일부 공유 프로그램은 음반 업계에 발각되지 않도록 암호화 소프트웨어나 프록시 서버를 이용한 간접 경로 등 여러 가지 기술적 트릭을 이용한다. 또한 일부 해적들은 지하 네트워크를 통해 개인적으로 파일을 서로 공유함으로써 외부에서 이들의 거래를 추적하기가 쉽지 않다.

디지털 해적들은 무기와 장비 면에서 발전에 발전을 거듭하고 있으므로, 어쩌면 디지털 상품을 원하는 그들의 욕구를 값싸고 손쉬운 온라인 포맷을 통해 만족시켜 주는 길이 그들과 맞서는 가장 좋은 방법일 수도 있다. 이미 애플의 아이튠스 뮤직 스토어(iTunes Music Store)는 낮은 가격의 음악 파일을 합법적으로 다운받을 수 있도록 함으로써 수익성이 높은 사업으로 떠올랐다. 낮은 가격이라 해도 무료보다 비싼 것은 사실이지만, 대부분의 고객은 아무래도 개운치 않은 불법행위를 피하기 위해 적은 양의 프리미엄을 지불할 용의가 있어 보인다. 특히 공급자가 편리한 서비스를 제공한다면 기꺼이 비용을 지불할 것이다.

네트워크 음악사업의 두번째 모델은 완전히 새로운 것이다. 바로 음반사가 직접 모든 고객들에게, 즉 인터넷에 접속하는 사람이라면 누구나 언제라도 음악을 들을 수 있도록 음악을 실시간으로 제공하는 스트리밍 서비스이다. 물론 적절한 가격책정과 요금지불 및 매상분배 시스템이 개발되는 것이 우선이지만, 이와 같은 시스템이 완전히 자리를 잡는다면 음악 해적들은 스페인 은화를 훔치던 카리브 해의 해적들처럼 소멸하고 말 것이다. 그러나 영화사나 다른 디지털 상품 공급자들은 달갑지 않은 해적들을 물리칠 방법을 스스로 찾아야 한다. 그러는 동안 인터넷 해적들은 광활한 디지털의 바다를 끊임없이 항해할 것이다.

062 존경받는 비디오 게임
Respectable Video Games

'시간낭비, 사이버 강도, 폭력에 대한 불감증….' 비디오 게임을 화제에 올릴 때마다 결코 빠지지 않는 단어들이다. 그러나 비디오 게임의 위상은(자녀를 둔 부모들에게 자주 비난받는 폭력적 1인칭 슈팅 게임을 비롯해) 점차 변화하고 있다. 마침내 약간의 존경심을 얻기 시작한 것이다.

그 전환점이 된 것은 2003년 5월 〈네이처(Nature)〉에 발표된 로체스터 대학의 연구결과였다. 연구팀은 1인칭 액션비디오 게임을 플레이하면 시각적 집중력이 증가한다는 사실을 밝혀냈다. 이 실험에서 1인칭 액션 게임을 즐기는 대학생 그룹은 그렇지 않은 그룹보다 복잡한 배경에서 물체를 포착하는 일에 뛰어났고, 좀더 넓은 시야에 집중할 수 있었으며, 다수의 물건을 동시에 인식하고 추적할 수 있었다. 또한 빠른 속도로 주의 대상을 전환할 수도 있었다. 평소에 게임을 하지 않으나 10일 동안 1인칭 슈팅 게임을 훈련받은 그룹 역시 시각적 집중력이 개선되었으며, 비폭력적인 퍼즐 게임으로 훈련받은 피실험군은 그런 결과를 얻어내지 못했다.

성적하락에서부터 컬럼바인 학교의 대참사에 이르기까지, 십대들의 온갖 비행에 대한 원인으로 비난받았던 슈팅 게임은 갑자기 '좋은 것'으로 탈바꿈했다. 온갖 매체들은 비디오 게임이 노인들의 시야 훈련부터 공항 경비직원들의 세심함까지 다양한 분야에 유용하다는 정보를 제공했다. 심지어 2003년 9월 〈리더스 다이제스트〉는 비디오 게임이 중부 미국인의 운전능력을 향상시키는데 도움이 된다는 기사를 게재했다.

반면 폭력적인 비디오 게임을 금지하거나 제한해야 한다는 캠페인은 집중포화를 맞았다. 2003년 6월, 미국 연방법원은 미성년자가 폭력적 게임을 구매하거나 빌리는 것을 금지하는 세인트루이스 법률을 뒤집었다. 폭력 비디오 게임이 실제 생활에서의 폭력적 행동과 깊은 관련이 있다는 전문가들의 주장은 그 둘 사이에 아무 연관이 없다고 주장하는 다른 전문가들의 반격을 받았다.

액션 게임이 새로운 평판을 얻긴 했지만, 사실 비디오 게임 시장은 공격적인 청소년들뿐만 아니라, 다른 다양한 고객들이 원하는 비폭력 게임을 방패로 키워 나가는 중이었다. 따라서 게임 판매량이 점차 증가하고 고객층이 광범위해졌다.

이제 소녀들은 '바비 펫 리스큐(Barbie Pet Rescue)'나 '매직 워드로브(Magic Wardrobe)' 등의 게임을 하며 성장한다. 초등학교 저학년 학생들에게 논리를 가르치는 데 '줌비니의 논리 여행(The Logical Journey of the Zoombinis)'을 이용하고, 할머니들은 카지노 게임을 즐기며, 스포츠 팬은 축구나 농구 게임을 한다. 그리고 성인들은 '심즈(The Sims)'를 통해 대리만족을 느낀다.

이제 게임 시장은 게임큐브와 플레이스테이션 2 등의 콘솔 게임에서부터 컴퓨터 CD롬, 그리고 플레이어들이 아바타나 가짜 신분을 만들 수 있는 멀티유저 온라인 네트워크 게임에 이르기까지 놀라울 정도로 크게 확장되었다. 미국 게임 협회의 발표에 따르면, 미국의 게임 소프트웨어 시장은 2002년 69억 달러에서 2003년 80억 달러로 증가했다고 한다. 오늘날 평범한 미국 가정은 컴퓨터보다도 비디오 게임기를 선호한다. 이제 비디오 게임기는 VCR만큼이나 보편적인 가전제품으로 자리잡은 것이다.

게다가 비디오 게임은 애국적인 면모도 갖추기 시작했다. 국방부는 게임업체와 협력해 군대를 육성하거나 신병을 모집하는 비디오 게임을 만들기에 이르렀으며, 2003년 2월에는 군대용으로 '풀 스펙트럼 커맨드(Full Spectrum Command)'라는 게임이 출시되었다. 이 게임은 복잡한 도심전투 상황에서 부하들을 이끄는 소대장을 훈련시키는 내용이 담겨 있다. 또 다른 게임 '아메리카스 아미(America's Army)'는 가상훈련을 통해 십대들이 군대에 관심을 갖도록 고안된 것이다.

비디오 게임 산업의 위상이 높아짐에 따라 게임 회사들은 출세주의자들이 으레 하는 일에 동참하고 있다. 즉 사회적으로 더 높은 지위를 향해 올라가는 것이다. 연간 매출액 25억 달러의 비디오 게임 대기업 일렉트릭 아츠는 로스앤젤레스에 화려한 최신식 스튜디오를 건설하기 시작했다. 비록 회사의 기반은 아직 캘리포니아 북쪽 실리콘 밸리에 있지만, 새 스튜디오는 최고 애니메이터와 작가, 세트 디자이너 그리고 재능 있는 영화인들을 유혹할 것이며 영화 산업과의 협력을 약속할 것이다.

한때는 영화산업도 사회적으로 천대받는 하층 분야였다. 그러나 영화는 그 후 오랫동안 주류로서의 역할을 수행해 왔다. 비디오 게임 분야 역시 그와 비슷한 전철을 밟을 것이다. 게임이 점점 일반화되고 더욱 세련되어짐에 따라, 그리고 긍정적 면이 증가함에 따라, 고급 디너 파티에서 최신 게임에 대해 대화를 나누는 시절이 올지도 모른다.

063 안전한 모험
Safe Thrill-Seeking

지난 몇십 년 동안, 미국인은 신체적 한계를 시험하는 스릴을 즐겨왔다. 일부 사람들은 이를 위해 마약, 범죄, 술, 또는 섹스를 이용한 반면 대부분의 사람은 합법적이고 안전한 방식을 선호한다.

그들은 더욱 빠르고, 높고, 시끄러운 놀이기구에 몸을 맡기거나 때로는 죽음으로 이끌지도 모르는 열기나 냉기, 그리고 높이와 스피드를 극한으로 넘나드는 스포츠를 즐긴다. 자동차 레이싱, 번지점프, 패러글라이딩, 스키, 서핑, 래프팅 등의 스포츠는 아슬아슬하면서도 스릴을 만끽할 수 있도록 도와주는 극한 모험이다.

일부 학자들은 스릴에 대한 갈망은 인간의 생리학적 구조와 관련이 있다고 주장한다. 델라웨어 대학의 임상심리학 교수 마빈 주커맨 박사는 스릴을 즐기는 사람들은 전두엽의 활동 수준이 보통 사람들보다 낮고 특정 중요 신경전달 물질이 부족하다고 설명한다. 따라서 그들은 정신적 균형을 유지하기 위해 극단적인 신체 행동을 필요로 하는 것이다. 그들은 보통 사람들과는 달리, 위험이 동반되는 행위를 통해서만 '도파민(고도의 정신기능, 창조기능을 주로 담당하는 신경전달 물질—옮긴이) 반응'을 자극할 수 있다.

또한 스릴이나 위험에 대한 반응은 성별에 따라 다르게 나타날 수 있다. 한 설문조사에 따르면 위험한 행동을 취할 때 남성과 여성의 차이점이 있다고 한다. 롤러코스터를 즐기는 정도는 두 성별 모두 비슷했지만, 새로운 직장을 구하기 전에 현재 다니고 있는 직장을 무작정 그만두거나, 또는 오토바이를 타거나 가게에서 좀도둑질을 하는 등의 사례에서 남성이 여성보다 더 쉽게 위험부담을 수용하는 경향이 있었다. 이러한 행위에는 음주운전, 콘돔 없는 섹스, 규정 속도보다 시속 40km 이상 과속하기 등이 포함된다. 즉 남성은 여성보다 스릴과 모험을 즐기는 경향이 높았다.

그러나 몇몇 익스트림 스포츠의 경우에는 여성들이 더 선호하는 모습을 보였다. 특히 래프팅과 암벽 등반이 두드러졌는데, 이러한 선호도의 차이는 각각의 성별이 왜 위험한 스포츠를 즐기는가에 대해 조사한 정부 보고서의 결과와 일치한다. 피트니스 및 스포츠 문제에 대한 대통령 자문기관의 1997년 보고서에 따르면, 여성이 위험한 스포츠를 즐기는 이유는 남성과 현저하게 다르다. 여성은 서로에 대한 경쟁의식보다는 자아실현이나 공동체의 목적을 이루기 위해 그러한 활동에 참가하는 경향이 있다.

위험한 스포츠를 즐기는 운동가들은 위험 그 자체에 매력을 느낄지 모르지만, 반드시 한도를 넘어서지 않도록 자제해야 한다. 따라서 그들은 다양한 예방조치를 취한다. 예컨대 60~900m의 다양한 높이에서 번지점프를 즐기는 사람들은 예기치 못한 부상이나 사망을 예방하기 위해 튼튼한 밧줄을 이용하며, 밧줄이 플랫폼과 확실하게 연결되어 있는지 철저한 확인과정을 거친다. 통계적으로 볼 때, 번지점프를 하다가 사고를 당할 확률은 자동차로 160km의 거리를 운전하다가 사고를 당할 확률과 같은 50만분의 1이다.

미국에 거주하는 1,100만 명의 스키 애호가들과 400만 명의 스노우보더들은 매년 5,000만~5,500만 번 정도 스키와 스노우보드를 즐긴다. 〈퍼스트 트랙!! 온라인 스키 매거진(First Tracks!! Online Ski Maganzine)〉에 따르면 스키를 타다가 부상을 입는 비율은 1,000번에 2.5번 꼴이며, 스키나 스노우보드를 타다가 사망하는 사고는 1년에 35건 정도 발생한다. 미국 스키연맹과 스키패트롤 협회, 스키강사 협회는 안전에 대한 관심도를 증가시키기 위해 '안전구상 2000'을 발표한 바 있다. 여기에는 부상을 방지할 수 있는 갖가지 안전사항이 포함돼 있다.

미국 카누협회 역시 이와 비슷한 안전수칙 헌장을 발표했다. 카누는 노를 이용하는 패들링 스포츠 가운데 가장 위험한 운동으로, 사망률이 매우 높다(75%). 가장 큰 사망 원인은 사용자가 구명장비를 사용하지 않기 때문이며, 그 밖에 다른 사고 원인에는 카누 안에서 몸 움직이기, 알루미늄 카누 사용, 음주 후 카누잉 등이 있다.

초음속 스릴을 원하는 사람들을 위해 다양한 가상 스릴 체험도 존재한다. 특히 흥미로운 것은 무중력 상태에서 이루어지는 우주 스포츠인데, 무중력 체조, 무중력 자유낙하, 무중력 여행 등이 있다.

마지막으로 좀더 직접적이고 즉각적인 스릴을 원하는 사람이라면 롤러코스터 등의 놀이기구를 권한다. 이런 형태의 통제된 위험 활동은 스릴을 위한 새로운 과학을 상징하는 기술적 경이로움을 낳는다. 템플 대학의 심리학 교수 프랭크 팔리는 "놀이기구는 다른 곳에서 경험할 수 없는 생리학적 스릴과 감각을 가져다 주며, 그와 같은 감정은 'T 타입'이라고 명명한 스릴을 좇는 사람들을 만족시킨다"고 말한다. 이어 팔리 교수는 롤러코스터나 그와 유사한 위험한 놀이기구들은 "미국적 정신에 걸맞다. 미국은 T 타입의 국가다. 우리는 인간이 만든 미개척 영역을 창조하고 있다"고 덧붙였다.

064 웹 문학 전성시대
Web Lit

한동안 칵테일 파티에서 최고의 인기를 누리던 화제는 "과연 컴퓨터가 종이책을 대신하게 될 것인가"라는 것이었다. 어떤 이들은 사람들이란 항상 책표지를 어루만지고 책장을 넘기고 싶어할 거라고 주장했고, 다른 생각을 가진 이들은 얼마 후엔 누구나 모든 일을 컴퓨터로 처리하게 될 거라고 주장하며 맞섰다. 이런 토론이 계속되는 동안 새로운 문학 형태가 확산되기 시작하면서 문제는 더욱 복잡하게 변했다.

생산과 유통, 소비가 모두 컴퓨터와 인터넷상에서 이루어지는 새로운 문학이 탄생한 것이다. 이러한 문학은 더 이상 종이 위에 인쇄될 필요가 없으며, 작품을 읽고 싶은 사람은 서점이 아닌 인터넷으로 향해야 했다. 그런 의미에서 웹 문학은 벌써 책의 자리를 빼앗은 셈이다.

웹 문학은 여러 종류의 장르를 아우르는 말이다(온라인 저널, 이진(e-zine)이나 웹진(온라인 잡지 및 뉴스레터), 이텍스트(e-text)나 전자책, 그리고 블로그 등). 웹 문학은 개인적인 글부터 특정 주제를 다루는 전문 웹 사이트, 예를 들면 당뇨병을 분석하고 이 질병을 어떻게 극복할 수 있는지 독자들에게 설명하는 특정 사이트 등 수많은 기사거리를 모두 포함한다. 또한 웹 문학에는 웹 사이트에서만 접근 가능한 〈뉴스 위크〉 등 정기간행물의 인터뷰 전문이나 칼럼도 포함된다. 일부 웹 문학은 인쇄물의 직접적인 대체물이기도 하다. 이를테면 몇몇 인쇄 매체는 급증하는 비용과 계속해서 감소하는 정기구독층을 감당하지 못해 종이 인쇄를 포기하고 온라인으로 옮겨가기도 했다. 웹 문학이라는 영역은 인터넷이 없었다면 탄생하지 못했을 것이다.

웹 문학에는 또한 온라인 픽션 매거진이 포함되며, 그 중 일부는 출판 저널에 주어지는 상을 받기도 했다. 온라인 매거진은 문학 소설을 다루거나 SF, 환타지, 호러 등의 장르를 전문적으로 취급하기도 하는 등 종류가 매우 다양하다. 작가들은 시장의 범위가 확대되었다는 점에서 유리하고, 독자들은 결코 출판되지도 못할 수준이 낮은 작품의 숫자가 무한대로 늘어났다는 점에서 불리하다.

그럼에도 불구하고 훌륭한 편집자와 수준 높은 작가들을 기반으로 하는 일부 온라인 저널은 꾸준히 독자층을 구축해 나가고 있다. 〈블루문 리뷰(The Blue Moon Review)〉, 〈인터넥스트(Intertext)〉, 〈몽키플래닛(Monkeyplanet)〉, 〈주주의 페탈 쿼털리(JuJu's Petals Quarterly)〉 등은 인기 있는 온라인 저널이다. 현재 대부분의 온라인 픽션 저널은 수익을 올리는데 어려움을 겪고 있는데 일부는 과감히 유료로 전환하는 모습을 보여주기도 했다. 〈마인드 아이 픽션(Mind Eye Fiction)〉은 소설의 앞부분을 무료로 제공한 다음, 뒷부분을 계속 읽고 싶으면 돈을 지불하도록 하는 시스템을 도입했다.

전자책(e-book)은 또 다른 형태의 전자 문학이다. 일부 전자책은 사실상 종이책에서 탄생했다. 한 예로 구텐베르그 프로젝트는 저작권이 소멸된 서적을 전자책의 형태로 변환해 공공 도메인에 올리는 작업이다. 험프리 워드 부인의 작품(1900년경에 출간된)을 비롯한 많은 책들이 오래전에 이미 절판되었기 때문에 이텍스트로 변환하지 않는다면 이러한 작품들은 완전히 소멸될지도 모른다. 다른 많은 서적들 역시 전자책의 형태로 부활했다. 독자들이 '주문형 서적(Print on Demand : POD, 인터넷을 통해 특정 서적의 개략적인 내용을 확인한 후 주문하면 곧바로 인쇄에 들어가 책을 만들어주는 서비스. '인스턴트 책'이라고 불리기도 한다—옮긴이)'을 주문하기 전까지, 그것들은 언제까지고 넷상에 존재할 것이다. 독립출판사 아이유니버스(iUniverse)는 이 새로운 디지털 시대에 작가들이 자력출판을 할 수 있도록 돕고 있다.

최근 사람들의 주목을 끌고 있는 웹 문학은 블로그다. 줄여서 웹 로그라고도 불리는 블로그는 1인 미디어다. 1999년 초반 23개에 불과하던 웹 로그는 2003년 중반 300만 개로 늘어났으며 이후로도 계속해서 증가하고 있다. 가장 전형적인 블로그는 개인의 의견이나 최근 사건에 대한 평가, 링크 등이 한 곳에 모인 모습을 갖추고 있다. 하지만 특이한 형태를 취할 수도 있다. 예를 들어 작가 마이클 대글리의 블로그(http://buddydon.com)는 하루 한 장(章)씩의 온라인 소설 형태를 취한다. 최근에는 소프트웨어가 발전하면서 프로그램 코드를 몰라도 누구나 자신만의 블로그를 만들 수 있게 되었고, 몇몇 웹 사이트는 전문적으로 블로그 공간을 제공하기도 한다. 블로거닷컴(blogger.com)과 같은 블로그 전문 사이트는 "클릭 한번으로 모든 사람들에게 널리(Push-Button Publishing for the People)"라는 슬로건으로 블로그의 민주주의적 특성을 강조한다.

민주주의는 웹 문학의 두드러진 특성이며, 그 결과 웹 문학은 예술의 분산화라는 광범위한 트렌드의 일부가 되었다. 비록 재능과 용기, 마케팅 능력, 그리고 행운을 필요로 하긴 하지만, 원칙적으로는 누구나 자신의 글이나 작품을 웹상에 자유롭게 게재할 수 있는 것이다. 또한 웹 문학은 문학의 스타일과 형식에 변화를 가져왔다. 하나의 텍스트에서 시작하되 다수의 분기점을 선택해 이동할 수 있는 하이퍼텍스트 픽션, 멀티플 엔딩과 비기닝, 양방향 기사, 독자가 항해할 수 있는 맵 형태, 그리고 시청각 보조물 등의 새로운 형식이 탄생했으며, 짧은 문장이나 단락, 또는 작은 표제로 시작되는 짧은 섹션 등 좀더 미묘한 변화가 일어났다. 심지어 출판문학 시장도 이들의 영향을 받고 있는 실정이다. 〈스토리 바이츠(Story Bytes)〉라는 온라인 저널은 두 단어 정도로만 이루어진 짧은 소설을 전문적으로 다룬다.

웹 문학은 더욱 성장하고 진화해 끊임없이 새로운 형태로 피어날 것이며, 일반 문학에 미치는 영향력 또한 꾸준히 증가할 전망이다.

Chapter

8

국제와 정치 트렌드

신흥 경제대국을 주목하라

2001년 9월의 테러 공격으로 전세계가 이슬람 세계에 대한 유례없는 관심을 보이고 있다. 현재 의문은 그 다음이 어디인가이다. 테러리즘이나 전쟁, 그리고 혁명적 변화의 다음 촉발점이 될 이슬람 국가는 어디일까? 어떤 트렌드가 전반적으로 이슬람 세계에 영향을 미칠 것인가? 이슬람 세계에 대해서 일반적으로 말하는 것은 어렵다. 전세계 여러 지역에서 15억 명의 무슬림아 사람이 살고 있기 때문이다. 아직까지 가장 주요한 트렌드는 미국에 대해 점증하는 의심과 적개심이다. 이라크 전쟁 때문이다. 2003년 여론조사에서 주요 이슬람 국가 8개국 중 7개 나라의 다수가 미국이 자신들의 나라를 공격하지 않을까 불안하다고 말했다. 미군이 이라크를 점령한 것은 과거 식민지 시절부터 괴롭히던 굴욕감을 되살아나게 만들었던 것이다. 이 때문에 알카에다와 다른 테러리스트 그룹들이 속속 인원을 확충했다. 전쟁에 대비해서라고 한다. 2003년 3월, 전쟁 전날 밤에 한 미국 관리는 〈뉴욕 타임스〉 기자에게 지금 이라크는 이미 알카에다 신병들의 함성으로 가득차 있다고 말했다. 아마도 서구에 대해 경종을 울리는 의미로 이슬람교에 뿌리내린 정치 이데올로기 이슬람주의에 대한 호소가 확산되고 있다는 신호가 있다. 그런데 이 이슬람주의가 매우 복잡하다. 가장 유명한 이슬람 브랜드(알카에다와 탈레반)는 반서구적 신정 근본주의로 다양한 형태를 띠고 있다. 그것은 현대 세계에 대한 학습에 따른 대응이고 종종 포스트모던적 요소가 혼합된 것이다. 서구 제국주의에 대한 비

065 번영하는 인도
India Prospering

'인도'에 대해 얘기할 때마다 항상 '가난'이라는 수식어가 뒤따른다. 그러나 전세계 산업전선에서 인도는 점점 중요한 국가로 자리매김하고 있다. 인도의 경제는 중국 다음으로, 세계에서 두번째로 빠른 성장세를 보이고 있으며, 앞으로도 이와 같은 상승세를 이어갈 전망이다.

인도의 경제 부흥은 1991년에 시작되었다. 정부가 국가계획경제를 자유화면서 촉발된 것이다. 그 이후로 인도는 엄청나게 많은 규제를 철폐하고 외국인 투자에 대한 제한을 해제했으며, 까다로운 관료주의를 청산해 나갔다. 소프트웨어 개발 회사와 금융기관의 서비스 센터와 같은 새로운 산업 덕분에 국가의 통제가 줄어들면서 성장할 여력이 생겼다. 미국 회사들을 설득해 소프트웨어와 서비스 사업을 인도에 '아웃소상' 하도록 조치했다. 그 결과 미국 내에서는 인도에 일자리를 수출하는 일에 대해 정치적 반발이 생기고 있다. 인도 내부에서는 특히 방갈로어와 하이데라바드 지역이 첨단기술 산업의 메카로 번성하고 있다.

인도가 번성하면서 문화적 변화도 일어났다. 즉 물질주의와 소비에 대한 전통적인 반감이 사라지고 서구식 소비사회로 변모해 가기 시작했다. 그러한 번성 덕분에 중산층이 성장하면서 그들은 지위에 따르는 물질을 추구하려고 한다. 인구통계학적으로 보아 인도는 젊은 국가다. 인구의 절반이 25세 미만으로, 그들이 구매를 즐길 가능성이 점차 높아지고 있다. '소비주의'란 말은 이제 더 이상 부정적인 말이 아니다.

인도에서 성장하고 있는 커피 전문점 체인 베리스타 커피의 사장인 요게시 사마트는 〈뉴욕 타임스〉에 이런 말을 했다. "처음에 점포 없이 사업을 시작했는데 지금은 인도 전역에 점포 수가 150개에 이른다." 이뿐이 아니다. 휴대전화에 대한 수요 때문에 인도는 세계에서 가장 빠르게 성장하는 이동통신 시장이 되었다. 인도의 소비제품 시장은 성장의 여지가 엄청나다. 2001년에 인도 가정의 32% 정도만 TV를 보유했지만, 앞으로는 더 많은 TV가 팔릴 것이다.

그러나 장미에는 가시가 있는 법이다. 인도 인구의 26%가 아직도 빈곤에 허덕이고 있다. 게다가 관료주의와 형편없는 인프라(열악한 도로사정, 믿을 수 없는 전기 수급)는 전반적인 인도의 경제성장을 방해하고 있다. 노동력의 70%가 농업에 종사하고 있어서 인도 경제는 아직도 몬순 기후의 영향을 많이 받고 있다. 인도와 함께 핵무기를 보유한 파키스탄과 전쟁을 벌일 위험도 간과할 수 없는 문제다. 실제로 인도에 뭔가를 판매하는 데 관심이 있는 사람 중에는 무기 중개상도 있다. 이들은 팽창 중인 인도의 국방 분야에 전투기나 레이더 시스템을 판매하려고 경쟁하고 있다. 앞으로 10년 내에 인도는 세계에서 가장 큰 무기 수입국이 될 것으로 예상된다. 만약 인도가 전쟁으로 자멸하지 않는다면, 다른 문제들을 극복하고 21세기에 가장 성공한 경제 이야기의 주인공이 될 가능성이 높다.

066 잊혀진 대륙, 아프리카의 부상
Remembering the Forgotten Continent

아프리카는 오랫동안 잊혀진 대륙이었다. 북아메리카와 유럽은 부와 막강한 국력 덕분에 항상 주목을 받았다. 아시아에서는 일본이 중요한 국가였다. 게다가 중국이나 인도와 같은 국가가 중요한 경제적·정치적 세력으로 부상하고 있다. 남미는 많은 문제를 안고 있지만 점차적으로 통합되고 번영한 서구 사회에 일부로 편입되어가고 있다. 하지만 아프리카만이 홀로 뚝 떨어져서 논외의 대상이었다. 그러나 이제 아프리카도 세계인의 주목을 받기 시작했다.

아프리카의 불행은 19세기에 유럽의 식민지가 되는 치욕을 겪으면서 시작되었다. 민족주의 운동으로 1950~60년대에 독립을 쟁취했지만 신생국은 불안정하기만 했고 영토분쟁은 끊이지 않았다. 또한 지도자는 부패와 무능력으로 일관했다. 파벌까지 난립해 많은 아프리카 국가는 내전으로 몸살을 겪었다. 주기적인 기아로 대륙이 황폐화되고 세계의 관심이 줄기 시작했다. 큰 위기가 발생하면 비상 지원이 있기는 했지만, 세계의 이목은 다시 멀어져갔다.

냉전시대 미국과 소련은 각각 아프리카에서 자신들의 영향력을 유지한다는 원칙을 갖고 있었다. 두 강대국은 엄청난 양의 해외원조를 퍼부었는데, 이는 주로 종속국에게 자금을 제공해 적국으로 넘어가지 않도록 하기 위한 의도였다. 그러한 원조는 자질 없는 독재자를 지원해 끊임없이 내전이 발생하도록 만들었다. 소련이 해체되고 냉전이 종식되자, 미국은 해외원조를 꺼리게 되었다. 그렇게 아프리카 대륙은 버려진 것이다. 그러한 상황은 비참함을 더하기도 했지만 긍정적인 측면도 있었다.

아프리카 최악의 불행은 AIDS다. 2001년 현재 사하라 이남에서 2,800만 명이 HIV 바이러스에 감염되었다. 이는 세계에서 가장 높은 발생률인데, 감염자 증가율도 최대일 것으로 예상된다. 게다가 대부분의 아프리카의 국가는 난폭한 독재자들 때문에 이중의 고통을 겪고 있다. 예컨대 짐바브웨의 로버트 무가베는 2002년 대통령선거를 왜곡해 자신의 터무니없는 정권을 유지했다. 내전과 지역전은 계속해서 대륙을 유린했다. 때때로 외국의 개입을 불러일으키기도 했다. 2003년에는 미군이 정전을 감시하기 위해 라이베리아에 파견되기도 했다. 콩고 민주공화국은 긴 내전으로 엄청난 사망자가 발생했는데 2002년 현재 관련 사망자 수는 330만 명에 이른다.

그러나 아프리카 대륙은 이제 더 이상 두 강대국의 노리개가 아니다. 이제는 아프리카도 다른 지역들처럼 이익을 추구하는 세계 투자와 다국적 기업의 주목을 끌기 위해 노력해야 한다. 반면 나쁜 소식이 있다. 제1세계의 인프라를 구축하기에는 가야 할 길이 너무 멀다. 태국이나 싱가포르와 유사한 인프라를 구축하는 일도 요원한 실정이다. 물론 좋은 소식도 있다. 투자자들이 좋아하는 것, 예컨대 안정적인 정부와 낮은 정부지출 및 낮은 인플레, 민영화된 경제 등을 갖춘다면 개발에 박차를 가할 수 있는 자본을 유치할 가능성이 있다.

아프리카는 사업을 유지할 수 있을 정도로 안정화되면 투자자들을 유인할 자원이 풍부한 곳이다. 몇몇 다국적 석유 회사가 나이지리아의 니제르 삼각주에 투자했으나, 2003년 민족분규 때문에 일시적으로 사업을 중단해야 했다.

일부 아프리카 국가는 자국에 투자할 가치가 있음을 보여주기 위해 고군분투 중이다. 한때 세계적으로 악명이 높던 리비아는 2003년 테러리즘과 대량살상 무기를 포기하고 국제 사회의 제재를 해제하기 위해 노력 중이다. 다른 국가들의 경우에도 선한 국가로 가는 여정은 그리 멀지 않다. 예를 들면 균형 예산부터 먼저 달성하는 것이다. 우간다 대통령인 무세베니는 자신의 조국을, 균형 예산을 실현하고 빈곤층의 권리를 보호하는 몇 안 되는 국가 중 하나로 변모시켰다.

남아프리카 공화국 역시 경제성장을 위해 다양한 노력을 기울이고 있다. 이 나라는 1990년대 인종차별에서 벗어나 다민족 민주주의를 실현하려고 한다. 〈로이터(Reuter)〉 통신에 따르면, 지금은 비관세 산업 지대와 원양 항구를 접목해 아시아의 '네 마리 용'이 이룩한 경제 기적을 이어받으려 한다고 알려져 있다. 코에가(Coega) 산업개발 지역은 싱가포르나 중국과 같은 나라에서 경제성장을 촉진하기 위해 조성한 지대와 비슷하다.

또한 민간 주도 사업을 촉진하기 위해 일부 아프리카 국가는 세계 무역 회의에서 공정한 대우를 요구하며 토착산업을 지원하고 있다. 예를 들면 자국의 농산물 보호 및 경쟁력을 강화시키기 위해 선진국의 농업

보조금을 폐지해 달라고 요구했다. 2003년 WTO의 칸쿤 회의는 이 문제에 대한 논쟁으로 결렬되었다.

이와 같은 모든 아프리카의 활동은 선진국의 기억을 되살렸고, 많은 세계 지도자들과 재력 있는 사업가들이 아프리카를 방문하도록 만들었다. IMF에 따르면, 1994년 이후 사하라 사막 이남의 국가들은 경제성장률이 연간 5%를 기록 중이라고 한다. 그러나 이렇듯 아프리카의 자본주의적 성향을 과연 믿을 수 있는가 하는 회의적인 시각도 있다. 카이로에서 발행되는 〈알아람 위클리(Al-Ahram Weekly)〉의 온라인 판에서 학자인 리타 아브라힘센과 레이 부시는 이렇게 기고했다. "북반구 국가들은 주로 자신의 이익을 증대하는 방식으로 아프리카를 세계 경제에 통합시키고 있다."

그러나 다른 의견도 있다. 아프리카 사람들은 적절한 생계가 유지되는 한 북반구 국가들이 아프리카에서 이익을 취하더라도 크게 개의치 않을 것이라는 주장이다. 아프리카는 더 이상 잊혀진 대륙으로 남으려 하지 않을 것이다.

2001년 9월의 테러 공격으로 전세계가 이슬람 세계에 대해 유례없는 관

심을 나타내고 있다. 현재 의문은 그 다음이 어디인가이다. 테러리즘이나 전쟁, 그리고 혁명적 변화의 다음 촉발점이 될 이슬람 국가는 어디일까? 어떤 트렌드가 전반적으로 이슬람 세계에 영향을 미칠 것인가?

이슬람 세계에 대해서 일반적으로 말하는 것은 어렵다. 전세계 여러 지역에서 15억 명의 무슬림이 살고 있기 때문이다. 아직까지 가장 주요한 트렌드는 미국에 대해 점증하는 의심과 적개심이다. 이라크 전쟁 때문이다. 2003년 여론조사에서 주요 이슬람 국가 8개국 중 7개 나라가 미국의 공격을 받을지도 모른다는 불안함을 갖고 있는 것으로 나타났다. 미군이 이라크를 점령한 일이 과거 식민지 시절부터 괴롭히던 굴욕감을 되살아나게 만든 것이다. 이 때문에 알카에다와 다른 테러리스트 그룹들은 전쟁에 대비해서 속속 인원을 확충했다. 2003년 3월, 전쟁 전날 밤에 한 미국 관리는 〈뉴욕 타임스〉 기자에게 지금 이라크는 이미 알카에다 신병들의 함성으로 가득차 있다고 전했다.

아마도 서구에 대해 경종을 울리는 의미에서 이슬람교에 기반을 둔 정치적 이데올로기인 이슬람주의에 대한 호소가 확산되고 있다는 지적이 있다. 그런데 이 이슬람주의가 매우 복잡하다. 가장 유명한 이슬람 브랜드(알카에다와 탈레반)는 반서구적 신정 근본주의로 다양한 형태를 띠고 있다. 그것은 현대 세계에 대한 학습에 따른 대응이고 종종 포스트모던적 요소가 혼합된 것이다.

서구 제국주의에 대한 비판으로 마르크스의 목소리도 있을 것이다. 반유대주의를 포함해 음모 이론의 경향도 있을 것이다. 급진적이고 호전적인 이슬람주의는 폭력과 테러리즘을 동원해 전제적인 신정 체제를 수립하려 한다. 그러나 자유로운 이슬람주의도 있는데 이들은 종교와 자유주의 원리를 혼합하려고 한다. 이러한 유형의 이슬람주의는 서구와 이슬람 세계 간의 평화에 도움이 된다.

이슬람 세계를 이해하려는 사람은 이슬람 세계(Islamic World)라는 말이 호도될 수 있음을 인식해야 한다. 이 말이 실제로 존재하지도 않는 동질성을 암시하기 때문이다. 무슬림이 다수인 나라들은 제각기 다른 역사와 문제를 갖고 있다. 터키는 무슬림의 숫자가 압도적으로 많지만, 세속적 전통과 친서구적 경향이 강하다. 하지만 터키 의회는 이라크 전쟁에서 전진 기지로 터키를 사용하게 해달라는 부시의 요청을 거부했다. 역설적이게도 부시의 요청을 허용하기 위해 노력한 이는 독실한 무슬림인 총리 레셉 타입 에르도간이다. 이슬람 세계의 외부이든 내부이든 정치는 참 알 수 없는 것이다.

이슬람 변화의 촉발점으로 주목해야 할 곳은 파키스탄이다. 미국의 동맹국으로 아프가니스탄에서 미군을 지원하기는 했지만 테러리스트를 숨겨주고 정치적으로 불안정해 이슬람 신정국가로 돌변할 가능성이 있다. 현 지도자는 페레즈 뮤샤라프로서 쿠데타를 통해 집권했다. 파키스탄은 민주주의 전통이 약하다. 국제적으로 큰 우려가 제기되는 이유는 핵무기를 보유하고 있기 때문이다. 2004년 1월 파키스탄과 인도 사이에 평화회담을 재개하기로 합의하면서 긴장이 어느 정도 완화됨에 따라 두 나라 사이에 핵무기를 사용할 염려를 일축했다. 그러나 2003년 12월에 무샤라프가 이슬람 단체의 암살 기도를 가까스로 모면하면서 핵무기가 급진적 이슬람 세력에게 들어갈지도 모른다는 두려움이 증대했다.

국제적으로 영향을 미칠 위기들은 이슬람 세계 곳곳에 도사리고 있다. 2003년 후반 사우디아라비아의 이슬람 민병대는 안보 관료를 암살하려고 시도했다. 아프가니스탄에서 도주한 알카에다 구성원은 카프카스 산맥에 새로운 활동 기지를 마련한 것으로 보인다. 또 체첸이 러시아 공화국에서 독립하는 일도 지원할 것으로 보여 이슬람 세계의 위기 상황은 지속될 전망이다.

068 팍스 차이나를 꿈꾸는 중국
China Rising

중국의 부상은 '장기적으로 가장 중요한 세계 트렌드' 일 것이다. 이는 〈뉴욕 타임스〉의 컬럼리스트 니콜라스 크리스토프가 2002년에 했던 말이다. 중국의 부상은 오랫동안 진행된 트렌드다. 1982년 존 나이스비트는 《메가트렌드(megatrend)》에서 "최근 중국은 제조업계의 새로운 경쟁자로 부상했다"고 지적한 바 있다. 오늘날 중국은 세계 여섯번째 경제대국으로 2008년에는 올림픽을 개최할 예정이며, 기나긴 논란 끝에 세계무역기구에도 가입했다. 아직까지는 초강대국이 아니지만 선진 국가의 위치에 올라설 수 있는 부와 역량, 위신 등을 빠르게 갖추어가고 있다.

중국의 저력은 13억이나 되는 세계 최대의 인구 덕분이다. 또한 1970년대 덩샤오핑이 권력을 잡은 이래 약 20년 간 성장한 자율경쟁 기업 때문이기도 하다. 비록 중국의 지도자들은 아직 공산주의자이지만, 시장개혁에 대한 열렬한 지지를 약속한 덕분에 국가 경제가 빠르게 발전하는 데 도움이 되고 있다.

중국의 연간 생산량은 두 자리 숫자로 성장하고 있는데, 이는 경제규모가 큰 다른 나라보다 빠른 것이다. 외국 투자자들도 중국으로 몰려들고 있다. 중국은 한때 경제적 경쟁 상대였으며 규모가 비슷했던 인도를 훨씬 앞질렀다. 2002년 세계은행 발표에 따르면, 중국인의 평균 월수입은 890달러지만 인도는 460달러였다. 그러나 성장의 열매가 균등하게 배분되지 않았다. 연안 지역 도시는 경세 성장의 혜택을 톡톡히 누리고 있지만 내륙 지방 농촌의 생활수준은 별반 나아진 게 없다.

중국의 새로운 힘은 과학과 기술에 대한 중시에서도 나온다. 새로운 국가주석 후진타오가 이공계 출신 수력발전 전문가(hydrogist)라는 점에서 확인할 수 있다. 중국은 40년 간 핵무기를 개발했고 위성과 대륙 간 탄도미사일도 보유하고 있다. 더구나 지금은 과학 분야에서 우주 분야로 빠르게 발전하고 있다. 2003년에는 우주에 사람을 보냈는데, 이는 군사적·산업적·과학적 면에서 큰 의미를 갖는다. 생명공학 부문 역시 미국에서 금지된 실험을 허용한 결과 중국의 새로운 힘에 한몫을 더하고 있다.

그러나 중국이 많은 발전을 이뤘지만 소련 붕괴 이후 유일 초강대국인 미국과 같은 수준으로 인정받지는 못하고 있다. 그저 일본과 경쟁하는 동아시아의 지역 패권 국가일 뿐이다. 1997년 영국으로부터 홍콩을 되돌려 받고 1999년 포르투갈로부터 마카오를 되돌려 받은 후, 이제는 대만의 주권까지 노리고 있다. 그러나 중국은 결코 간과할 수 없는 약점을 한 가지 지니고 있다. 공산주의의 유산인 권위적 정부체제와 서구식 경제성장의 필수요건인 자유와 개방이 조화되지 못하고 있다는 점이다.

중국에서 삶의 수준이 높아지고 사람들이 세계 시장의 경쟁에 점차 익숙해짐에 따라, 상대적으로 중국인들은 정치적 변화의 속도에 좌절할 것이고 자신들의 지도자가 시대에 뒤떨어진다고 생각할 것이다. 빈부격차도 심해지고 있고 사회복지는 대단히 미비해 불안정의 잠재력이 다분하다. 중국 정부는 비밀리에 일을 추진하고 인민의 요구에 빠르게 대응하지 못한다. 특히 AIDS와 SARS의 대처 과정에서 미숙함을 보여준 바 있다.

게다가 인민들이 절실하게 요구하고 있음에도 전반적인 민주화를 회피하고 있다. 1989년 발생한 톈안먼 사태에서 보여준 중국의 리더십으로 볼 때, 중국 정부는 정부 전복의 기미가 보일 때는 가차 없이 탄압할 것이다. 톈안먼 사태 관련자에 대해서는 아직도 무자비하게 탄압하고 있다. 중국 정부는 2003년 현재에도 정보 유입에 대해서 제한을 가하고 있다. 중국은 힐러리 클린턴의 자서전 《살아 있는 역사(Living History)》를 검열한 유일한 국가로, 책의 일부분이 마음에 들지 않는다며 삭제해 버렸다.

그러나 많은 면에서 살펴볼 때 중국의 개방은 현재 진행 중이다. 인터넷과 세계적인 통신망으로 인해 세계의 생생한 소식이 중국에 들어가고 있다. 2002년의 한 여론조사에 따르면, 중국인의 80%가 자신의 지도자를 직접 뽑길 원한다고 한다. 불만족이 확산되자 2003년 중국 정부는 빈곤층에 대한 적극적 지원과 시장개혁을 약속한 바 있다.

정치적 불안정으로 중국의 경제개혁이 훼손되지 않으면 중국의 지위는 계속해서 상승할 것이다. 중국이 강력해지면 유일 초강대국인 미국과도 분쟁을 일으킬 수 있다. 중국은 동시아에서 영향력을 증대하려고 노력할 것이다. 단순히 경제적 영향력뿐만 아니다. 세계적 수준에 걸맞은 현대적인 해군을 육성하는 것으로 보아 군사적으로도 영향력을 확대하려고 한다. 이러한 트렌드 역시 장기간에 걸쳐서 나타날 것이다.

1997년 미 국방부 보고서에 따르면, "중국의 장기적인 목표는 세계 초강대국이 되는 것이다. 지도자는 21세기 초반부 어느 시점에서 중국이 아시아의 주도적인 정치 세력으로 자리잡을 것으로 예상하고 있다.

최근 몇 년 간 미국과 중국 사이에는 수많은 긴장의 순간이 있었다. 북대서양조약기구(NATO)군이 유고슬라비아 벨그라드의 중국 대사관을 폭격하는 사건도 있었고, 중국이 미국의 핵무기 비밀을 훔쳤다는 주장이 제기됐으며, 미국 정찰기가 중국에 강제 착륙한 사건도 있었다. 그러나 중국과 미국 사이에 전면적인 전쟁이 발발할 가능성은 없다. 양쪽 다 핵무기를 가지고 있으니 서로 사용할 경우 손해가 엄청날 것이기 때문이다.

미국과 중국 사이에 수십 년 간 지속된 냉전과 같은 관계가 될 가능성이 있다. 그러나 두 국가가 세계 시장으로 통합되는 것으로 보아 그렇지 않을 가능성도 있다. 그렇다고 하더라도 서로 의심하고 권력을 추구하며 무력을 과시할 것이다. 그러나 결국에는 서로에게서 이익을 얻으려는 욕망 때문에 평화로운 관계를 유지할 것이다. 특히 중국 정부가 좀 더 개방되고 인민의 요구에 제대로 부응하는 경우라면 말이다.

2004년 대선 기간 동안 인터넷의 힘은 2003년 7월 하워드 딘의 인터넷

블로그에 오른 짧은 모집공고에서 시작되었다. 수백만 명의 지원자가 이에 호응하면서 본격적인 선거운동이 시작되었다. 2003년 후반 어느 수요일, 인터넷에서 만난 뉴잉글랜드 대학의 학생들이 모여 전 버몬트 주지사의 선거운동에 대한 계획을 세웠다.

이 모임은 젊은이들을 대통령 선거에 끌어들인 풀뿌리 운동이라는 점에서 뿐만 아니라, 정치활동에 인터넷을 도입했다는 점에서 큰 의미가 있다. 앞으로는 인터넷 세계를 장악하는 자가 큰 정치적 힘을 행사하게 될 것이다. 그리고 그들이 웹 정치를 만들어낼 것이다.

정치적 힘을 온라인으로 개발하기 시작한 것은 온라인 커뮤니티를 형성하면서부터다. 예를 들어, 2003년 선거운동 계획을 위한 모임 이후 딘 지지자들은 선거운동 전략가와 만나 자금조성법 등을 배우게 되었다. 그들은 온라인을 통해 또는 개인적으로 친구나 가족을 만날 때마다 약간의 돈을 기부해 달라고 요청했다. 게다가 일종의 '번개(meetups)'를 통해 딘을 알리는 행사도 열었다.그 결과 딘은 전통적인 고액의 기부와 함께 2003년 후반 한 분기 동안 기록적인 금액을 기부받았다. 다른 3분기의 금액까지 합치면 거의 1,500만 달러에 이른다.

여기에서 그치지 않는다. 직접적으로 또는 인터넷을 통해 선거운동을 지원한 사람들은 대부분 선거운동에 대해 지속적으로 의견을 개진하고 있다. 따라서 인터넷 지지자들은 온라인을 통해 정기적으로 의견을 나누면서 선거운동에 대한 근본적인 아이디어를 형성하는 데 활발하게 참여했다.

인터넷 지지자들이 선거운동에 대한 의견을 주고받는 또 다른 방법은 인터넷 블로그다. 지지자들은 인터넷 블로그에 새로운 소식을 올려

놓고 선거운동에 대해 개선해야 할 점을 제안한다. 또한 모아야 할 기부금의 목표를 정해놓고 적은 돈이라도 지속적으로 기부받는다.

인터넷 지지자들의 연결을 어떻게 유지하는가 하는 문제는, 현재는 물론 미래에도 영향력 수준을 결정할 것이다. 예를 들어 딘과 웨즐리 클락 지지자들은 수백만 달러를 온라인으로 모금해 자신들의 후보가 활발하게 선거운동을 전개할 수 있도록 도왔다.

이와 같은 정치 그룹은 '스마트 몹(일정한 리더 없이 특정 사안에 대한 관심을 이메일이나 휴대전화로 공유한 뒤, 일정 장소에 불시에 모여 뜻을 피력하고 흩어지는 군중—옮긴이)' 이라고 불린다. 공통의 관심사를 가진 인터넷 모임을 형성하는 큰 움직임 중 하나다. 그들은 사이버 공간을 통해 정치운동을 하거나 또는 범죄자를 추적해 경찰에 넘기는 등 공통의 목표를 추구한다. 정치에서, 인터넷을 이용해 법을 집행하고 나아가 그 이상의 분야에 인터넷의 힘을 이용하는 일이 이제 막 시작되었다.

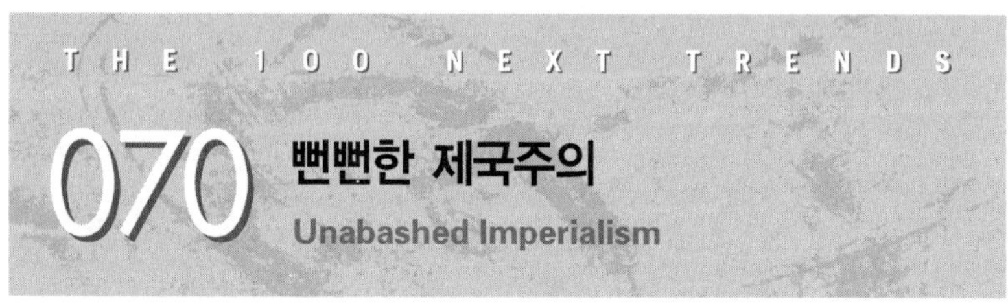

070 뻔뻔한 제국주의
Unabashed Imperialism

좌파들만이 미국을 '제국' 이라고 부르고 미국이 수행하는 전쟁을 '제국주의' 라고 말하던 시절이 있었다. 그러나 최근에는 보수주의자나 중도파들도 자연스럽게 미국을 '제국' 이라고 칭한다. 이 뻔뻔한 제국주의는

9 · 11 테러 이후 확산되고 있으며, 그 날의 악몽이 다시 일어나지 않는 데 필요한 모든 조치를 취하도록 모든 미국인을 몰아가고 있다.

그러나 9 · 11 테러 이전의 그 뿌리는, 신제국주의라는 것을 표방한 신보수주의자 그룹에서 찾아 볼 수 있다. 신보수주의자들은 부시와 백악관에 큰 영향력을 행사하고, 그들의 견해는 이미 정책이나 전쟁에서 실현되고 있으며, 앞으로 국제적 사건에도 영향을 미칠 가능성이 높다.

신제국주의는 역사는 1992년으로 거슬러 올라간다. 걸프전 직후 당시 아버지 부시 대통령의 국방정책 담당 차관인 폴 월포위츠는 '방위정책 가이드(Defense Policy Guidance)' 에서 미국이 가진 힘의 개념을 새롭게 정의할 것을 제시했다. 냉전 동안 미국은 군사력을 사용해 소련을 제지했지만 직접 공격하지 않는 봉쇄정책을 추구했다. 그런데 1991년 소련이 망하자 미국이 세계 유일의 초강대국이 되었다. 부와 영향력, 그리고 군사력 면에서 다른 모든 나라보다 우월해진 것이다. 월포위츠는 "이제 봉쇄 정책이 쓸모없으며 거대한 경쟁국의 출현을 방지하기 위해서 미국의 우월함을 유지할 필요가 있을 때에는 단독으로라도 선제 공격해야 한다"고 주장했다.

1997년 월포위츠와 도널드 럼스펠드, 윌리엄 클리스톨, 리처드 펄, 존 볼턴, 루이스 '스쿠터' 리비 등의 다른 신보수주의자들이 새로운 미국의 세기를 위한 프로젝트를 창안했다. 그들은 2000년에 '미국 국방 재구축'이라는 보고서를 발간했다. 이 보고서는 앞서 '방위정책 가이드'에서 밝힌 기본 원칙들을 바탕으로 하는데, '미국식 평화(팍스 아메리카나)'를 보존 · 확장해야 한다고 주장했다. 제국을 연구하는 역사학자들에게 팍스 아메리카나는 제국을 암시하는 것이다. 로마제국 시대가 팍스 로마나로, 영국 시대는 팍스 브리태니카로 알려져 있듯이 말이다.

2000년 부시가 당선되면서 월포위츠와 동료 신제국의자들이 전면에 나섰다. 월포위츠와 볼튼, 리비는 부시 행정부에서 고위직에 기용되었으며 럼스펠드는 국방장관이 되었다. 부시는 후보 시절에도 '국가 건설'과 미국 외교정책의 위대한 '겸손'에 대해서는 찬성하지 않았지만 대통령이 된 다음, 특히 2001년 9·11 테러 이후로는 강경한 신제국주의자들에게 큰 힘을 실어주었다.

2002년 11월에는 신제국주의의 견해를 인정하는 국가안보 전략을 발표했다. 이것은 '부시 독트린'으로도 알려져 있는데, 미국은 자신의 군사적 우월성에 대한 도전을 용납해서는 안 된다고 천명하고 있다. 경우에 따라서는 선제공격도 가능하며, 다른 나라들이 그러한 공격에 찬성하지 않으면 혼자서라도 감행해야 한다고 주장한다. 부시 독트린은 그 다음해에 UN의 지지 없이 미국이 일부 동맹국과 대량 살상무기의 개발을 저지한다는 명목으로 이라크의 사담 후세인 정권을 전복하면서 실현되었다.

이라크 전쟁 동안이나 전쟁 전후로 미 제국은 주요 논쟁거리였다. 이라크에 대한 개입을 지지하는 사람보다 비판하는 사람들이 꽤나 선동적이었던 '제국'이라는 말을 더 많이 사용했다. 2003년 봄에 크리스톨은 〈폭스 뉴스〉에서 이런 말을 했다. "우리는 강해지는 데 열중해야 한다. 우리를 제국주의라고 말해도 좋다."

일부 사람들은 엄격한 기준으로 따지며 그 용어에 대해서 토론한다. 역사학가 폴 슈뢰더는 "미국은 제국을 갖고 있지 않다. 그보다는 패권을 갖고 있다"고 지적했다. 패권은 '단일 통치체가 없는 하나의 국가 사회에서 한 국가가 가진 확실하고 인정된 리더십과 지배적인 영향력'을 말한다. 슈뢰더는 프랑스나 독일 등 미국과 오랜 기간 동맹국이었던 나라가 이라크전에 대한 UN의 지지가 필요하다며 반대한 것이 오늘날의 국제체제를 잘 설명한다고 한다.

용어보다 더 큰 논쟁을 불러일으키는 것은 부시 독트린에 나타난 미국의 힘에 대한 비전이다. 유럽이나 다른 나라의 반대론자들은 미국이 오만하고 싸움꾼 같다고 비난한다. 미국 내 반대론자들은 부시 독트린으로 인해 미국이 약하고 취약한 위치로 떨어질 것이라고 예상한다. 불필요한 전쟁을 일으키고 동맹국들과 소원해짐으로써 테러리즘에는 더욱 취약해질 것이라는 견해를 내비친 것이다.

부시 독트린은 여러 가지 문제를 지니고 있다. 정복과 그에 따르는 유혈로 도덕적인 비난을 유발할 것이고, 적들로 하여금 자신들에 대한 공격을 저지하기 위해 핵무기를 더 빠르게 만들도록 할 것이며, 적국에 대항해 예방(공격적) 전쟁을 일으키려는 나라들에게 전례를 만들어 주었다.

재정적인 면을 중시하는 이들은 신제국주의가 국가를 파산시킬 것이라고 불만을 표시한다. 완고한 외교정책 '현실주의자들'은 한 국가가 나머지 다른 국가들을 영구적으로 지배하려는데 다른 나라들이 가만히 있기를 기대하는 것은 비현실적이라고 한다. 현실주의자들은 미국이 그러한 전략을 추구하면 할수록 다른 나라들은 그것을 안보에 대한 위협으로 간주하고 뭉쳐서 미국에 대항할 것이라고 한다. 좀더 확고한 안보는 다른 나라들과 국제적으로 협력해서 얻어질 것이다.

신제국주의자들은 그러한 모든 비판에 대항해 몇 가지 근본적인 질문을 던진다. 어떤 것이 미국과 세계에게 좋은 것인가? 미국이 세계적인 우월함을 유지하는 것인가? 아니면 다른 나라들에 비해 상대적으로 약해지는 것인가? 신제국주의자들은 미국이 우월한 쪽이 더 좋다며, 미국은 약해지는 것을 스스로 용인해서는 안 된다고 주장한다.

부시 독트린을 살펴보면 현재의 미국은 점차적으로 신제국주의적 경향을 띨 것이다. 장기적으로 보았을 때, 한 국가와 나머지 다른 국가들 간에 힘의 차이가 너무나 큰, 현재 상황에 대한 역사적 전례가 없기 때문에 어떤 일이 발생할지 예측하기란 어렵다. 미국의 신제국주의가 장기적으로 활개를 치든 예전의 제국주의처럼 실패할 운명이든 간에 당분간은 계속 신제국주의적 입장을 취할 것이다.

071 원로 정치의 부활
The Rise of Gerontocracy

메리엄-웹스터 사전에 보면, 원로 정치(gerontocracy)란 '연장자의 통치(rule by elders)' 라고 되어 있다. 특히 노인 그룹이나, 원로들의 회합이 통치 또는 지배하는 사회조직의 형태를 의미한다. 19세기 영국의 정치가 윌리엄 글래드스톤은 간단하게 '노인의 정부(government by old men)' 라고 불렀다.

21세기 미국은 정부가 통치하기보다는 노인들이 통치하는 쪽에 가까울 것이다. 베이비붐 세대와 함께 양 세계대전 사이에 태어난 세대와 X세대가 나이를 먹음에 따라 미국 인구의 전반적인 나이가 고령화되고 있다. 1999년 크리스토퍼 세아가 살롱닷컴에서 '미국식 원로 정치'라고 언급한 사회를 향해 가고 있다. 21세기에는 미국 노인들의 지배는 그 범위가 훨씬 넓어질 것이다. 소멸 날짜가 없는 모든 직업으로 확대될 것이다.

직업에 매달리는 진짜 이유는 필요성 때문일 것이다. 그러나 권력에 대한 의지도 이유의 한 부분을 차지한다. 원로 정치 구성원이 직업을 유지하기 위해서 자신들의 재직기간에 대한 대중적 지지까지 구축할 것이다. 케세이 몰리건과 자이버 살라 이 마틴은 《원로 정치와 은퇴, 사회 보장(Gerontocracy, Retire and Social Security)》에서 노인들이 다른 연령층의 단체나 사회단체보다 주장하는 바를 정치권에 더 성공적으로 관철시키는 이유를 자세하게 설명했다. 연장자들은 그러한 접근방식을 통해 직업을 유지할 수 있도록 만든다.

그러나 사업가들은 이러한 원로 정치를 하나의 도전으로 받아들인다. 인터비즈너(interbizner.com)에 따르면 원로 정치에 기반을 둔 비즈니스의 세계는 '리스크를 혐오하고 성장이 더딘' 경향이 강하므로 젊은 세대(Y세대와 그 이후의 세대) 직원들의 사기를 꺾는 일이 발생할 것이라고 한다. 또한 눈앞에 닥친 원로 정치를 관리하려면 신중함이 필요하며 그에 따르는 조율작업이 막대할 것이라고 한다. 덧붙여 충고하기를, "빠른 증가 추세에 있는 노령 노동력의 효과적인 관리 문제가 가장 시급할 것이다. 그 다음으로 시급한 것은 젊은 사람들도 일할 맛 나는 환경을 어떻게 만들 것인가 하는 문제다"라고 말한다.

젊은 세대와 노인 세대의 싸움은 무섭다. 끝이 없는 싸움이 될 것이다. 베이비붐 세대는 떠나야 할 시간이 되어서도 원로 정치가로서 자신의 일자리를 붙잡고 있을 것이다.

한때 이런 말을 한 세대였음을 기억하라. "서른 살이 넘은 사람은 누구도 믿지 말라."

072 작아지는 정부
Starve the Beast

2004년 미국의 재정적자는 5,210억 달러에 이른다. 이는 불과 2년 전에 부시 행정부가 예상한 5,070억 달러보다 많은 것이다. 클린턴 행정부 시절에는 비판가들이 흑자예산에 대해서 논의했는데 이제는 세입을 늘리고 정부 지출을 줄이는 이야기를 하게 되었다. 그 후 몇 달 동안 세입이 준 것이다. 2003년에 부시 대통령이 세금은 낮추어 사업에 대한 동기를 유발하려고 했기 때문에 정부수입은 줄어들었다. 2000년 연방정부가 GDP(세입부문)의 20%를 차지했다. 2004년에는 GDP의 15.7%정도를 차지할 것으로 예상된다. 부시 행정부가 바라는 대로 감세정책이 영구적이라면 정부의 수입은 계속 줄어들 것이다.

그렇다면 해답은 정부 지출을 줄이는 데 있다. 부시 대통령이 2004년 국가 예산으로 제안한 것은 역사상 금액이 가장 크다. 국방 및 안보비용이 엄청나게 증가했을 뿐만 아니라, 대통령의 새로운 의료보험 계획에서 처방약의 범위가 확대되어 새로운 제도를 실시하는 경우 1,340억 달러가 필요할 것으로 예상된다.

정부가 지출하는 데 가장 중요한 것을 결정하는 일은 21세기 초반에 계속해서 논란을 불러일으킬 것이다. 대통령과 의회가 중요하다고 결정하는 사안에 대해서는 아무래도 계속 지출할 것이다. 정부의 비용이 높은 상황을 봤을 때, 존속되는 항목도 예산이 줄어들거나 아예 폐지되는 일도 많을 것이다.

경제학자이자 컬럼리스트인 폴 크루그먼이 말했듯이 해결 방법은 '괴물을 굶기는 것(Starve the Beast)'이다. 괴물은 바로 국내의 정부 기구를 말한다. 정부(또는 괴물)의 규모를 줄이는 한 가지 방법은 연방직원과 기타 연방정부의 직원 수를 줄이는 것이다. 부시 행정부는 이 부분에서 어느 정도 성공했다.

연방정부의 민간 관련 업무를 절반 정도까지 민간회사로 이관했고 국토안보부 직원 17만 명을 이동·전직시키자고 제안했다. 그러나 반대론자들은 이러한 조치가 여성이나 소수민족에게 불이익을 줄 것이라고 말한다. 전통적으로 이들에게 연방정부의 일자리는 큰 기회였다. 또한 부시 행정부는 이라크 전쟁 동안 〈아미 타임스(Army Times)〉가 '군인 가족 서비스(Key family services)'의 삭감을 논의한 것에 대해서도 검토했다. 그러한 서비스에 대한 축소에는 기본수당과 전투수당, 건강보험 혜택, 종군 생존자의 퇴직금 등 급여 및 혜택의 인상을 억제하는 것이 포함된다. 소비를 줄이는 또 다른 방법은 국방 및 안보비용을 줄이는 것이다. 2004년의 경우 임의로 사용하는 안보 관련 비용이 GDP의 3.4%에서 4.7%로 상승했다.

국방비에 쓰이는 비용의 증가를 감당하고 그 적자를 메우려면 국내 비용을 더 낮춰야 한다. 그러므로 일부 정책 담당자들은 의료보험과 사회보장 비용을 크게 줄여야 한다고 주장한다. 그러나 다른 이들은 회사를 창업해 세금을 내도록 유도하는 것이 국가의 세수를 증대하고 적자를 축소하는 데 도움이 될 것이라고 한다. 크루그먼에 따르면, 그렇듯 세금이 빠져나가지 않으면 한햇동안 2,000억 달러를 모을 수 있다고 한다.

세금 체계에 대한 이러한 도전이나 의료보험 및 사회보장과 같은 현재 용인되는 사회 프로그램에 대한 과감한 구조개혁이 발생할 가능성은 낮은 편이다. 그러나 크루그먼이 〈뉴욕 타임스 매거진〉에서 말한, "미국의 국민이 정부로부터 받기를 기대하는 것과 정부가 모으는 세수 사이에는 근본적인 불일치"가 발생할 것이다. 그는 경고한다. "세금이 지금처럼 낮으면 우리가 알고 있는 정부는 유지되지 못할 것이다."

냉전이 한창이던 시절, 미국 본토에 대한 직접 공격이 어떤 모습일지 상상해 보는 일은 그리 어렵지 않았다. 대략 비슷한 힘을 가진 초강대국(소련)이 우리 것만큼이나 정교한 대륙 간 탄도미사일로 공격하는 것이다. 즉 균형적인(symmetrical) 전쟁이다. 적들의 모습이 바로 우리의 모습이기 때문이다.

그러나 2001년 9월 11일, 미국 본토가 공격받았을 때 적들과 우리는 완전히 불균형적인 위치에 있었다. 비행기 납치범 19명은 요리용 칼과 사무용 칼로 무장했다. 그렇듯 조잡한 도구를 가지고 첨단기술로 무장한 우리를 공격해, 미국 본토에서 단 하루 만에 3,000명을 죽음으로 몰아넣었다. 미국인은 이제 불균형적인 전쟁의 시대에 들어섰다.

어떤 의미에서 불균형 전쟁은 역사만큼이나 오래 된 것이다. 어느 시대에서든 수가 더 많고 좋은 장비로 무장한 적을 공격하기 위해 조악한 무기나 게릴라 전술을 사용하는 반란군, 또는 폭도들이 존재했다. 그러나 최근에 보여지는 불균형 전쟁에는 한 가지 다른 점이 있다. 판에 박히지 않은 비전통적인 전술은 지역전이나 내전에서 그 효과를 발휘해 왔는데, 이제는 다른 나라의 적들이 세계 최강대국의 심장부를 공격하기 위해 사용하고 있다.

그 중에는 북한과 같은 '불량 국가' 도 있고, 이란과 같이 국제제제의 규칙을 무시하는 국가도 있으며, 알카에다와 같이 민간인과 군인을 구분하지 않고 테러를 감행하는 비밀조직도 있다. 그들은 제1세계 국가의 적들보다 인구도 적고 가난하며 기술도 없지만 단호하고 무자비하며 파괴하기 힘들기 때문에 공포를 조성하고 정책에 영향력을 행사한다. 불균형 전쟁은 제4세대 전쟁(4GW)으로도 알려져 있다. 이러한 명명은 앞서 나타난 전쟁들(고전, 산업, 작전 전쟁)을 구분한 이론에 따른 것이다.

오늘날의 불균형 전쟁은 다양한 이유로 대응하기가 어렵다. 불량 국가의 몇몇 지도자는 편협성 내지는 독특한 이데올로기 때문에 원조 약속이든 제재 위협이든 이익에 대한 합리적인 호소에는 아예 귀를 막고 있는 것 같다. 그러한 국가는 침입을 받았을 때에도 반란군의 형태로 살아남아서 침입군에게 해를 끼친다. 예를 들어 미국이 이라크를 침공했을 때 후세인 추종자들이 자행한 일을 보라. 알카에다와 같이 일부 불균형 세력들은 공격할 근거지조차 없는 조직이기도 하다. 따라서 그들은 추적하는 군대나 경찰을 효과적으로 피할 수 있다. 알카에다와 관련된 9·11 테러범과 같이 광신자도 있다. 그들은 대의명분을 위해서 기꺼이 목숨을 내놓는다.

어떤 이유든 이러한 불균형 세력은 척결하기가 어려울 뿐만 아니라 점점 위험한 존재다. 선진국이 개발해 낸 모든 기술적 진보, 이를테면 핵무기에서 견착식 미사일과 독가스, 그리고 탄저균은 불균형 세력들이 맞설 수 있는 무기들이다. 빠른 인터넷 회선도 테러리스트가 핵심 시스템을 파괴하면 무기가 될 수 있다. 그러한 '사이버 전쟁'이나 'e-지하드(e-jihad)'의 피해가 일상의 불편함 정도에서 세계적 재앙으로 번질 수 있다.

불균형 전쟁의 시대는 미국뿐 아니라 전세계 국가의 정책에 큰 영향을 가져다 준다. 미국은 이미 두 개의 전쟁을 수행했다. 2001년에는 오사마 빈 라덴과 다른 9·11 테러범을 추적하기 위해 아프가니스탄을 침공했다. 그리고 2003년에는 대량살상 무기를 생산하고 알카에다와 연계되었다는 가정 하에 사담 후세인을 축출하기 위해 이라크를 공격했다. 군 자체가 불균형 시대에 맞게 변하고 있다. 로스 아라모스 국립연구소의 〈리서치 쿼터리(Research Quarterly)〉는 불균형 전쟁에 따라 전통적인 군대가 달라지고 있다고 보고했다. 즉 숫자에 의존하지 않고 비밀리에 빠르게 대응하며 정확한 무기에 의존하는 날렵하고 유연한 군대 말이다.

불균형 전쟁은 또한 외교정책도 형성하고 있다. 이를테면 미국이 선제 공격을 할 수 있도록 규정한 '부시 독트린'이 나오기도 했다. 그 결과 이라크 전쟁에 대한 각국의 입장 차이로 영국과 관계는 더 돈독해졌지만, 프랑스·독일과는 소원해졌다. 미국 내에서는 불균형 전쟁으로 국토안보부라는 새로운 기관이 생기고 애국법도 탄생하게 되었다. 이들 조치는 공항 보안에서부터 테러 경계경보 발령까지 연방정부가 관할

하는 것으로 시민의 자유와 다수의 안보 수단에 제한을 가하는 것이어서 논란의 여지가 많다.

대부분의 경우 미국은 강대국이 취하리라고 예상하는 방식으로 불균형 전쟁을 수행하고 있다. 즉 큰 영토와 부의 모든 이점을 이용하는 것이다. 강대국도 불균형 전쟁을 직접 수행해 이득을 볼 수 있다. 아프가니스탄에서 미국 특수부대 정예요원은 적진으로 들어가 중요한 역할을 수행했다. 토착 반군에게 조언을 제공하는 등의 지원을 했고, 정보를 수집하고 적장을 생포하거나 살해하며, 정확한 공중폭격을 위해 목표물에 표시를 해놓기도 한다.

물론 불균형 시대에 미국이 대처하는 방법에 대해 비판의 목소리도 많다. 일부 학자들은 미국이 전면전을 수행할 것이 아니라, 국제 경찰 수사와 같은 방법을 사용하거나 동맹국의 도움을 받아서 테러리즘에 맞서야 한다고 주장한다. 이런 논쟁은 한동안 계속될 것이며, 불균형 전쟁은 이 논쟁에 불을 당길 것이다.

유럽은 제2차 세계대전 직후부터 통합을 향한 분주한 발걸음을 옮겼다. 그러나 최근에 발생한 일련의 사건들은 통합을 향한 행로에 방해물이

되고 있다. 세계화의 힘으로 유럽 경제의 통합은 가속화되었지만 정책의 차이에 따른 정치적 분열은 예상보다 심각할 것이다.

EU는 1993년에 제2차 세계대전 이후 서유럽을 재건하기 위해 설립된 유럽공동체(EC)에서 탄생했다. EU는 자유무역을 증진하는 것뿐만 아니라, 공통의 화폐라든가 공동의 외교·안보정책, 국내 사법문제 등의 여러 가지 영역에서도 협력하려는 목적으로 출범했다. EU는 1990년대 새로운 회원국을 맞이하면서 15개국을 대변했고 인구와 상품 및 서비스 총 생산량이 미국보다 많은 경제적 거인으로 탄생했다.

이 유럽 단일체의 가장 중요한 상징은, 바로 2002년 1월을 기해 12개 국가의 공동 화폐가 된 유로화다. 이 유로화는 또한 통일 유럽이라는 거대한 꿈에 저항하는 불협화음의 상징이기도 하다. 영국·덴마크·스웨덴 등이 새로운 화폐를 사용하지 않기로 결의했기 때문이다. 유로화를 채택한 나라도 정해진 경제적 규칙을 항상 따르는 것은 아니다. 예를 들어 프랑스와 독일은 EU에서 허용하는 것보다 더 큰 재정적자를 유지해 비난을 사고 있다. 일반적으로 어려운 시기일수록 갈등을 잉태하는 법이다. 따라서 EU에게 다소 힘든 시기가 계속되고 있다. 2000년 이후 유로화를 사용하는 12개 국가의 경제는 평균적으로 연간 1% 정도만 성장했다.

또 다른 갈등의 모습은 2003년 미국이 이라크에 개입했을 때 나타났다. 영국은 미국을 지지했지만, 프랑스와 독일은 반대했고 어떤 시도로도 양쪽의 차이를 해소할 수 없었다. 문제의 핵심은 특정 전쟁의 지지 여부가 아니라, 냉전 이후 진정한 유럽의 역할에 대한 것이었다. 프랑스와 독일은 미국에서 벗어나 독자적인 노선을 가는 유럽을 만들고 싶어 하지만, 영국은 오랜 역사를 지닌 앵글로 색슨 동맹을 유지하고 싶어한다. 반면 미국은 동유럽 국가를 지원함으로써 유럽을 더 잘게 쪼개고 싶어하는 속내를 드러냈다. 물론 동유럽에는 EU에 가입하기를 원하는 국가도 있고 미국의 보호막 아래 들고 싶어하는 국가도 있다.

또 다른 갈등의 징후는 2003년 12월, EU 헌법을 정하기 위한 13개국 정상회담이 실패한 것에서 볼 수 있다. 다시 한번 프랑스와 독일 편에 서 있는 국가들과, 미국과 연합한 국가들 사이에 본질적인 균열이 나타났다. 이런 모습은 국가 단위에서만 나타나는 것이 아니고 국가 내부 사회에서도 엿보인다. 일부가 A라는 방식을 선호하면 또 다른 일부는 B 방식을 선호하는 상황이다.

그렇다고 이러한 갈등의 모습이 EU가 와해될 위험에 빠졌다는 것을 의미하지는 않는다. 2004년 1월 새로운 10개 국가가 가입하면서 EU의 회원국은 25개국으로 늘어났다. 공동 행동에서 나온 경제적 힘이 그렇듯이 유럽 자유무역 지대의 경제적 혜택은 엄청나다. 2003년 12월 EU는 경제적 제재를 통해 부시 행정부가 철강 관세 부과를 포기하도록 만들었다. 경제적으로 유럽은 계속해서 통합을 향해 나아갈 것이다. 물론 정치적 균열도 지속될 가능성이 있다.

075 미니 핵무기의 위협
Mini-Nukes

이제 많은 사람들은 일부 국가들이 핵무기 보유 사실을 부인하거나 은

폐하기 못하도록 조치를 취해야 한다는 점에 동의하고 있다. 그런데 그 한편에서 일부 사람들은 새로운 무기에 주목하기 시작했다. 부피가 거대한 것이 아니라 전장에서 좀더 유용한, 작고 가벼운 핵무기를 개발, 사용하려는 계획이 추진되고 있는 것이다. 비판가들은 핵무기로 황폐화되는 세상에 성큼 다가가게 되었다고 비난한다. 그러나 이미 미니 핵무기는 대세로 굳어져가고 있다.

냉전시대에 미국과 소련은 서로 대립하는 핵무기 초강대국으로 군림했다. 그 당시에는 상호확증파괴(Mutural Assured Destruction : MAD)가 핵무기 정책의 주류였다. 이는 상대를 초토화시킬 수 있는 무기를 충분히 보유하여 어느 쪽이든 선제공격을 자제하게 만드는 전략이었다.

그러나 이제 핵전쟁의 모습이 바뀌고 있다. 현재 대등한 두 개의 초강대국은 없다. 오직 하나의 강대국, 미국만 있을 뿐이다. 또한 세상에는 아주 다양한 위협이 도사리고 있다. 미래 핵전쟁에는 비밀 테러리스트 조직의 자살폭탄 테러범이 미국의 한 거리에서 원자폭탄을 터뜨리는 것도 포함될 것이다. 이들은 미국의 대응 공격을 두려워하는 소련과 같은 적이 아니다. 게다가 더 많은 국가들이 핵무기를 개발하려고 노력할 것이다. 북한이나 파키스탄과 같은 나라는 빈곤에 허덕이므로 유지 비용이 많이 드는 재래식 무기보다는 핵무기를 사용하려는 유혹에 노출돼 있다.

군사적 관점에서 보아 탈냉전 시대의 장점이라면 미국이 경쟁 초강대국에게 전멸당한 위험 없이 핵무기를 실험할 자유를 지니게 되었다는 것이다. 일부 군사 작전가들은 할 일이 많아진다. 군사 활동을 숨겨 도무지 발견하기 힘든 적들의 지하 벙커가 확산될 것이기 때문이다. 이렇듯 깊게 매장된 대상(HDBT)과 전투를 벌이기 위해서 부시 행정부는 땅

속 깊숙이 숨어 있는 작은 핵무기와 벙커를 찾아내려는 노력을 강화하고 있다.

펜타곤이 거대하고 더 큰 전략적 핵무기를 요구하는 것만은 아니다. 사실 펜타곤 보고서는 앞으로 몇 년 동안 가용 탄두가 1,700~2,000개 내외로 감소할 것이라고 내다봤다. 그러나 펜타곤은 무기를 사용해야 할 경우, 민간인 희생을 줄이기 위해 가변적이고 제한적인 폭발력(예를 들어, 작은 폭발) 등을 포함해 좀더 유연한 병기를 원한다.

비판가들은 한결같이 펜타곤의 미니 핵무기 계획을 반대한다. 그러한 작은 핵무기가 엄청난 사상자와 낙진 현상을 가져올 수 있다고 주장한다. 덧붙여 비판하기를 부시 행정부의 그러한 태도가 핵전쟁을 유발할 가능성을 높인다고 말한다. 그러나 부시 행정부의 정책을 옹호하는 이들은 미니 핵무기를 개발하지 않으면 실제 위협을 억제·대응하는 데 미국의 역량이 부족해지는 결과를 초래할 것이라고 한다.

미국 의회는 2003년에 행정부가 원하는 범위까지 조사하는 데 필요한 예산을 승인하지 않았다. 그러나 국방부 전략가들은 그해 미국 전략 사령부 회합에서 다시 그러한 노력을 기울일 계획을 세웠다. 결국 그들이 원하는 계획을 실행에 옮길 수 있을 것이다.

입법가들은 국방에서 약해 보이는 것을 꺼려하는 정치적 심리가 있고, 과거 행정부들은 '스타워즈' 미사일 방어와 같이 논쟁을 일으키던 프로젝트를 밀어붙이는 데 성공한 전력이 있기 때문이다. 미니 핵무기는 미니스커트와 같다. 항상 분란을 일으키지만 결코 사라지지 않을 것이기 때문이다.

076 준도시 거주 유권자

Exurban Voters

준도시 거주 유권자는 도시의 경계에 살며 나라를 바꾸고 있다. 한때는 시골 지역에 몰려 있다가 이제는 프레데릭 카운티와 메릴랜드, 더글라스 카운티, 콜로라도 등의 지역에 집중적으로 거주하면서 새로운 투표 연대를 결성하고 선거결과를 좌지우지하고 있다. 21세기 현재 그들과 공화당원들은 같은 노래를 부르고 있다. "세금을 감면하고 내 SUV를 가지고 장난치지 말라."

준도시 거주 유권자는 1980년대 이후 다국적 기업의 사무실이 도시를 벗어나기 시작하면서 증가했다. 버지니아 공과대학의 인구통계학자 로버트 랭 교수는 1980년대 이전에는 비즈니스 인구의 4분의 1만이 도시를 빠져나갔다고 밝히고 있다.

그러나 1990년대에는 교외 지역에서 사무실 밀집 지역을 보거나 어떤 회사의 본사를 발견하는 일은 그리 낯설지 않은 풍경이 되었다. 회사들이 준도시 지역에 사무실을 세움에 따라 직원들 역시 회사를 따라 집을 옮기고 도시 근교에 상권을 형성했다.

랭 교수는 〈뉴욕 타임스〉에서 이들 준도시 거주자들이 좀 독특하다고 했다. 이들은 먼 거리를 출퇴근할 필요가 없고 도시에 살거나 도시에 갈 필요도 없다. 뉴저지와 메릴랜드, 콜로라도의 사무실 밀집 지역에 살기 때문에, 범죄감소와 오래된 인프라 유지보수, 사회복지에 대한 지속적인 요구 등 도시에 사는 사람이나 출퇴근하는 사람들이라면 염려하는 여러 문제에 신경 쓸 필요가 없다.

대신에 그들은 편안함과 여유로움을 만들고 유지하는 데 신경을 쓴다. 일반적으로 준도시 거주자들은 자신들의 주거지가 붐비지 않기를 원한다. 이미 도시 생활을 통해 복잡함을 경험한 터라 대형 쇼핑몰(strip-mall)이 줄 수 있는 편안함에 흔들리지 않는다. 이들이 지방정부의 지출과 관련해 찬성하는 것이라곤 여행할 수 있고, 빨리 일터에 갈 수 있는 도로를 건설하는 일뿐이다. 그렇다고 그걸 짓기 위해 세금을 올리는 일은 절대 사절이다.

21세기에는 변화보다 현상유지를 바라는 중산층의 요구에 공화당이 호응하고 있다. 2002년 선거에서 준도시 거주 유권자들이 공화당 쪽으로 기운 것이 그 증거다. 메릴랜드에서 주지사 선거에 출마한 민주당의 캐서린 케네디 타운젠트는 공화당의 밥 에리에게 패했다. 준도시 지역인 하포드와 프레데릭 카운티에 대한 에리의 정책이 크게 주효했던 것이다.

이와 유사하게 조지아에서 조지아 상원의원 자리를 놓고 민주당의 맥스 클레랜드와 공화당의 색비 챔블리스가 경합을 벌였는데, 챔블리스가 준도시 지역인 포씨스와 기네트의 표를 싹쓸이했다. 콜로라도와 다른 지역에서도 공화당의 후보가 승리를 거두었다.

인구통계적 이동과 인구증가, 교외 지역의 한계 덕분에 준도시 거주자들이 세력 기반을 구축할 게 확실하다. 전문가들에 따르면, 결국에는 이들 지역에서 민주당이 공화당을 압도할 것이라고 한다. 루이 텍세리어와 존 쥬디스는 《떠오르는 민주당(The Emerging Democratic)》이란 공저에서 향후 몇 년 간의 변화로 유권자들이 민주당으로 몰릴 것이라는 결론을 내렸다.

새로운 민주당은 뉴딜이나 위대한 사회의 부활을 주장했던 민주당과는 다른 것으로 산업 경제에 종사하는 사람에게 힘을 불어 넣는 데 중점을 둘 것이다. 그 대신 민주당은 좀더 외부지향적으로 서비스 경제의 요구에 부응할 것이란 전망도 있다. 산업사회 후 미래의 정당이 될 것이라는 의미다.

민주당은 텍세리어가 '이데오폴리스(Ideopolises)'라고 부르는 곳에서 일하는 사람들의 지지를 이끌어낼 것이다. 이데오폴리스란 아이디어와 서비스의 생산을 중심으로 구성된 도시와 교외를 말한다. 도시 지역이 20세기 산업시대의 육체 노동자와 공장 근로자로 구성되는 반면, 이데오폴리스는 변호사와 전문직 종사자, 간단한 서비스 및 정보 근로자, 간호사, 교사, 노동조합원 등으로 구성된다.

인구통계학적으로 살펴보면, 민주당에는 여성과 소수민족, 이민자들이 높은 비중을 차지할 것이다. 그러나 민주당의 유권자는 또한 준도시 지역 투표자가 될 것이다. 이들은 국가안보보다 국내 문제를 더욱 중시하고 진보적인 정치 리더십을 통해 변화를 갈망할 것이다. 이들의 관심사는 사회보장과 처방약 혜택 문제들 이상으로 확대되며, 이런 문제를 해결하기 위해 투표자는 민주당에 표를 던질 것이다.

공화당이 백악관과 의회를 장악한 상황으로 보아 이 같은 예측이 믿기지 않겠지만, 텍세리어는 유권자들이 곧 민주당으로 이동할 것이라고 믿는다. 그는 10년도 걸리지 않아 민주당 사람들은 방황을 끝낼 것이고 보수적인 공화당으로 기울었던 다수가 진보적인 민주당으로 이동할 것이라고 전망한다.

077 히퍼블리컨의 출현
Hipublicans

완고한 돌격주의자들과 힐러리 혐오자들, 그리고 공화당 평당원들 가운데 '멋진' 사람들이 있다. 바로 히퍼블리컨이다. 그들 중 많은 이가 정치적으로 보수적인 입장을 지지하고 어느 분야든 자유주의를 공격하고 있다. 자신을 공화당원이라고 주장하는 사람의 수가 지난 십년 간 증가해 민주당원이라고 주장하는 사람과 거의 비슷해진 상황에서 그러한 새로운 성향에 새로 가담한 사람들은 젊고 진취적인 사고를 가진 사람이라고 할 수 있다.

그렇다면 히퍼블리컨이란 무엇인가? 우선 그들은 젊다. 돈도 잘 번다. 존 콜래핀토는 〈뉴욕 타임스 매거진〉에 "앞으로 공화당을 이끌고 갈 책임을 이어받은 듯 보인다"고 기고했다. 사실 히퍼블리컨이란 말은 콜래핀토가 2003년 어느 기사에서 사용한 이후 일반화되었다. 히퍼블리컨은 중산 계급의 감수성과 학문적인 진지함에 보수적인 정치 이데올로기를 지니고 있다.

콜래핀토에 따르면, 이들은 맹렬하게 자신의 목표를 추구하면서 '다른 학생들에게서 볼 수 없는' 보수주의를 드러낸다. 학생들에게 새로운 이데올로기를 받아들이라고 설득하는 것이 아니라, '이미 구체화되고 있음을 깨닫게' 만든다.

히퍼블리컨은 트랜트 로트 같은 대표주자가 아닌, 앤 콜티어나 칼 로브 등과 같은 다수의 젊은 보수적 사상가들에 의해 형성되었다. 그러나 대학생 히퍼블리컨의 공식적인 목소리는 자유 토론 챔피언 디네시 드소자가 대변한다. 그의 저서 《보수주의자에게 보내는 편지(Letters to a Consertive)》는 젊은 보수주의자의 필독서다. 드소자는 히퍼블리컨의 언어로 말한다. 버크넬 대학의 한 보수주의자는 "나는 팻 부캐넌류의 보수주의자가 아니라 디네시 드소자류의 보수주의자다"라고 말했다. 일반적으로 그들은 전 대통령 로널드 레이건의 영향을 많이 받아서 레이건을 지도자이자 우상으로 여긴다.

많은 히퍼블리컨은 다양한 유형의 행동주의를 채택해 보수주의 이데올로기를 확대하려고 했다. 때때로 적극적 행동주의는 캠퍼스의 보수주의 클럽을 설립한 학생들에 따라서 토착적인 경우도 있다. 다른 형태의 행동주의는 자유를 위한 젊은 미국인과 대학생 네트워크와 같은 보수적인 이익단체의 도움을 받아 운영된다. 이들 단체는 보수적인 대학생들이 출판사업을 벌이고 유명한 보수주의 논객을 캠퍼스에 초청하도록 돕는다.

히퍼블리컨의 강점은 확고한 신념을 지녔으며, 젊은 나이에 워싱턴 인사과 함께 일한다는 점이다. 또한 이들은 세인의 이목을 끄는 것을 선호해 오늘날 종종 경시되는 인구 계층도 포용한다. 그들은 자유와 민주주의를 지지하는 백인과 젊은 중산 계급 및 여성을 규합했지만 좌파가 사용하는 방식과는 다르다.

그들의 과거 활동을 살펴보면 사회 운동가와 기금 조성가, 공무원으로서 정치무대에서 그 역할이 더욱 두드러지고 있음이 틀림없다. 그렇다면 그들에 대한 대중의 인지도를 높이는 문제도 생각해 보아야 할 것이다. 일부 히퍼블리컨이 유행에 민감해지면, 또 하나의 문화적 소집단인 메트로퍼블리컨(Metropublican : 도시풍 공화당원)이 탄생할지도 모른다.

078 정당으로부터의 독립기념일
Independence Day From Political Parties

21세기 초반의 정당 정치는 주로 공화당의 패권에 대한 얘기로 점철될 것이다. 2003년 해리스 폴에 따르면, 자신을 민주당원이라고 규정한 사람의 비율이 역사상 가장 낮았다고 한다. 34%만이 자신을 민주당원이라고 간주했다. 반면 31%가 자신을 공화당원이라고 규정했는데, 이 수치는 매년 증가하고 있다.

최근 국가적 선거 및 지방선거에서 다수의 정당가입 투표자가 분열되었다. 일부 소수만이 한 정당에 충성했다. 그러면서 투표자는 거대한 하나의 투표 트렌드를 보여주었다. 즉 엄격한 정당 연대에서 분리되어 독립적으로 투표권을 행사한 것이다.

2002년 〈유에스에이 투데이〉와 갤럽의 여론조사에 따르면, 미국인의 35%가 정치적으로 독립되어 있다고 한다. 다른 조사에서도 미국의 유권자 중에서 정치적으로 독립적인 사람이 빠르게 증가하는 것으로 나타났다. 과거 미국에서 나타났던 정당 동일시 경향에서 벗어나고 있음을 보여주는 변화인 셈이다.

현재 미국 유권자는 다양한 이유를 내세워 양대 정당 중 어느 쪽도 선택하려 들지 않는다. 그들은 본성상 한 정당에서 단결하지 않기 때문에 공공 정책에 영향을 미칠 정도로 크게 단결하지 못한다. 그 결과 그들은 선거개혁과 환경, 세금감면 등 개인적 관심사에 따라서 민주당으로 또는 공화당으로 옮겨간다.

그러나 정당에 가입하지 않은 유권자들의 힘은 아직 강력하다. 특히 국가적 범위의 선거에서는 더욱 그렇다. 2000년 당시 자신을 독립적 유권자로 선언한 이들은 민주당 앨 고어와 공화당 조시 부시로 분열되었다. 두 사람 모두 이들 유권자로부터 44%의 지지를 얻었다. 랄프 네이터가 전국적으로 득표한 3% 덕분에 부시가 승리하는 결과를 가져왔다고 할 수 있다. 1992년 로스 페로가 대통령 선거에서 14%를 얻었는데, 이는 빌 클린턴이 당선되는 데 큰 도움을 주었을 것이다.

독립적인 유권자들의 힘을 결집시키기 위해 다양한 이익단체들이 합의를 이끌어내고 이들을 정치적·사회적 세력으로 정의내리려고 한다. 운동가들은 독립적인 유권자들은 어느 정당 소속이든 또 어떤 정책을 지향하든 독립적인 사고를 가진 후보를 옹호한다고 믿는다. 단일 유권자 독립당(Unified Independent Party)이라는 단체는 자신들의 목표를 이렇게 규정한다. "양대 정당의 부패를 척결하기 위해서, 또한 정치적 부패와 특별한 이익단체의 영향력을 없애기 위해서 독립적인 운동을 구축하는 것"이라고. 이와 같은 독립적 운동 단체는 양대 정당의 정치적 개혁과 일반 시민에게 좀더 개방된 민주적 과정을 요구한다.

'독립적'이라는 이름 아래 집결하기는 했지만, 21세기 초반에는 그들을 정치적 세력이라고 규정하기에는 무리가 있다. ABC 방송과 헨리 카이저 패밀리 파운데이션, 하버드 대학이 조사한 바에 따르면 독립적 유권자에게 한 가지 특징이 있는데, 자신을 독립적이라고 부르는 유권자들은 기성 정당의 정책에 기대는 경우가 자주 있다는 것이다. "정당 정책에 의존하는 독립적인 지지자는 알고 보면 정당 사람일 것이다"라고 브리엄 영 대학의 데이비드 메글레비 학장은 밝히고 있다. 메글레비는 또한 이렇게 덧붙였다. "사람들이 '독립적'이라는 말에 동조하는 것은 기성 정당이나 단체에 대해서 적개심을 가지고 있기 때문이다. 그들은 좀더 중립적이고 싶어할 뿐, 어떤 정당과 관련이 있어 보인다는 말을 듣고 싶어하지는 않는다."

예를 들어 2002년 선거에 대한 〈워싱턴 포스트〉와 ABC 방송의 합동 여론조사에서 민주당 동조자 중 85%가 민주당에 투표할 것이고, 공화당에 동조하는 독립적 유권자 중 68%가 공화당 후보에게 투표할 것이라고 나타났다. 진정한 독립적 유권자 중 아주 작은 수(10% 미만)는 투표하지 않기로 결정했다고 메글레비는 말한다. "진정한 독립적 유권자는 항상 유동적이다. 그들의 투표율 역시 낮다."

이렇듯 정당에 기우는 독립적 유권자에 대한 내용은 부르스 키스 등이 쓴 《독립적 유권자에 대한 미신(The Myth of the Independent Voter)》에서 크게 반향을 일으켰다.

그러나 더 큰 문제는 좀더 독립적인 유권자든 정당가입 지지자이든 점점 감소하는 투표율이다. 196년대에 국가 전체 성인의 60%가 대통령 선거에서 투표했지만 2002년에는 39%에 불과했다. 하버드 대학의 언론학 교수인 토마스 패터슨은 투표율이 낮은 원인을 정당 충성도의 결여라고 규정한다. "정당 충성도가 높고 정당에 대해 잘 알고 있는 유권자의 투표율은, 자신을 독립적 유권자라고 부르며 각 정당에 대해 나름대로의 인식을 갖고 있지 못한 유권자들의 투표율보다 두 배 이상 높다."

Chapter

9

종교와 영성 트렌드

신의 나라로 이르는 길이 다양해진다

기독교에 관해 오래 전부터 떠도는 이야기 중 하나는 이 거대 종교가 점점 그 세력을 잃고 쇠약해지고 있으며, 머잖아 소멸하리라는 것이다. 사실 이 주장을 뒷받침할 만한 근거가 없는 것은 아니다. 그러나 그것은 너무 단순하기 때문에 현재 상황을 정확하게 설명하기에 충분치 않다. 기독교의 미래는 그보다 훨씬 복잡하다. 현대 사회에서 기독교적 신념과 교회 출석률은 기독교 문명의 요람인 유럽에서조차 비교적 낮은 수치를 기록하고 있다. 갤럽 국제조사기구에 따르면 유럽의 인구 가운데 삶에서 신앙이 중요하다고 대답한 이들은 48%에 불과하며, 서유럽 인구의 48%와 동유럽 인구의 44%는 교회에 거의 가지 않는다고 대답했다. 2003년 EU는 교황의 간곡한 주장에도 불구하고 EU 헌장에서 기독교에 관한 대목을 삭제하기로 결정했으며, 오피니언 리서치 비즈니스(Opinion Research Business)는 1999년, 영국인의 절반 이상이 '예수 그리스도를 믿지 않는다'는 보고서를 제출했다. 종교와 관련된 부분에서 미국은 선진국이 집중돼 있는 유럽보다 훨씬 우세한 위치에 있다. 갤럽의 여론조사 결과, 미국인 가운데 신이나 전지전능한 영적 존재를 믿는 이들의 숫자는 지금까지 약 90년 동안 큰 변화없이 안정적으로 유지되어 왔다. 그러나 기독교 신앙은 또 다른 이야기다. 미국종교현황조사(American Religious Identification Survey)는 미국 내 기독교인의 비율이 1990년 86%에서 2001년에는 77%로 하락했다고 밝혔다. 또한 자칭 기독교도

079 기독교의 흥망성쇠
Christianity: Decline and Rise

기독교에 관해 오래 전부터 떠도는 이야기 중 하나는 이 거대 종교가 점점 그 세력을 잃고 쇠약해지고 있으며, 머잖아 소멸하리라는 것이다. 사실 이 주장을 뒷받침할 만한 근거가 없는 것은 아니다. 그러나 그것은 너무 단순하기 때문에 현재 상황을 정확하게 설명하기에는 충분치 않다. 기독교의 미래는 그보다 훨씬 복잡하다.

현대 사회에서 기독교적 신념과 교회 출석률은 기독교 문명의 요람인 유럽에서조차 비교적 낮은 수치를 기록하고 있다. 갤럽 국제조사기구에 따르면 유럽의 인구 가운데 삶에서 신앙이 중요하다고 대답한 이들은 48%에 불과하다. 서유럽 인구의 48%와 동유럽 인구의 44%는 교회에 거의 가지 않는다고 대답했다. 2003년 EU는 교황의 간곡한 요청에도 불구하고 EU 헌장에서 기독교에 관한 대목을 삭제하기로 결정했으며, 1999년 〈오피니언 리서치 비즈니스(Opinion Research Business)〉는 영국인의 절반 이상이 "예수 그리스도를 믿지 않는다"는 보고서를 제출했다.

종교와 관련된 부분에서 미국은 선진국이 집중된 유럽보다 훨씬 우세한 위치에 있다. 갤럽의 여론조사 결과, 미국인 가운데 신이나 전지전능한 영적 존재를 믿는 이들의 숫자는 약 90년 동안 큰 변화없이 안정적으로 유지되어 왔다. 그러나 기독교 신앙은 또 다른 이야기다. 미국 종교현황조사(American Religious Identification Survey)는 미국 내 기독교인의 비율이 1990년 86%에서 2001년에는 77%로 하락했다고 밝혔다. 또한 자칭 기독교도 사이에서도 진정한 정통 기독교 교리에 대해서는 의견이 분분한 상태다. 바나 리서치 그룹(Barna Research Group)은 기독교 교리에 대한 조사결과, 루터파 · 성공회 · 감리교 · 장로교 등 주요 개신교 종파 중 단 27%만이 선한 일을 행하는 것만으로는 천국에 이를 수 없다는 정통 기독교적 사상을 인정하고 있다고 보고했다. 가톨릭교도와 개신교도 가운데 사탄이 실제로 존재한다고 믿는 이들의 비율은 각각 17%와 20%에 불과했다.

이와 같은 증거들은 한때 세상을 지배했던 기독교가 드디어 역사의 끝자락에 이르렀다고 생각하기에 충분하다. 심지어 자유주의 교리를 옹호하는 성공회 목사 존 셸비 스퐁은 《기독교, 변하지 않으면 죽는다(Why Christianity Must Change or Die)》라는 제목의 저서를 출간하기도 했다. 사실 오늘날 기독교는 이슬람교부터 신불가지론에 이르기까지 온갖 타 종교 및 비종교적 믿음들과 경쟁 중에 있다.

그러나 기독교가 순식간에 사라져 버리지는 않을 것이다. 하나님이 보증하신 신성함으로 이 시련을 이겨내리라는 믿음은 접어두더라도 기독교가 쉽게 그 힘을 잃지 않으리라고 보는 이유로 크게 세 가지가 있다. 첫번째는 개발도상국이라는 새로운 선교구의 발견이며, 두번째는 정통 교리의 부활, 그리고 마지막은 기독교 근본주의에 대한 유혹이다.

최근 아프리카와 아시아에서는 기독교도의 숫자가 놀랍도록 급증하고 있다. 2000년 브리태니커 연감에 따르면, 아프리카의 기독교도는 약 3억 6,000만 명, 아시아는 3억 1,300명에 이른다. 1997~2000년까지 단 3년 사이에 아프리카에서만 900만, 아시아에서는 자그마치 2,300만 명이 증가한 것이다. 심지어 역사상 기독교를 한번도 인정한 적이 없으며 오랜 시간 동안 공산주의 독재자들이 온갖 탄압과 박해를 자행해 온 중국에서조차 기독교가 융성하고 있다. 이러한 기독교의 범세계적 확산은 앞으로도 계속되리라 보인다.

이는 영어가 만국 공통어로 통하고 서구의 제품과 문화가 국제 사회에서 최고의 인기를 누릴 수 있는 것과 비슷한 이치다. 말하자면 교회 역시 서구 기업이 소유한 제품과 마찬가지로 점차 국경이 사라져가는 세계 시장에서 번창하고 있는 것이다. 드루즈 파(이슬람 시아파의 한 분파—옮긴이)도 기독교처럼 세계 전역에서의 선교활동을 원하겠지만, 그들의 거대한 경쟁자처럼 전세계 부유한 나라에 거주하는 기부자들의 자금을 이용하지 않는다면 그 소원은 결코 현실로 이루어지지 않을 것이다.

개발도상국에서조차 정통 기독교는 스퐁 목사의 따끔한 충고에 굴복할 기미를 보이지 않고 있다. 그 대신 여러 기독교 종파에서 정통 교리로 돌아가자는 움직임이 나타나기 시작했다. 자유주의적 교리를 신봉하던 감리교 신학자 토머스 오덴은 정통 교리의 수호자로 변모해 《정통성의 회복 : 기독교의 새 생명(The Rebirth of Orthodoxy : Signs of New Life in Christianity)》이라는 저서를 출간했다. 그는 이 책에서 우리가 맞이한 세기는 후(後)기독교 시대가 아니라 후(後)세속주의 시대라고 주장하며 이렇게 말한다. "주님께서는 기독교의 근본을 다시 세우시고자 전세계 모든 종파에 전(全)그리스도적 가르침에 대한 갈망을 일깨우셨다."

기독교 정통주의는 일부 분야에서 변화를 명백하게 거부했다. 가톨릭교회는 교회 인사들의 소아성애 추문과 이를 비난하는 일련의 반대운동에도 불구하고 여전히 성직자의 혼인과 여성 성직자 서품을 단호하게 금지하고 있다. 또한 보수적인 성공회는 동성애자 주교의 서품에 대해 의견이 엇갈려 종파가 갈라지는 위기를 맞았다.

정통교리로 돌아가자는 거센 파도가 몰아칠 수 있었던 원인 중 일부는 근본주의의 성장에서 기인한다. 현재 숫자가 증가하고 있는 기독교도는 대부분 복음주의파·오순절파, 그리고 보수적이고 열성적이며, 다른 이들에게 복음을 전파하고자 하는 신념을 지닌 종파에 속한 이들이다. 사회적 요인을 잘 살펴보면 이 같은 추세를 이해하는 데 어느 정도 도움이 될 것이다.

복잡한 세상을 쉽게 설명해 줄 수 있는 무언가를 향한 갈망은 이슬람 근본주의자들 사이에도 나타나고 있는 현상이다. 개신교 종파 중에서도 특히 복음주의파와 오순절파는 다른 주요 개신교 종파보다 훨씬 철저하게 기독교 정통교리를 고수한다. 바나 리서치 그룹의 조사에 따르면 복음주의파와 오순절파에 속한 교인들의 55~73%가 예수 그리스도는 원죄 없는 신성한 존재라고 대답했다. 이는 다른 개신교도들의 생각과 비교해 볼 때 놀랍도록 높은 수치다. 또한 다른 이들에게 신념을 전파하고 적극적으로 복음활동을 펼치는 신자가 그렇지 않은 이들에 비해 그리스도는 죄 없이 깨끗하며 성경의 말씀은 모두 진리라는 정통교리에 훨씬 충실한 것으로 나타났다.

현재 거리나 직장에서 기독교 교리를 전파하는 신도들은 대부분 이들이기 때문에, 앞으로 기독교는 지금보다 훨씬 정통주의에 가까운 성격을 갖게 될 것이다. 따라서 기독교가 소멸하리라는 암울한 예측에도 불구하고, 앞서 살펴본 요소들을 반영한다면 기독교가 앞으로도 오랜 시간 동안 살아남아 번성하리라는 가능성에 더욱 무게를 둘 수 있다.

2000년, 기독교도 친구들과 어떻게 지내느냐는 〈뉴욕 타임스〉의 질문을 받은 어린 유대인 소녀는 이렇게 대답했다. "누구의 종교가 옳은지는 아무도 몰라요. 그러니 모든 사람의 생각을 다 인정해 주어야죠."

소녀의 대답은 현재 미국 내 각기 다른 종교를 믿는 사람들의 사고방식을 정확히 표현하고 있다. 오늘날 종교와 상관없이 거의 모든 사람이 공유하고 있는 이 교리는, 무엇을 믿든 간에 어떤 것이 진실인지 아는 이는 아무도 없고, 따라서 모든 종교는 동등하며 평등하게 인정해야 한다는 내용을 담고 있다. 신학자들은 이를 신학적 다원주의, 종교상대주의, 또는 종교평등주의의 의미로 사용하겠지만, 일반인들이라면 친절한 불가지론이라고 표현하는 게 더 나을 것이다.

타인의 종교에 관대하기 때문에 친절하며, 종교라는 주제에 대해 무엇이 진리인지 알 수 없다고 가정하기 때문에 불가지론이라 부를 수 있다.

친절한 불가지론은 모든 종교를 동등하게 인정한다는 생각 자체를 용납하지 않는 전통주의 신자들에겐 경멸의 대상이다. 또한 이 사상은 논리적인 사고방식을 지닌 많은 교인들에게도 비웃음을 사는데, 논리적으로 자가당착적으로 비치는 경우가 많기 때문이다. 일례로 교회에서 기도문을 외울 때에는 예수 그리스도가 신의 아들이라고 믿지만, 비기독교인들이 있는 사무실에서는 어떤 종교가 진리인지 알 수 없다는 주장을 펼치는 기독교인에 대해 생각해 보라. 친절한 불가지론은 예수 그리스도가 신의 아들이라는 사실과, 그가 신의 아들인지 아닌지 확신할 수 없다는 사실을 동시에 인정하는 것이다. 이는 분명 논리적으로 모순이다. 그러나 친절한 불가지론은 상대방에게 친절함을 보여주기 위해 그런 논리의 문제를 뒤로 접어둔다.

이와 마찬가지로, 모든 종교가 하나의 신에게 귀의한다고 말하는 친절한 불가지론자들은(많은 이들이 여기 속한다) 신의 존재 여부에 대해 확실히 아는 것이 불가능하다면 어떻게 모든 종교가 신에게 귀의하는지를 알 수 있는가 하는 문제에 봉착한다. 의도는 친절함에서 나온 것이나, 그 논리는 부적절하다. 그러나 어찌보면 이 친절함이라는 것도 허상일 뿐이다. 왜냐하면 그는 신이 존재한다고 확신하는 다른 신도들과 여전히 반대 의견을 갖고 있기 때문이다. 친절한 불가지론자가 정말로 친절을 베푸는 대상은 다른 친절한 불가론자뿐일 것이다.

그러나 오늘날에는 정통교리에 대해 강한 신념과 전통을 유지하고 있는 정파의 신도들마저도 친절한 불가지론의 길을 따르고 있다. 2000년, 바티칸 교황청 신앙교리성이 발표한 '주님이신 예수님(Dominus Iesus) 선언(로마 가톨릭 교회만이 유일한 정통성을 지닌 교회며 개신교의 교회는 진정한 교회가 아니라는 내용의 선언서—옮긴이)'은 종교다원주의, 즉 친절한 불가지론을 침해했다는 이유로 미국 가톨릭계의 거센 반발에 부딪혔다.

같은 해, 미국 장로교 더크 피카 목사는 예수 그리스도를 믿는 것만이 유일한 구원의 길은 아니라는 내용을 발표함으로써 논란을 불러일으켰다. 오늘날 "메리 크리스마스"나 "해피 하누카" 대신 "즐거운 명절 보내세요"라고 말하는 경향은 친절한 불가지론을 구성하는 또 하나의 요소를 보여준다. 바로 자신의 종교적 성향을 뚜렷하게 표현할 경우 다른 이들에게 배척당할 수 있다는 두려움이다. 지역 교회 단위로 내려가 보면 친절한 불가지론이 사람들 사이에 얼마나 깊게 스며들어 있는지 확인할 수 있다.

"성경공부 시간에 혹시 누가 잘못된 말을 하더라도 모두들 고개를 끄덕이면서 동의한다." 컴퓨터 과학자 트로이 드종의 말이다.

친절한 불가지론은 포스트모더니즘이라 불리는 상대주의에서 탄생했으며, 또한 종교적 자유를 강요하는 사회가 낳은 태도이기도 하다. 미국 건국의 아버지들이 정치와 교회를 분리한 것은 원래 종교분쟁을 막고 특정 종교가 타 종교를 억압하는 불상사를 방지하기 위한, 지극히 실용적인 목적 때문이었다. 그러나 시간이 지나면서 이런 사회적 똘레랑스의 사고방식이 종교적 사상 그 자체에 스며들게 되었다.

여기에는 공공교육이 기여한 바도 크다. 스티븐 매케도는 자신의 저서 《다양성과 불신 : 다원주의적 민주주의에서의 공공교육 (Diversity and Distrust : Civic Education in a Multicultural Democracy)》에서 다음과 같이 주장했다. "공공교육에서 가르치는 사회·문화적 관용은 종교적 관용을 증진시키는 데 간접적인 영향을 미친다. 그리고 '종교적 관용'은 결과적으로 '모든 종교는 신에게 이르는 다양한 길일 뿐이다'라는 친절한 불가지론과 합류한다."

오늘날 친절한 불가지론은 정통 종교와 정면으로 대립하고 있음에도 불구하고, 스스로 사회 전반을 지배하는 정통파 신념이 되기에 이르렀다. 수많은 이들이 종교를 버리고 브라이트(bright: 무신론자 또는 불가지론자)로 다시 태어나고 있으며, 불가지론적 신념과 영적 추구를 결합시킨 소위 신불가지론 신봉자가 늘고 있다.

또한 이런 현상은 종교 백화점에서 새로운 믿음이나 교리를 서로 뒤섞고 혼합해 원하는 종교를 구매하도록 부추긴다. 다른 모든 정통 종교와 마찬가지로 친절한 불가지론 역시 비난과 공격에 노출돼 있는 사냥감이다. 이미 여기에 맞서 기독교 정통교리로 돌아가자는 다양한 움직임이 파도처럼 몰려오고 있다. 그럼에도 불구하고 친절한 불가지론은 앞으로도 오랫동안 많은 이들에게 커다란 영향력을 행사할 것이다.

081 이슬람의 진화
Islam Evolving

요즘 뉴스에는 하루도 빠지지 않고 이슬람교가 등장한다. 사람들의 뇌

리에는 수많은 이슬람 국가에서 계속되고 있는 이슬람 무장주의자들의
테러와 전쟁에 관한 이야기로 가득 차 있다. 그러나 이슬람 세계 내부
에서 일어나고 있는 변화에 대해서는 사람들에게 거의 알려진 바가 없
다. 이러한 변화는 이슬람교의 자유주의적 진화라고 불러도 손색이 없
을 것이다.

이슬람 자유주의 진화의 중심에는 여러 선진국의 정교분리 민주주의
사회에서 살고 있는 수많은 무슬림의 역할이 크다. 2004년 세계 연감에
따르면 미국에만 500~600만 명의 무슬림이 살고 있으며, 이 숫자는 이
민과 출생, 개종 등으로 계속해서 증가하는 추세다. 유럽에는 영국 성
공회신도(2,700만 명)보다도 더 많은 무슬림(3,200만 명)이 있고, 21세기
가 되면 이슬람교는 유대교를 제치고 미국에서 기독교 다음인
두번째 종교 그룹이 될 것이다.

서구에 살고 있는 제2세대 무슬림이 그들의 부모 세대와 많은 점에서
다를 것이라는 징조는 벌써부터 확연히 나타나고 있다. 《미국의 무슬
림 : 새로운 세대(American Muslims : The New Generation)》라는 책에서 작
가 아스마 굴 하산은 자신이 유행에 민감한 20대 페미니스트이자 동시
에 무슬림이라고 소개하고 있다. 파키스탄 출신 이민자의 딸로 태어난
그녀는 자신과 같은 세대가 '이슬람교를 혁신하는' 전위부대라고 생각
한다. 미국에 사는 무슬림은 이슬람교의 전통을 무너뜨리는 것이 아니
라, 오히려 다른 이슬람 국가에 살고 있는 신도들보다 종교적으로 더욱
순수하다고 생각한다. 그들에 비해 문화적 짐이 훨씬 가볍기 때문이다.
즉 이슬람과 아랍 문화의 영향을 벗어나 순수한 꾸란(이슬람 경전 코란의
아랍어 발음—옮긴이)으로의 회귀를 꾀할 수 있는 것이다.

이 신세대 무슬림은 인터넷 애호가들로, 사이버 이슬람이라는 경이

로운 세상을 탄생시켰다. 네트워크상에 존재하는 이 이슬람 세계는 자유주의적 성격을 띠는 이슬람 웹사이트를 아우른다. 심지어 그 중 한 사이트(www.liberalislam.net)는 영화 〈스타워즈(Star Wars)〉에 나오는 사막의 은둔자 겸 철학자 벤 케노비의 사상까지 인용한다.

사회적 변혁이 일어남에 따라, 학자들은 이슬람 자유주의의 신학적 정당성을 규명하기 위해 많은 노력을 기울이기 시작했다. M.A. 무퀘다 칸은 《미국의 무슬림 : 신앙과 자유의 다리(American Muslims: Bridging Faith and Freedom)》에서 이슬람교와 민주주의가 쉽게 결합할 수 있음을 주장한다. 《이슬람 자유주의 : 사례를 중심으로(Liberal Islam : A Source-Book)》의 저자 찰스 커즈먼은 이슬람 자유주의는 최근 새롭게 부활한 정통교리며 여기에는 민주주의, 정교분리, 여성의 권리, 소수자의 권리, 그리고 사상의 자유가 포함돼 있다고 말했다.

2002년 10월 11일 워싱턴에서 개최된 제56회 정기 중동연구소 세미나에서, 학자들은 이슬람 교리에도 민주주의와 자유주의적 사상을 찾아볼 수 있으므로 굳이 서구문명에서 이를 도입할 필요가 없다는 논쟁을 벌였다. 법학교수 아지자 알하브리는 "토마스 제퍼슨마저 직접 꾸란의 한 구절을 이용했다. 종교에는 강압이 없다"고 소개했다.

새로운 세대의 무슬림을 가장 잘 보여주는 사람은 샤지아 미르자일 것이다. 파키스탄 출신 이민자의 딸로 영국에서 태어난 그녀는 국제적으로 유명한 스탠드업 코미디언이다. 그녀는 독실한 이슬람교 신자로서 항상 머리에는 무슬림 여성들의 머리쓰개인 히잡을 두르고 있으나, 반면 공연 스타일이나 표현에 있어서는 모순적이라 느껴질 정도로 현대적인 면모를 과시한다. 적어도 선입견을 가지고 그녀의 쇼를 보러오는 관객들에게는 그렇다. 9 · 11 테러가 일어난 후, 그녀는 이런 말로 코미디를 시작했다. "내 이름은 샤지아 미르자입니다. 적어도 내 비행기 면허증에는 그렇게 적혀 있죠." 어떤 이는 그녀의 유머가 모욕적이라고 생각할 수도 있다. 그러나 그러한 유머를 통해 야기되는 웃음은 이슬람 세계와 서구 세계 사이에 접합점이 만들어질 수 있으며, 또한 그것을 즐길 수도 있다는 사실을 보여준다.

082 양지로 나선 브라이트
Look on the Brights' Side

1960년대 유행했던 선사시대 만화영화 〈고인돌 가족(The Flintstone)〉의 슬로건은 "우리 모두 즐거운 옛날 옛적!(We'll have a gay old time!)"이다. 오늘날 애니메이션에 이와 같은 슬로건을 내건다면 대부분의 사람은 동성애를 연상할 것이다. 그 이유는 'gay(즐거운)'라는 단어가 '즐거움'을 뜻하는 형용사에서 '동성애 성향을 지닌 사람', 또는 그러한 사람과 관련된 형용사로 그 의미가 변했기 때문이다.

오늘날 또 하나의 소수그룹이 그들을 지칭하는 평범한 단어를 만들어내고자 고심 중이다. 그들은 브라이트(bright)들로, 성적 정체성이 아닌 종교적 정체성에서 다수와 다른, 즉 종교를 믿지 않는 이들이다.

브라이트 웹사이트(www.the-brights.net)에 따르면, 브라이트란 자연주의적 세계관을 지닌 사람들이다. 그들은 곧 초자연적, 또는 신비주의적 신성, 힘, 존재로부터 자유로운 이들이다. 그들에게는 유령도, 악귀도, 심지어 장난꾸러기 요정도 존재하지 않는다. 즉 그 어떤 형태의 신도 존재하지 않는다. 과거에는 이런 브라이트들을 무신론자나 불가지론자라고 불렀다. 비록 그들은 자유사상가, 인본주의자, 이성주의자, 세속적 인본주의자, 비유신론자, 그리고 회의론자라고 불리는 쪽을 더 좋아하지만 말이다. 브라이트들은 정확하게 무엇을 왜 믿지 않는가에 대해 서로 다른 의견을 갖고 있다. 이 중에는 단순히 종교에 관심이 없고 이 주제에 대해 깊이 생각하지 않는 이들도 포함된다.

'밝음'을 의미하는 단어 '브라이트(bright)'에 새로운 의미를 부여한 사람은 캘리포니아 새크라맨토에 사는 브라이트, 폴 가이서트다. 그의 의도는 이 새로운 조어를 통해 신이나 다른 초자연적 존재를 신봉하지 않음으로써 사회적으로 무신론자, 또는 불가지론자라는 호칭으로 이미지를 개선시키는 것이었다. 종교 및 공적 삶에 관한 포럼(Pew Forum on Religion & Public Life)이 2003년 실시한 조사결과를 살펴보면 이들은 상당히 고군분투 중이다. 미국인의 절반 이상(52%)이 무신론자에 대해 부정적인 시각을 지닌 반면, 개신교에 대해 부정적 이미지를 갖고 있는 사람은 10%에 불과하다. 공개적으로 무신론자라고 고백한 후보가 대통령으로 선출될 가능성은 흑인이나 여성이 대통령이 될 가능성보다도 훨씬 낮다.

그러나 브라이트들은 '무신론자' 후보자보다 '브라이트' 후보자가 사람들에게 더 긍정적인 이미지를 심어줄 수 있다고 생각한다. 또한 '브라이트'의 새로운 의미가 세계적으로 넓게 확산된다면 위축돼 있는 비종교인들이 어두운 벽장 밖으로 뛰쳐나오고 예전보다 브라이트들의 권리를 옹호하기가 더욱 쉬워질 것이라고 믿는다.

현재 시점에서 '브라이트'가 영어사전에 완전히 자리잡게 될 것인가를 예측하기란 불가능하다. 그러나 만일 브라이트 운동이 실패한다면 그것은 결코 홍보부족 탓은 아닐 것이다. 이미 철학자 다니엘 데닛과 과학자 리처드 도킨스가 2003년 주요 언론지에 브라이트를 옹호하는 기사를 기고한 바 있으며, 수학자 존 알렌 파울로스는 ABC뉴스닷컴에서 이 운동에 대해 언급했다. 브라이트 웹사이트에 따르면 미국에만 약 2,900만 명의 브라이트가 존재한다. 만일 이 수치가 정확하다면, 그 중 브라이트라는 단어를 사용해 자신을 지칭하는 이들은 10%에 불과해 결과적으로 약 300만 명의 사람들이 브라이트라는 단어의 새로운 의미를 받아들였다는 뜻이 될 것이다. 브라이트 웹사이트에 가입하고 토론과 온라인 만남을 통해 이 300만 명의 브라이트들은 앞으로 새로운 신조어를 창조하는 원동력이 될지도 모른다.

반면 브라이트 운동이 실패할 가능성도 배재할 수 없다. 일례로 '게이'와 '브라이트'는 상황이 다르다. '동성애자'를 뜻하는 게이는 한 사람의 의도적인 행위로 인해 탄생한 단어가 아니라, 언어가 진화하는 과정에서 의미가 변화한 자연스럽고 혼란스러운 과정을 거친 단어다. 지금껏 사회적으로 새로운 단어를 만들려는 시도는 대부분 참패로 돌아갔다. 나아가 파울로스는 비종교인이 스스로를 '브라이트'라고 칭하는 행위는 대부분의 사람에게 '독선적이고 오만하며 우습게 보일' 가능성이 있다고 지적했다(브라이트 운동에 불만을 품고 있는 한 사람은 인터넷 토론장에 이런 글을 올렸다. "이런 운동은 우리 무신론자들을 얼간이처럼 보이게 만들 뿐이다").

논리적으로 생각해 볼 때, 브라이트들이 '비종교인'을 뜻하는 단어로 'bright'를 택한 행위는(그들 스스로가 격렬히 부정하고 있음에도 불구하고) 자신들만이 'bright' 하며(bright에는 '지적이며 현명하다'는 의미도 담겨 있다), 반면 종교인들은 'dim' 하다('어둡다'를 뜻하는 dim은 '어리석다'라는 의미를 지니기도 한다)는 의미를 내포할 수 있다. 그러나 상대방을 모욕하는 방법으로는 그들의 호의를 얻을 수 없다.

브라이트 운동은 언어를 변화하는 데는 실패할지 몰라도, 트렌드로서는 중요한 의미를 갖는다. 신앙과 종교에 대한 거부가 개인적인 차원을 넘어 집단적·공개적으로 이루어지고 있기 때문이다. 2001년 과학 저술가 나탈리 엔지어는 〈뉴욕 타임스 매거진〉에 '외로운 무신론자의 고백'이라는 글을 기고했으며 데넷과 도킨스는 거의 복음주의적 태도로 무신론에 대한 옹호와 찬양을 늘어놓았다.

이렇게 공개적으로 무신론자임을 커밍아웃하는 현상은 정치가, 연예인, 학위 소지자, 블로그 작가, 그리고 개인적 삶을 고백하기를 즐기며 때로는 억압받는 소수라는 이름으로 동정심을 얻어보려는 이들을 중심으로 확산되고 있다(사실을 말하자면 특정 분야, 이를테면 학계나 과학계에서 활동하는 브라이트들은 종교적 이유로 억압이나 탄압을 받는 경우가 거의 없다. 이 분야에는 이미 무신론이 광범위하게 퍼져 있기 때문이다. 오히려 종교인임을 고백한 이들이 차별받을 확률이 크다).

이토록 무신론이 양지로 나설 수 있게 된 원인은 현대 사회에서 종교가 쇼핑몰이나 정치적 캠페인으로서 모습을 갖게 된 것에서 찾아 볼 수 있다. 심지어 최근에는 각종 종교 분파들이 세련되고 테크노적인 홍보전략을 동원해 자신의 종교를 선전하고 있다. 따라서 브라이트라는 신조어의 미래는 어두울지 몰라도, 공개적인 무신론은 하나의 트렌드로 계속 유지될 것이다.

083 신(新)불가지론
Neoagnosticism

불가지론은 항상 신앙과 불신앙의 중간지대에 서 있다. 유신론이 신의 존재를 인정하고 무신론이 그것을 부정하는 반면, 불가지론은 "나는 모른다"로 일관한다. 그러나 사실 토머스 헉슬리(19세기에 불가지론이라는 단어를 만들어낸 영국의 생물학자—옮긴이) 이후, 불가지론자들은 무신론자와 연합전선을 이뤄왔다. 정통적 불가지론은 "나는 신이 존재하는지 알지 못한다. 따라서 나는 그의 존재를 믿는 것을 보류하고 그런 것이 없다고 가정하겠다"고 말하면서 스스로를 일종의 무신론자로 간주한다. 그러나 현대 사회에는 신과 비슷한 것이 있다고 생각하지만 그것이 과연 '신'인지 확신하지 못한다고 고백하는 불가지론자들이 있다. 그들이 바로 신(新)불가지론자다.

1999년 위니프레드 갤러허는 자신의 저서 《신에 관한 연구(Working on God)》에서 처음으로 이 단어를 사용했으며, 스스로 고백하기를 자신도 그 중 한 사람이라고 밝혔다. 그리고 "신불가지론자란 불가해한 형이상학적 느낌을 지닌, 교육 수준이 높은 회의주의자"라고 정의했다. 이들은 신의 존재에 대해 확신하지는 못하나 무언가 높고 위대한 존재에 대해 갈망하며 따라서 신앙이나 다른 종교적 의식이 아닌 다른 방법으로 그 존재를 찾고자 한다.

그들은 '종교조직', 즉 사람들을 모아 특정 행위를 하도록 요구하는

(예를 들어 일요일이면 교회에 가는) 영적 기관을 신뢰하지 않는다. 신불가지론자들은 대개 교육수준이 높으며 어떤 분야에서든 평균 이상의 위치에 있다. 갤러허의 표현에 따르면 "그들은 어디에나 존재하며 특히 사회 상류층에 많다. 또한 그들은 젊고 현대적이다. 이제 영적 문제에 관심을 가지는 것은 유행이 되어버렸다."

불교 구루 자가드 파라마함사는 1999년 〈크리스티애너티 투데이〉에서 이렇게 말했다. "영적 추구는 멋있고 현대적이며 진보적이다. 그러나 신을 배재할 때에만 그렇다."

신불가지론자는 "나는 영성의 존재를 믿지만 종교는 믿지 않는다" 또는 "나는 인격적 신은 믿지 않지만 뭔가 신성하고 초월적 차원의 존재가 있다고 생각한다"라고 말한다. 이렇게 정통적 의미의 신이 부재하는 영성과 높은 교육 수준과의 연관성은 수많은 연구에 의해 뒷받침된다. 일례로 1998년 미국 종합사회조사에 따르면, 고등학교 졸업자에 비해(7.4%) 두 배가 넘는 숫자의 4년제 대학 졸업자들이(17.2%) "더 높은 권능, 그러나 특정 인격적 신이 아닌 존재를 믿는다"고 대답했다. 5개 대륙 60개국을 대상으로 한 갤럽 조사에서는 교육수준이 높은 사람일수록 "신이란 우리보다 우월한 인격적 존재가 아니라 어떠한 힘"이라는 사고방식을 선호했다.

《신에 관한 연구》에서 갤러허가 묘사한 영적 탐구는 전세계의 각종 종교, 신화, 신비주의 전통을 통해 의미를 추구하는 신불가지론자들의 절충주의적 종교관을 가장 잘 나타내는 사례다. 갤러허는 불교·유대교·기독교 등을 모두 경험하고 회의주의적 질문을 던져본 다음, 궁극적으로 자신만의 영적 믿음을 만들어냈다.

신불가지론자들은 개인적인 영성을 구축하기 위해 노력한다. 그것을 가능하도록 해주는 것은 성장을 거듭하고 있는 새로운 종교 산업이다. 서적, 종교적 상품〔촛불부터 카치나(푸에블로 인디언 종족이 숭배하는 비의 신—옮긴이) 인형, 펜타그램 등〕, 묵상회, 여러 강의들이 대표적인 산업이다. 신불가지론자들을 끌어들이는 데 유리한 위치에 있는 정통 종교들도 있다. 예를 들어 티베트 불교는 아주 조직적이며 독단적인 종교임에도 불구하고, 지도자 달라이 라마는 비종교인들에게 특정 종교를 강요하지 않으면서도 이해하기 쉬운 가르침을 내려주는 스승으로 인정받고 있다.

수많은 신불가지론자가 오컬트나 과학적으로 설명할 수 없는 현상, 그리고 동양에서 건너온 가르침을 중심으로 하는 뉴에이지 운동에 깊은 관심을 갖고 있다. 그러나 이들은 뉴에이지적 가르침마저도 다른 종교와 마찬가지로 회의주의라는 나름대로의 체를 이용해 조심스레 걸러내는 경향을 보인다. 검색 엔진을 갖춘 무한한 인터넷의 바다는 이런 신불가론적 영적 탐구자들에게 일종의 신탁이나 마찬가지다. 지금 당장 구글 탐색창에 '영적 탐구(spiritual search)'를 쳐 넣어보라. 약 435만 개의 결과가 나타날 것이다.

대다수의 신불가지론자는 과학적 유물론자며, 실재하는 것은 진화를 통해 생성된 자연뿐이라고 생각한다. 즉 내세도 후세도 없으며 천사들의 합창소리도 존재하지 않는다. 하지만 그들은 명상이나 기도를 자주 하는 사람들의 건강상태가 양호하다는 보고서나, 명상이나 기도를 행할 때는 뇌에 신경학적 변화가 일어난다는 연구결과를 고려해 영적 기운을 느끼는 것은 좋은 일이라고 믿는다. 비록 그 영혼이라는 것이 존재하지 않는다 할지라도 말이다.

생물학자 우르슐라 구데노흐는 《신성하고 심오한 자연(The Sacred Depths of Nature)》이라는 책을 통해 이렇게 묘사했다. "나는 비유신론자로서, 이 신비한 경험을 경이로운 정신적 작용이라고 밖에 달리 생각할 수 없었다. 하지만 상관없다. 어차피 우리는 모두 그 힘 덕분에 변화한 것이다." 또 다른 형태의 신불가지론자는 완벽한 유물론자와는 약간 달리 자연 위에 영적 또는 초월적인 존재가 있다는 가능성을 받아들인다. 그들은 그것이 무엇인지 정확하게 알지 못하며 또한 알 수도 없다고 생각하지만, 그럼에도 그 힘을 맛보고 싶어한다.

이런 신불가지론도 비판을 피해갈 수는 없다. 종교인들은 신불가지론이 하나의 종교에 헌신하기 꺼려하는 아마추어 평론가들이라고 비난한다. 무신론자들은 이들을 향해 신이 존재하지 않는다는 결론을 받아들이길 거부하는 흐리멍텅한 작자들이라 비난한다. 초현실주의로부터 자유로운 세계관을 요구하는 브라이트 운동가들은 신불가지론자들의 초자연적 장난질을 견뎌줄 만큼 참을성이 강하지 못하다. 반면 전통주의 기독교로 돌아가자는 움직임을 주도하는 이들은 그들의 이단적 사상을 용서하지 못한다.

그럼에도 불구하고 신불가지론은 오랫동안 현대 사회의 중요 동향으로 남을 것이다. 21세기에 양대 산맥을 이루게 될 두 개의 갈등, 즉 초자연적 현상을 부정하는 현대 과학의 헤게모니와 초자연적 존재에 대한 인간의 갈망 사이에서 균형을 잡아주는 역할을 감당하기 때문이다. 또한 신불가지론은 자본주의적 민주주의가 번성하는 동안에는 함께 세력을 넓혀갈 것이다. 이 사상은 종교적 자유와 필요하다면 영성까지도 공급할 수 있는 시장경제 등 자본주의가 제공하는 것들을 최적으로 이용할 수 있는 능력을 지녔기 때문이다.

084 건강을 위한 기도
Pray Your Way to Health

많은 미국인들이 종교와 건강을 연관지으려는 경향이 있다. 2003년 〈뉴스위크〉의 설문조사에 따르면 조사에 응한 미국인 중 70% 정도가 가족의 건강을 위해 자주 기도를 한다고 대답했다. 이는 자신의 재정적 성공을 위해 기도한다고 대답한 27%보다 현저하게 높은 비율이다.

특히 최근에는 종교와 건강의 상관관계를 규명하려는 연구조사가 급격히 늘고 있다. 150개 항목에 걸쳐 종교와 건강과의 상관관계를 분석한 한 연구는 때로 종교가 건강에 긍정적 영향을 미친다는 사실을 밝혀냈다. 그 중에서 가장 연관성이 높게 나타난 부분은 예배나 다른 종교적 행사에 자주 참석할수록 수명이 늘어난다는 항목이었다. 또한 이 연구는 종교나 높은 영성이 심장질환을 예방하고 기도가 심각한 신체적 질병을 호전시킬 수 있다는 가설을 뒷받침하는 증거를 찾아냈다.

2003년 〈바이브런트 라이프(Vibrant Life)〉지는 40개 이상의 연구조사에서 종교의식에 정기적으로 참여하는 피실험자들은 그렇지 않은 피실험자들에 비해 사망률이 29%나 낮게 나타났다는 〈아메리칸 사이콜로지스트(American Psychologist)〉 저널의 연구결과를 실었다. 또한 교회 참석률과 관련된 다른 요인들이 건강에 영향을 줄 수 있다는 결론을 내렸다. 예를 들어 종교단체에 소속된다는 것은 좀더 넓은 인간관계를 구축한다는 것을 의미하며, 따라서 종교인은 교회나 다른 종교기관에 속하지 않는 이들보다 스스로를 더욱 소중히 여긴다는 것이다.

그러나 무엇보다도 이 연구조사가 일궈낸 가장 두드러진 결과는 이후 많은 의학 기관들이 환자의 생명을 연장하는 데 종교의 위력을 이해하고 인정하기 시작했다는 점이다. 2003년 후반에는 미국 내 의학대학의 절반 이상이 의학과 영성에 관한 강좌를 개설했다. 수업의 내용은 종교적 신념을 이용해 환자를 치유하는 방법을 배우는 것이 아니라, 종교를 믿는 환자에게 종교와 영성이 얼마나 중요하며 환자의 건강상태에 어떤 영향을 미칠 수 있는가를 이해하는 것이다.

듀크 대학 메디컬 센터의 종교·영성 및 건강연구 센터 초대 소장이자 신앙과 건강의 상관관계 연구분야에서 최고의 권위를 자랑하는 해럴드 퀘닝 박사는 이와 같은 연구결과가 종교와 건강 사이에 밀접한 관계가 있다는 것을 보여주는 증거라고 주장한다. 그는 '의학을 통한 영성과 치유' 학회에서 이렇게 말했다. "지난 2년 간 이루어진 연구 중 적어도 6개 이상의 조사에서… 종교 공동체와 긴 수명 사이에 밀접한 관계가 있음이 밝혀졌다. 대다수의 연구에서 신앙과 종교의식은 정신적·신체적 건강을 증진시킨다."

나아가 퀘닝 박사는 듀크 대학 메디컬 센터 주관 연구를 통해 기도를 자주하거나 정기적으로 종교의식에 참석하는 이들은 그렇지 않은 이들에 비해 혈압이 훨씬 낮다는 사실을 발견했다. 그는 BBC 뉴스 온라인에서 이 연구에 대해 간단히 설명했다. "종교행사나 의식에 참여하는 것은 나이 많은 노인들에게 건강상 아주 좋은 영향을 미친다. 종교인이 비종교인에 비해 신체적으로 더 건강할 뿐만 아니라 사회적으로도 더욱 강력한 지지를 받는다는 점을 감안하더라도 말이다."

심지어 일부 학자들은 인간에게는 '하나님 유전자' 또는 신앙과 관련된 특정 유전자 그룹이 존재한다고 주장하기도 한다. 이러한 주장을 뒷받침하는 일환으로, 그들은 〈텔레그래프(Telegraph)〉지에 현대와 같은 거대 사회조직에서 신의 도덕적 역할이 사회를 응집시키고 삶을 영속시키는 데 얼마나 유용하게 작용하는가를 지적한 바 있다. 영국 뉴캐슬 대학 인간 유전자 연구소의 의학부분 존 번 소장은 이렇게 말한다. "신념을 위해 살고자 하는 의지 또는 기꺼이 죽고자하는 의지는 인간이 지닌 최고의 강점이다. 우리에게는 분명 믿고자 하는 유전적 성향이 있다."

반면 〈란셋(Rancet)〉지에는 종교적 신념이 신체 및 정신적 건강에 긍정적 영향을 미친다는 주장과 상반된 연구결과가 발표되었다. 컬럼비아 대학의 내과 및 외과학부 연구자들은 영적 믿음에 따라 신체적 건강이 증진된다는 주장을 뒷받침할 근거를 찾지 못했으며, 동 대학 행동의학부 교수이자 이 연구의 책임자 리처드 슬론 교수는 종교와 건강 사이에 특별한 관계를 의미할 만한 변수를 찾아내지 못했고 종교적 활동의 정의로부터 그 변수를 정확히 제거하는 것도 불가능하다고 말했다.

나아가 연구팀은 엄격하게 통제된 환경 하에서 표면적으로 종교와 건강 사이에 일정 관계가 존재한다는 결과가 나온다 해도 의학인은 결코 종교와 의학을 통합시키려는 안 된다고 덧붙였다. 슬론 박사는 이렇게 말했다. "병원에 갔더니 의사가 이렇게 말한다고 생각해 보라. '결혼이 건강에 좋다는 확실한 증거가 있습니다. 그러니 결혼을 하세요.' 이건 정말 말도 안 되는 사생활 침해다. 게다가 종교는 결혼보다 더욱 심각한 개인적 문제라고 할 수 있다."

내과 의사가 환자의 영성을 이해하는 것이 수술의 공식 절차로 인정되는 사태가 발생하든 그렇지 않든, 미국인은 건강에 문제가 생기면 신을 찾을 것이다. 퀘닝 박사가 말한 것처럼 미국의 노인은 아주 종교적인 모습을 지닌 사람들이다.

085 종교 쇼핑몰
The Religion Shopping Mall

우리 시대의 현대인은 소비자 문화에 대해 적어도 폐쇄적인 시각을 지니고 있지는 않다. 미국인은 쇼핑에 대해 항상 관대하며 여러 가지 브랜드를 비교하고 신제품을 찾는다. 이는 화장품이나 청바지는 물론, 종교의 경우에서도 마찬가지다.

물론 세상에는 결코 흔들리지 않는 종교적 신념을 지니며, 개종은 꿈도 꾸지 못할 일로 생각하는 사람들도 존재한다. 그러나 우리의 소비자 사회에서는 그러한 태도 또한 여러 가지 다양한 선택 가운데 하나다. 즉 특정 상표에 대해 확고한 신뢰를 보내는 것과 비슷한 이치다. 그러나 대부분의 미국인은 비록 특정 종교의 영향 하에서 자라났다 하더라도, 가정의 울타리를 한번 벗어나면 주위를 기웃거리며 자신의 영적 스타일에 가장 잘 어울리는 종교를 찾아다니도록 되어 있다. 특히 어떠한 종교도 믿지 않는 이들은, 영적 탐구를 해야 할 시기가 왔다고 생각되면 더욱 다양한 종류의 신앙을 고려·비교해 본다.

이런 경향을 낳은 것은 두 개의 거대한 트렌드다. 그 중 하나는 자유

시장이라는 색채로 무엇이든 가리지 않고 뒤덮어버리는 소비자문화의 편재다. 특히 공산주의가 붕괴하고 냉전이 끝나자 공급과 수요의 법칙은 진리가 되었으며, 종교 역시 소비자의 믿음과 헌신에 대해 공개시장에서 서로 경쟁을 벌이게 되었다. 또 하나의 요소는 날마다 서로 다른 종교적 신념을 지닌 사람과 접촉할 수밖에 없는 사회적 다양성이다. 거리에서 스쳐지나가는 모든 사람이 감리교도인 시절은 사라졌다. 이제는 케이블 TV와 위성방송이 우리의 가정에 불교의 수도승에서부터 가톨릭 수녀들, 개신교의 TV 전도사들까지 다양한 뿌리를 지닌 종교인들을 브라운관을 통해 전송해 준다.

서점에서는 최근 이슬람 세계에서 벌어지고 있는 사건들의 영향으로 이슬람교와 관련된 서적들이 빠른 속도로 팔려나가고 있다. 이민자들은 미국의 종교 분포도를 더욱 화려하고 다양하게 만들어 주었다. 기존에는 미국의 종교를 설명하고 싶다면 '개신교-가톨릭-유대교'라는 제목으로도 모든 것을 충분히 설명할 수 있었다. 그러나 오늘날 미 대륙에는 500만~600만 명에 이르는 무슬림과 200만~300만 명 정도로 추정되는 불교도, 그리고 100만 명의 힌두교도와 25만 명의 시크교도가 함께 살고 있다. 다이에나 에크의 《새로운 종교국 미국(A New Religious America)》의 부제가 모든 것을 간단히 설명해 준다. "어떻게 '하나님의 국가'가 전세계에서 가장 다양한 종교가 활보하는 국가가 되었는가."

솔직히 말하자면 종교의 '쇼핑몰'이라는 것은 없다. 벽돌과 타르로 지어진 건물과 각각의 종교가 자리를 차지하고 앉아 있는 여러 상점들은 존재하지 않는다는 말이다. 그러나 인터넷 공간은 다르다. 이 넓은 사이버 세상에는 수많은 종파와 심지어 개인들이 사원과 교회를 지어놓고 사람들을 초대한다. 게다가 거의 모든 종교에 관한 다양한 정보를 제공하고 영적 욕구를 채워주는 멀티 종교 사이트도 있다.

서점의 종교 섹션은 종교 쇼핑몰의 또 다른 모습이다. 심지어 '성경'이라고 적힌 푯말 아래에는 달라이 라마의 자서전, 오컬트 책, 그리고 마술 책이나 대지를 숭배하는 이교도의 경전들이 성경책과 함께 진열돼 있다. 웨이드 클라크 루프의 《영성 시장(Spiritual Marketplace)》이나 리처드 시미노와 돈 라틴의 《신앙 쇼핑(Shopping for Faith)》 등 종교 쇼핑몰 그 자체를 다루며 소비자의 심리를 분석한 서적도 있다.

소비자 문화는 사람들이 알맞은 종교를 찾아 헤매도록 만들었을 뿐만 아니라, 종교나 교회가 신도들을 유혹하는 방식도 현저하게 변화시켰다. 이제 교회나 사원은 소비자에게 친절하며 의식적인 이미지로 단장하고 있다. 말 그대로 내부에 쇼핑 상점을 마련하는가 하면, 치유 센터에서 호화로운 휴가를 보내라고 유혹하고 또는 신도들을 모아 대형 교회로 여행을 보낸다.

각종 교파는 광고 캠페인을 벌이고 토크쇼에 매력적인 대변인을 내보내며, 일부 종교는 소비자들에게 더욱 가까이 접근하기 위해 심지어 교리를 바꾸거나 현재의 교리에 약간의 변화를 주기도 한다. 이를테면 대부분의 기독교 교회는 지옥의 존재를 정통교리로 두고 있지만, 많은 신부나 목사들이 그것을 신도들에게 가르치기를 꺼린다. 교인들이 그 이야기를 좋아하지 않거나 혹시 다른 교회로 발길을 돌릴까 두렵기 때문이다.

소비자 문화로서 종교 쇼핑몰의 가장 두드러진 특징은 소비자의 유동성이다. 수많은 종교 중 하나를 골라 쇼핑하기를 즐기는 신도들은 다양한 종교를 뒤섞고 혼합하는 행위도 마다하지 않는다. 예를 들면 감독교주의에 달라이 라마의 가르침을 양념으로 뿌리고 그 위에 우파니샤드의 기도문을 몇 개 첨가하는 식이다. 그들은 전통을 이리저리 섞어 시미노와 라틴이 《신앙 쇼핑》이란 책을 통해 지적한 것과 같은 잡종 종교를 만들어낸다. 때로는 엘레인 페이젤스의 《신앙을 넘어서(Beyond Belief)》에 나타난 것처럼 특종 종교의 의식이나 예배방식을 도입하는 반면 그 종교의 원래 교리를 약화시키기도 한다. 심지어 그들은 신의 존재에 대해 확신하지는 못하나 자신만의 영성을 이룩하고자 하는 신불가지론자일 수도 있다.

일부 보수적이고 따분한 종교인들은 종교를 판단하는데 중요한 부분은 '영적 필요' 에 적절한가가 아니라, 과연 이 종교가 진실을 다루고 있는가라고 주장하기도 한다. C.S. 루이스는 《순수한 기독교(Mere Christianity)》에서 이렇게 말했다. "문제는 '내가 이 종교를 좋아하는가?' 가 아니라 '이러한 가르침이 사실인가?' 이다."

어떤 이들에게는 이렇게 간결하고 엄격한 태도가 매력적으로 비칠 수 있겠지만, 그렇다고 종교 쇼핑몰이 존재한다는 사실이 바뀌지는 않는다. 그보다는 이것 역시 쇼핑몰에서 선택할 수 있는 또 다른 하나의 상품에 가깝다.

Chapter

10

건강과 의학 트렌드
나는 소망한다, 건강하게 오래 살기를

성형수술은 20세기의 산물이다. 미래는 생명공학 수술의 시대가 될 것이다. 앞으로 수십 년 동안 외과의들은 단순하게 신체 장기가 약화되는 속도를 조정해 주는 역할에서 벗어나 약해졌거나 기능이 정지된 인체의 일부, 즉 심장·눈·폐·신장·근육 등은 물론이고 심지어 뇌까지도 교체할 수 있게 될 것이다. 따라서 누구든지 600만 불의 사나이나 소머즈(600만 불의 사나이에 해당하는 TV 시리즈에 여성 주인공 ─ 옮긴이)가 될 수 있을 것이다. 이미 몇몇 건강관련 이식수술은 거의 상용화되었다. 그 중 첫 손가락에 꼽히는 것이 관절성형술(arthroplasty) 또는 인공 고관절 대체술(hip replacement surgery)이다. 〈ABC 뉴스〉에 따르면 매년 관절염이나 골다공증으로 고관절이 변형된 환자 40만 명 이상이 고관절 대체수술을 받는다고 한다. 2030년이 되면 노인 인구의 증가로 미국에서만도 고관절 대체술을 받는 사람이 어림잡아 27만 2,000명에 달할 것으로 추정된다. 인간 신체를 대체하는 수술은 생체공학이란 스펙트럼의 한쪽 끝에 자리하고 있지만, 만일 공급이 수요를 충족시킬 수만 있다면 더욱 일반적인 현상으로 자리잡게 될 것이다. 이러한 수술은 인간 장기에 대한 수요의 존재와 그런 장기의 공급이 원활하지 않다는 전제조건이 있어야 한다. 〈비즈니스위크 온라인〉에 실린 기사에 따르면, 매년 기부 심장 부족분이 10만 개나 된다고 한다. 다른 장기 대체수술과 마찬가지로 베이비붐 세대가 점점 나이 들어감에 따라 대체용 심장 수요는 급속도로

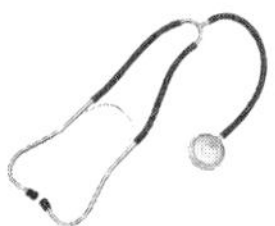

086 AIDS, 안전지대는 없다
AIDS Across the Continents

조만간 AIDS는 전세계로 그 마수를 뻗칠 것으로 예상된다. 미국 질병 통제예방센터(CDC)는 2001년 말 현재 미국의 AIDS 누적 감염자 수가 81만 6,149명이라고 발표했다.

앞으로 수십 년에 걸쳐 HIV/AIDS는 지리학적·인구통계학적 측면에서 다양한 모습을 드러낼 것이다. 예전과 달리 동성보다는 이성과의 성관계를 통해 감염되는 비율이 높아질 것이고, 결과적으로 AIDS 바이러스의 여성 보균자 수가 증가할 것이다. 2003년 현재 전세계 HIV/AIDS 성인 감염자 3,860만 명 가운데 약 50%에 해당하는 1,920만 명이 여성이다.

또한 앞으로 AIDS 감염자 수는 지속적으로 늘어날 것이고, AIDS를 예방·치료하고자 하는 노력 또한 꾸준히 증가할 것이다. 현재 발병률이 가장 높은 사하라 이남 아프리카 국가들이 미래에도 HIV/AIDS 감염 증가폭이 가장 큰 지역이 될 것으로 보인다. 2001년 한햇동안 그 지역에서만 신규 감염자가 350만 명이 발생해 누적 감염자 수를 2,850만 명으로 끌어올렸다. 유엔 에이즈퇴치계획(UNAIDS) 보고서에 따르면, 아프리카에서 AIDS가 '자연적 한계'에 다다를지도 모른다는 일부 희망적인 관측이 나오기도 했지만, 전혀 근거 없는 희망이었다고 한다. 또한 보고서는 "설령 사하라 이남 아프리카 국가들의 AIDS 바이러스 확산에 대한 자연적 한계가 존재한다고 해도, 그 수준은 예전에 생각했던 것보다 훨씬 높을 것이다"라고 주장한다. 실제로 보츠와나의 경우, 도시 지역 임산부의 AIDS 바이러스 확산율은 줄어들지 않았다. 오히려 감염자 비율은 1997년 38.5%에서 불과 몇 년 사이에 44.9%로 치솟았다.

이처럼 HIV/AIDS 감염이 지속적으로 확산되자, 이 문제를 해결하기 위해 남아프리카공화국·우간다·세네갈 등을 포함한 일부 국가는 건강 및 공공정책 프로그램을 전개했다. 그들은 집중 발병 지역에 대해 콘돔 사용을 장려하고 채혈관련 규제를 강화했다. 이를 통해 AIDS 바이러스 확산을 상당부분 막을 수 있었는데, 특히 임신여성의 감염률을 크게 낮출 수 있었다.

전체적으로 볼 때 이러한 조치를 활용하는 프로그램 및 기타 보호책은 성공을 거두었다고 할 수 있다. 예컨대 캄보디아와 필리핀의 경우 AIDS 바이러스 확산율이 감소하거나 현저히 낮은 증가율을 유지하고 있다.

그럼에도 불구하고 일부 국가의 경우 AIDS 감염률을 줄이려는 움직임이 문화 장벽에 부딪히곤 한다. AIDS로 몸살을 앓고 있는 모든 대륙에서 콘돔 사용에 대한 거부감이 목격되는데, 그 이유는 콘돔 사용이 낮

설고 불편하며 남자답지 못하다는 인식 때문이다. 우간다의 경우 금욕을 장려하거나 첫 성관계 시점을 늦추도록 권유하는 전국적인 공공정책 프로그램 덕분에 AIDS 확산이 눈에 띄게 줄었다. 그러나 이 때문에 일부 여성들은 경제적으로 안정된 남자와의 결혼이 늦어지는 바람에 자신들이 가족을 부양해야 하는 책임을 맡게 되었다는 경제적인 이유를 들어 불만을 터뜨린다.

최근 몇 년 동안 지리학적으로 떨어져 있는 각기 다른 지역에서 AIDS 발병률이 급속도로 증가했다. UNAIDS는 사하라 이남 아프리카를 제외하고 AIDS 바이러스 보균자가 가장 많은 곳은 아시아태평양 지역이라고 발표했다. 2001년 말 아시아태평양 지역의 AIDS 바이러스 보균자는 어림잡아도 660만 명이었다. 중국만 해도 2001년 말 AIDS 바이러스 감염자는 85만 명인 것으로 추정되었는데, 이는 1997년의 43만 명에서 불과 몇 년 만에 거의 두 배로 증가한 수치다. 이처럼 중국에서 AIDS 환자가 급속도로 증가하는 이유는, 주사바늘 재사용이나 헌혈과정의 위생불량 등 안전불감증 관행 때문이다.

오늘날 인도의 경우 전체 인구를 놓고 볼 때 AIDS 바이러스 감염자 비율은 매우 낮은 수준이지만(2001년 말에는 1% 미만이었다), 이들 감염자를 숫자로 환산하면 무려 397만 명에 육박한다. 인도네시아와 베트남도 AIDS 바이러스 감염률이 증가일로에 있고, 태국에서는 한술 더 떠 AIDS가 사망원인 1위의 자리에 올랐다.

현재 AIDS는 동유럽과 중앙아시아 전역에 급속도로 확산되고 있다. UNAIDS는 이 지역의 HIV/AIDS를 일컬어 '전세계에서 가장 급속도로 확산되는 전염병'이라고 부른다. 2001년 말 그 지역의 AIDS 바이러스 보균자는 100만 명이었다. 다른 국가들과 마찬가지로 동유럽과 중앙아시아에서도 AIDS 환자 중 소수만이 항레트로바이러스 약물치료를 받고 있다. 게다가 우크라이나와 타지키스탄 등 일부 국가의 경우 AIDS에 대한 정보 부족, 특히 21살 이하 청소년에게는 홍보 부족으로 AIDS 바이러스의 확산이 더욱 심화되고 있다.

중남미의 AIDS 바이러스 보균자는 150만 명으로 추정된다. 그 중 가장 심각한 국가는 카리브 해 연안국들이고 특히 아이티와 바하마가 첫 손가락에 꼽힌다. 전체적으로 볼 때 그 지역의 높은 AIDS 확산율은 사하라 이남 아프리카 국가들 바로 다음이다. 하지만 카리브 해 국가들의 경우 의료 및 공공정책 프로그램에 따라 보균자들에게 약물요법을 제공함으로써 입원치료 비율은 감소추세에 있다. 또한 몇몇 다국적 연대를 통해 좀더 강력한 HIV/AIDS 프로그램 개발에 힘을 쏟을 뿐 아니라, 항레트로바이러스 약품을 저렴하게 공급받기 위해 협상을 계속하고 있다.

북아프리카와 중동의 AIDS 바이러스 보균자는 50만 명 정도로 추정된다. 하지만 치료시설의 혜택을 입는 보균자는 소수에 불과하다. AIDS가 만연한 그 지역 국가들 중 하나인 수단의 경우, 감옥에서 횡행하는 불안전한 성행위 습관과 주사용 약물의 비위생적이고 잦은 사용이 AIDS 확산에 한몫한다.

미국과 유럽을 비롯한 서구 선진국에서도 AIDS 발병률은 지속적으로 늘고 있는데, 대부분의 경우 건강하지 못한 성생활 습관 때문으로 여겨진다. 일부 전문가는 특효 있는 항레트로바이러스 요법이 널리 보급된 탓에 AIDS 예방에 최선을 다하지 않는 것일 수도 있다고 주장한다.

지금까지 언급된 모든 지역에서 AIDS 치료가 제대로 효과를 거두지 못하는 또 다른 이유는 가짜약물 소동 때문이다. 예를 들어 나이지리아의 경우 최근 몇 년 동안 검증되지 않은 치료법이나 비정통적인 치료제에 대한 소문이 급속하게 퍼졌는데, 결국 이들 치료법이나 치료제는 치료는커녕 오히려 AIDS 바이러스의 확산에 기름을 붓는 위험한 것으로 드러났다.

미래의 AIDS와 관련한 UNAIDS의 보고서는, 건강하지 못한 성생활 습관을 가진 사람들에서부터 고소득 국가의 식자(識者)까지, 모든 세계 시민을 대상으로 하는 '대대적인 AIDS 예방 프로그램' 개발의 중요성을 강조한다. HIV/AIDS 치료시설 및 치료제와 더불어 예방 프로그램은 AIDS 확산의 폭을 줄이는 데 아주 중요하다. 이것은 분명 21세기가 풀어야 할 경제학적 그리고 인도주의적 핵심사안 중 하나가 될 것이다.

THE 100 NEXT TRENDS

087 모두가 600만 불의 사나이
Everybody's Bionic

성형수술은 20세기의 산물이다. 미래는 생명공학 수술의 시대가 될 것이다. 앞으로 수십 년 내에 외과의들은 단순하게 신체 장기가 약화되는 속도를 조정해 주는 역할에서 벗어나 약해졌거나 기능이 정지된 인체의 일부, 즉 심장·눈·폐·신장·근육 등은 물론이고 심지어 뇌까지도 교체할 수 있을 것이다. 따라서 누구든지 600만 불의 사나이나 소머즈(600만 불의 사나이에 해당하는 TV 시리즈의 여성 주인공—옮긴이)가 될 수 있을 전망이다.

이미 몇몇 건강관련 이식수술은 거의 상용화되었다. 그 중 첫 손가락에 꼽히는 것이 관절성형술(arthroplasty) 또는 인공 고관절 대체술(hip replacement surgery)이다. 〈ABC 뉴스〉에 따르면 매년 관절염이나 골다공증으로 고관절이 변형된 환자 40만 명 이상이 고관절 대체수술을 받는다고 한다. 2030년이면 노령 인구의 증가로 미국에서만도 고관절 대체술을 받는 사람이 어림잡아 27만 2,000명에 이를 것으로 추정된다.

인간 신체를 대체하는 수술은 생체공학이란 스펙트럼의 한쪽 끝에 자리하고 있지만, 만일 공급이 수요를 충족시킬 수만 있다면 더욱 일반적인 현상으로 자리잡게 될 것이다. 이러한 수술은 인간 장기에 대한 수요의 존재와 그런 장기의 공급이 원활하지 않다는 전제조건이 있어야 한다. 〈비즈니스 위크(Business Week)〉 온라인에 실린 기사에 따르면, 매년 기부 심장 부족분이 10만 개나 된다고 한다. 다른 장기 대체수술과 마찬가지로 베이비붐 세대가 점점 나이 들어감에 따라 대체용 심장 수요는 급속도로 증가할 것이다.

앞으로는 실제 사용가능한 인공장기 특히 인공심장에 대한 연구가 활발하게 진행될 것이다. 이미 많은 인공심장이 개발되었는데 이는 1970년대 처음 선보인 자비크 인공심장(Jarvik mechanical heart)에 비해 그 성능이 탁월하다. 최근 개발된 인공심장은 NASA의 우주왕복선에 사용된 기술을 적용하면서 피를 뿜어내기 위한 작은 터빈으로 발전했다. 오늘날 터빈 심장은 심장이식 수술을 받는 동안 환자의 심장 역할을 담당하기 위한 가교로서 수술실에서만 사용되고 있다. 그러나 과학자들은 언젠가 이 터빈 심장이 완벽한 인공심장 역할을 담당하는 날이 올 거라고 확신한다.

이외에도 이식수술이 발전하면서 인공장기의 크기와 그것을 설치하는 기술도 점점 정교해졌다. 여기에는 인공장기에 전력을 공급하는 방법을 단순화하는 것도 포함된다. 1990년대 초반 연구자들은 피부를 통해 전력을 공급하는 '의사(擬似) 유도전기 시스템(so called inductive system)'이라 명명된 전력 시스템을 개발했다. 이 기술을 사용하면 외부에서 전력을 공급해 주어야 할 필요가 사라진다. 또한 피부를 통한 전력 공급 기술은 맹인의 시력을 회복시키기 위해 전자칩을 뇌에 이식하는 것을 비롯한 다른 분야의 이식술에도 적용할 수 있다.

조만간 만성질병 중 일부는 컴퓨터 칩을 이식함으로써 치료될 것이다. 뇌와 척수 이식용으로 개발된 컴퓨터 칩은 근위축성 측삭경화증(ALS) 같은 신경 및 근육 계통의 여러 가지 질병을 개선할 것이다. 뉴멕시코 대학의 인공근육연구소 소속 과학자들은 폴리머금속 복합체(polymer metal composite) 개발에 몰두하고 있다. 이 연구의 목적은 근력저하 질병을 앓고 있는 환자의 대체근육으로 사용하는 데 있다. 그 밖에도 신장과 혈관을 포함하는 다른 인공장기의 개발과 더불어 요실금 환자의 방광기능을 회복시키기 위한 제품들도 개발 중이다.

한편 어떤 이식물은 감각의 회복을 목적으로 한다. 존스홉킨스 대학의 의학연구소를 비롯한 여러 연구소 소속의 연구자들은 시각과 청각을 회복시키는 방법을 개발 중이다. 이런 기술에는 사람의 눈 속에 다수의 화소로 구성된 영상을 만들어내는 감광(感光)칩을 이식함으로써 시각을 회복시키는 방법이 있다. 다른 접근법으로 뉴욕의 도벨 연구소에서 개발한 시각 시스템은 비디오 카메라로 찍은 영상을 사람의 뇌 속에 이식된 전자회로 카드에 전송한다. 실리콘칩 기술의 발달로 전자 칩의 성능이 향상됨에 따라 언젠가는 인공시각이 인간의 시각기능과 비슷한 수준까지 발달할 것이다. 어떤 연구자는 2020년경이면 의안(義眼 : artificial eye)이 실제 눈의 기능을 수행할 수 있을 거라고 주장한다.

다른 신체적 장애도 인공장기로 치료가 가능하다. 예를 들어 청력을 회복하기 위한 인공청각 이식과 마비된 수족의 근육을 위한 근육전기자극(electronic muscle stimulation : EMS) 등이 여기에 속한다. 이외에도 연구자들은 앞으로 4반세기가 지나기 전에 인공신장과 인공폐까지도 상용화될 것이라고 예상한다. 또한 브리티시 텔레폰 연구소는 2025년까지 인공뇌세포가 등장할 것이라고 전망한다. 하지만 인공두뇌는 적어도 2035년 이후에나 개발될 것이다.

새로운 유형의 인공장기 및 이식술의 개발과 더불어 연구자들은 '지능적 이식'을 연구·개발 중에 있다. 피츠버그 소재 알레게니 싱거 연구소 유전과학 센터 부소장인 가스 에를리히 박사는 〈ABC 뉴스〉와의 인터뷰에서, 연구자들은 이식을 통해 치명적인 전염병도 함께 전달되는 사태를 막기 위해 지능형 이식을 추구하고 있다고 밝혔다. 예컨대 마이크로머신(micro-electronic mechanical system : MEMs)을 내장한 인공 고관절이 현재 개발 중에 있다. 마이크로머신은 유해 박테리아의 존재유무를 감지할 수 있고 이식된 인공신체조직 안에 저장된 항체의 방출을 유도할 수 있다. 에를리히 박사는 이와 같은 인공조직은 향후 몇 년 안에 상용화될 것이라고 주장했다.

인공장기 개발을 위한 노력이 활발해지면서 의공학의 비중이 커지고 있다. 의공학을 통해 인체와 상호작용할 수 있는 장기를 개발하면 인공장기 이식에 따르는 부작용을 피할 수 있을 것이다. 미국 애리조나 대학의 의공학 프로그램에 소속된 연구가들은, 일단 인체에 이식된 새로운 장기가 성장하도록 하는 기기를 연구·개발하고 있다. 예를 들어 폴리머를 이용해 관상동맥우회로 이식술(coronary artery bypass graft surgery :

CABG) 중 사용되는 새로운 혈관을 개발 중이다. 이 같은 새로운 혈관은 이식조직을 이물질로 판단해 공격하는 인체 내부의 면역체계와 조화를 이룰 것이다.

미국 FDA가 고수하는 엄격한 정책 때문에 이러한 이식 체계 연구의 상당 부분은 유럽에서 진행되었다. 피츠버그 대학의 인공장기개발 연구소 바틀리 그리피스 박사가 〈비즈니스 위크〉에 기고한 기사를 보자. "미국의 기준은, 제아무리 환자의 질병이 심각하다 할지라도 부작용이 있을지도 모르는 장비는 절대 사용하지 않는다는 것이다."

하지만 일부 전문가는 유럽에서 적용된 치료법을 검토해 보도록 함으로써 미국 정부가 이식 장비에 대한 현행 규제를 완화하도록 할 수도 있다고 주장한다.

생체공학적 부활의 시대에 '100% 자연산'이란 말은 의미를 잃게 될 것이다. 오히려 사람들은 '100% 기능적'으로 되려고 할 것이며, 그 과정에서 많은 사람들은 '인공 부품'의 도움을 받을 것이다.

THE 100 NEXT TRENDS

088 스트레스로부터의 해방
Less Stress in the Future

미국인들은 지난 수십 년 동안 엄청난 스트레스 속에 살고 있다는 사실을 자각하고 있었다. 1991년 당시 노스웨스턴뮤추얼 생명보험은 자체적으로 실시한 연구를 통해 미국 성인의 30%가 매일 만성적인 업무 스트레스에 시달린다는 사실을 밝혀냈다. 그 수치는 가족, 재정상태, 개인적인 불만족 등 일상생활 스트레스를 포함하지 않은 것이다. 1993년 실시된 조사에서는 스트레스와 고혈압, 심장발작, 당뇨병, 천식, 만성통증, 알레르기, 두통, 요통, 피부 질환, 암, 면역체계 약화, 백혈구 수 감소 등 수많은 질병 사이의 연결고리가 드러났다. 이것을 기업적인 측면에서 고찰해 보면 스트레스 관련 질환으로 연간 2,000억 달러의 손실이 발생한다는 것을 의미한다. 그렇다면 사회생활을 포기하지 않고도 우리가 업무 스트레스에서 벗어날 수 있는 방법은 없는 걸까?

물론 아주 많은 방법이 있다. 지난 몇 년 동안 가장 효과적인 치료법 중 하나로 떠올랐던 것이 요가를 통해 심신에 대한 초점을 재설정하는 것이다. 요가 재집중 요법은 미국 정부로부터 인증을 획득했다는 장점도 있다.

백악관 대체의학 정책위원회(WHCCAMP)의 말을 들어보자. "침 요법, 바이오피드백 요법(biofeedback : 생체 되먹이기라고도 하는 것으로 긴장이나 체온과 같은 신체상 기능에서의 미묘한 변화를 감시하는 방법—옮긴이), 요가, 마사지, 태극권, 특정 영양소 섭취와 스트레스 완화 요법 등 보완대체요법(CAM)은 미국인의 건강 목적과 목표를 성취하는 데 매우 유용한 방법이 될 수 있다." WHCCAMP는 헤드스타트 프로그램(Head Start Program : 연방 정부의 지원으로 불리한 환경에 처한 취학전 아동을 위해 수학·읽기·쓰기 등의 교육을 실시해 주는 프로그램—옮긴이)의 대상 아동들에게 '긴장완화 기법의 하나로 심호흡을 가르치는 일'의 가능성을 시사하기도 한다(특히 취학 전 아동들이 정부에서 주관하는 헤드스타트 표준화 시험을 치르기 직전에 도움이 된다).

여러 측면에서 모든 종류의 스트레스 관리 기법들은 순간순간 마음을 정화하고 삶을 능동적으로 경험하는 과정으로 요약된다. 스트레스를 감소시키는 가장 간단한 방법 중 하나는 매일 시간을 정해 5분 정도 아무 일도 하지 않는 것이다. 연구자들은 그처럼 규칙적으로 자신을 떠나 다른 일에 집중하는 방법을 통해, 혈압이 낮아지고 심장박동수가 줄어들며 일상사를 스스로 통제하고 있다는 느낌이 커졌다는 사실을 발견했다.

소리 내어 웃는 것도 도움이 된다. 웃음은 감정적으로 평온한 하루를 제공할 수 있고 질병에 대한 면역을 강화시킨다. 아울러 스트레스 호르몬인 코티솔(cortisol)과 에피네프린(epinephrine) 생성을 억제한다.

스트레스를 낮추는 또 다른 요법으로 감미로운 음악을 잔잔히 흐르도록 하는 방법도 있다. 이러한 음악요법은 임박한 마감시한을 앞두고 어려운 업무를 수행해야 할 때도 사람의 혈압과 심장박동 수를 억제하는 효과가 있는 것으로 밝혀졌다. 한편 연구자들은 몇 초 간 사랑하는 사람의 영상이나 행복한 기억에 집중하는 것도 마음의 평안을 오래 유지하는 데 도움이 된다고 주장한다. 매일 5~10분 간 산책하는 것도 스트레스를 완화시킨다고 말한다. 그저 5분 동안 숨을 천천히 깊이 쉬기만 해도 심혈관계를 개선시킬 수 있다. 천천히 말하는 습관은 스트레스를 줄이고 자제력을 키운다. 예의 바르게 행동하는 것도 위와 같은 효과를 가져다 줄 뿐만 아니라 일생 동안 마음의 평안감이 높은 수준으로 유지된다.

마지막으로, 연구자들은 하루의 시작과 끝을 5분 간 발끝에서 머리까지 스트레칭을 실시함으로써 신체 각 부분의 긴장을 이완시키라고 충고한다. 점진적 근육이완(progressive relaxation)이라고 알려진 이 스트레칭 방법은 심장박동 수를 낮추고 스트레스 정도를 줄이기 위한 방편으로 서던 미시시피 대학의 연구실이 개발했다.

미국에서는 스트레스를 감소시키는 방편으로 다양한 형태의 명상법이 인기를 얻고 있다. 많은 명상법은 불교나 기독교 등 각자의 종교적 신념에 맞는 기도 또는 주문을 반복하는 과정을 포함한다. 명상법의 표준양식은 이른바 '전념 명상(mindfulness meditation)'이라고 불리는 것이다. 이것은 호흡에 집중하다 점점 범위를 넓혀 나름대로의 특정한 경험 속으로 마음을 이끄는 것을 의미한다. 비종교적 명상의 대표적 형태는 음악과 자연의 소리를 담은 오디오 테이프에 귀를 기울이는 방법이다. 이런 명상법은 전뇌(全腦) 기능을 자극하고 스트레스와 관련된 화학물질의 생산을 억제하는 것으로 알려져 있다. 또 다른 방법은 깊은 명상상태를 유도하기 위해 음향녹음(audio recording) 테이프를 사용하는 완전동조(Holosync) 기법이다.

스트레스를 감소시키는 기법에 대한 많은 연구들을 통해 이들 기법의 효과가 증명됐다. 미국의사협회(AMA Medical Journal)지에 따르면, 명상은 고혈압을 다스리는 데 탁월한 효과가 있으면서도 약물에 따른 부작용이 전혀 없다고 한다. 메사추세츠 대학에서 실시한 한 연구는, 명상을 즐기는 사람들은 만성적인 통증을 30% 이상 줄일 수 있다는 사실을 밝혀냈다. 수많은 연구를 통해 명상이 월경전증후군(premenstrual syndrome, PMS) 증상을 완화할 수 있고 심지어 노화를 늦출 수도 있다는 사실이 밝혀졌다. 〈헬스 뉴스 앤 리뷰(Health News and Review)〉에 실린 한 연구결과는, 5년 이상 명상을 실시해 온 사람은 그렇지 않은 사람들보다 생물학적으로 12~15년 정도 더 젊다고 한다.

그러나 이견도 한 가지 존재한다. 미국인들은 늘 만성적인 스트레스에 시달린다고 주장하지만 일반적으로 그들은 스트레스를 관리할 수 있다는 것이다. 스트레스 관리 전문가 도널드 튜브싱 박사는 대부분의 사람들은 잠재적인 스트레스 상황의 98%를 성공적으로 다스린다고 말한다.

하지만 대부분의 연구자는 어려운 상황과 스트레스를 유발하는 각종 원인에 대한 조치가 필요하다는 사실에는 동의한다. 이렇게 하는 데는 시간이 필요하지만, 분명 사람들은 너무 바쁘다고 말할 것이다. 스탠포드 대학의 심리학 교수인 프레데릭 러스킨 박사의 말을 들어보자. "사람들은 자신들이 너무 바빠서 하던 일을 멈추고 스트레스를 다스릴 여유조차 없다고 말한다." 그리고 다음과 같이 덧붙였다. "하지만 사람들이 장소에 관계없이 단지 몇 분의 투자만으로 실행할 수 있는 것들이면 스트레스가 통제 가능한 범위를 벗어나기 전에 그것들을 다스리는 데 충분하다. 마음의 평정을 유지하는 방법을 배움으로써 실제로 조급함도 덜해지는 것이다."

2003년 미국 정부는 미국인의 건강에 대한 '좋은' 통계치와 '나쁜' 통계치를 발표했다. 미국 질병통제센터(CDC)가 준비한 보고서에 실린 좋

은 소식은, 미국 여성과 남성의 평균 수명(평균 예상수명 또는 기대수명)이 기록을 경신했다는 것이다. 2001년에 출생한 남자 아이의 평균 수명은 74.4세, 여자 아이는 79.8세가 될 것이란 예상치가 나왔다.

나쁜 소식은, 미국인들의 삶을 복잡하게 만들 수 있는 길이 더 많이 생겼다는 것이다. 그 중 가장 나쁜 소식은 당뇨병 특히 제2형 당뇨병(인슐린 비의존형 성인 당뇨병) 환자의 급증이다. 2003년 말 현재 미국의 당뇨병 환자는 1,700만 명으로 추정된다. 또한 2002년 당뇨병의 발병률은 1997년에 비해 무려 27%나 증가했다. 이 말은 1997년에는 5.1%였던 환자 비율이 임신성 당뇨병(gestational diabetes)을 포함해 2002년에는 6.2%로 치솟았다는 것을 의미한다. 지난 10년 동안 해마다 80만 명의 새로운 당뇨환자가 보고되고 있다. 더욱이 당뇨환자의 증가는 남녀노소나 인종을 가리지 않으며 교육수준과도 전혀 상관이 없다.

비만인구의 증가는 당뇨환자의 증가와 관련 있다. 미국의 경우, 당뇨환자가 수백만 명이 증가함에 따라 정상체중의 120% 이상을 초과하는 비만인구도 상대적으로 늘었다. CDC의 체질량지수(body mass index : BMI)를 기준으로 볼 때, 미국의 비만인구 비율은 1991년 이래 74%가 증가했다. 현재 미국의 비만인구는 4,400만 명이 넘는 것으로 추측된다. 뿐만 아니라 1999~2000년에는 20~74세 미국 성인의 65%가 정상 체중보다 무게가 많이 나가는 것으로 나타났다. 또한 제2형 당뇨병 환자 중 80%가 비만이라고 주장하는 연구조사도 있다.

진성 당뇨병은 신진대사, 즉 신체가 섭취한 음식물을 사용해 에너지를 생산하는 방법에 문제가 있어서 발생하는 병이다. 당뇨병의 특징은 혈액에서 포도당을 제거하는 세포가 제기능을 발휘하지 못한다는 데 있다. 포도당은 우리 몸의 구석구석으로 흡수되어 성장을 위한 영양과 활동연료로 사용된다. 당뇨병은 여성 사망원인의 5위, 남성 사망원인의 6위를 기록한다. 그리고 당뇨병은 성인의 신부전(kidney failure), 사지절단, 실명 등의 가장 주된 원인으로 꼽힌다.

그 보고서에 담긴 또 다른 나쁜 소식은, 공식적으로 보고된 당뇨환자 외에도 추가로 500만 인구가 당뇨를 앓고 있지만 그 사실을 알지 못하고 있다는 사실이다. 더욱 암울한 것은 당뇨병에 걸린 유·청소년의 수마저도 증가세에 있다는 점이다.

우리는 여러 가지 간단한 방법으로 당뇨병과 싸울 수 있다. 미국 국립보건원이 발표한 보고서를 보면, 당뇨병 전증을 가진 사람이 체중을 5~7% 감량한 후 적당히 먹고 꾸준히 운동한다면 제2형 당뇨병의 발병을 억제하거나 예방할 수 있다고 한다. 당뇨병퇴치재단(Defeat Diabetes Foundation, Inc.)은 식이섬유질을 다량 섭취하면 인슐린 민감도(insulin sensitivity)를 향상시키고 제2형 당뇨병을 예방하는 데 도움이 될 수도 있다는 보고서를 발표했다. CDC 소속의 의사와 연구자들은 무엇보다도 건강을 유지하는 데 적합한 생활습관이 훌륭한 당뇨병 예방책이라고 강조한다.

결과적으로 당뇨환자 수가 감소하면 정부의 예산도 절약할 수 있을 것이다. 미국은 한햇동안 당뇨병 치료에 직간접적으로 1,320억 달러를 지출한다. 이 금액에는 장애혜택, 입원비, 치료기기 구입대금, 의료 진료비 등이 포함된다.

하지만 투자자 입장에서 볼 때 당뇨병 관리는 돈벌이가 되는 사업이다. 당뇨병 관련 전문지 〈당뇨병 투자자(Diabetic Investor)〉의 편집장 데이비드 클리프는 "당뇨병은 사업적인 측면에서만 고려할 때 수익성을 가져다 주는 질병이다"라고 말했다.

090 원격진료의 개막
Telemedicine

20세기에는 의사의 왕진이 사라졌다. 하지만 21세기에는 컴퓨터와 화상전화를 통해 의사의 왕진이 재등장할 것이다. 이처럼 컴퓨터와 화상전화를 이용한 진료행위는 의료관행에 대혁명을 일으키고 있는 원격의료(telemedicine) 추세의 다양한 유형 중 하나에 불과하다. 원격의료란 환자에게 온라인을 통해 전달되는 처방을 승인하기 전에 역시 온라인을 통해 의사와 상담하는 것을 의미한다.

암 수술을 받은 후 퇴원한 환자의 경우, 간호사가 병원에서 그 환자의 회복과정을 관찰할 수 있도록 환자의 생명징후(vital sign) 측정계기와 영상을 전송해 주는 비디오 모니터다. 또한 간호사는 전화를 이용해 환자의 혈압을 측정하고 회복과정에서 느끼는 통증의 수준을 관리할 수도 있다.

원격의료 서비스는 특히 의사와 병원의 의료 서비스가 열악한 지역에서 더욱 효과적이다. 의사를 찾아가기 위해서는 장거리 여행이 불가피할 정도로 인구가 적은 농어촌 지역에서는 이미 원격의료 서비스가 성공적으로 도입되었다.

의학 잡지 《소아과학(Pediatrics)》에 실린 기사에 따르면, 특별 건강관리가 필요한 캘리포니아 주 농어촌 지역의 아동들을 위한 원격의료 프로그램에 대한 연구결과, 원격의료 상담에 대한 만족도가 높았다. 원격의료 프로그램을 통해 상담에 참여했던 소아과 세부전문의(subspecialist)

들은 오진 횟수를 줄이는 데 일조했고, 한편으로 전문의와 환자주치의 사이의 연결망이 형성됐다.

또한 원격의료는 그 편리함 때문에 여행이 어려운 환자들의 마음을 사로잡는다. 가정에서 장기간 동안 재활이 필요한 환자들은 원격의료 감독의 혜택을 누리게 될 것이다. 일리노이 주에 자리한 헬스테크 서비스회사(Health-Tech Services Corporation)와 뉴욕 주의 비테리온 텔레헬스(Viterion TeleHealth)사와 같은 몇몇 기업이 가정용 원격 모니터(telemonitor)를 생산한다. 이러한 모니터를 통해 의사들은 환자의 생명징후 수치를 확인할 수 있을 뿐 아니라, 환자가 직접 의사를 방문해야만 하는 횟수를 줄일 수 있다.

지금까지 원격의료는 의사와 환자 모두에게 아주 유익한 것으로 입증되었다. 이처럼 환자들이 요양원에 들어가는 대신 가정에 머물도록 하는 일은, 조만간 베이비붐 세대의 대거 은퇴 시기가 도래함에 따라 그 중요성이 더욱 커질 것이다.

원격 정신과 치료 또한 지난 10년 동안 폭넓게 확산되었다. 〈텔레메디신 투데이(Telemedicine Today)〉가 원격진료서비스제공자협회(Association of Telemedicine Service Providers)와 공동으로 실시한 여론조사를 보면, 현재 미국에는 25개의 원격 정신과 치료 프로그램이 있다고 한다. 또한 매년 미국에서 실시되는 원격 정신과 상담 건수는 대략 8,640회에 이른다고 한다. 이 수치는 1994년과 비교해 볼 때 10배나 증가한 것이다.

사람과 로봇을 이용한 원격의료 또한 점차 일반화되고 있는 진료행위다. 수술실에서 의사를 돕기 위해 로봇을 이용하는 것 말고도 로봇은 장기간 동안 재활이 필요한 환자를 돕는 데도 활용된다. 메사추세츠 공과대학에서 개발한 로봇의 활용에 대한 최근의 연구에서, 뇌졸중 재활

치료에 로봇을 활용할 수 있는 가능성을 확인했다.

〈텔레메디신 투데이〉에 따르면 다수의 병원과 의과대학이 시골과 도시 지역의 의사들을 연결하는 데 또는 의사를 비롯한 건강관리 전문가들을 지속적으로 교육하는 데 원격의료를 사용한다고 전한다.

의학적 기준 유지를 위해 미국의 주정부는 물론 연방정부도 전자적 의료행위를 위한 입법과 규제를 제안하고 있는 게 현실이다. 정부와 보건 서비스 제공자들 그 외에도 보상비율(reimbursement rate)을 새로 결정해야 한다.

또한 현재까지는 병원과 연결된 가정용 모니터가 모두 의료보험의 적용을 받는 것도 아니다. 게다가 온라인 의료상담에 따른 진료비 부담비율도(사생활 보호법과 의료사고 관련 소송과 비교해서 법적 우선순위가 훨씬 낮은 상황이다) 아직 확정되지 않은 상태다.

원격의료가 의료비용 인하와 의료 서비스 확대로 이어질 수 있다는 가능성을 놓고 볼 때, 그것은 의료보험체계의 일부분으로 인식될 수 있다. 예일 대학 의과대학 교수인 릭 스타바 박사는 1997년 〈일반외과 & 복강경 뉴스(General Surgery & Laparoscopy News)〉에서 다음과 같이 말했다. "원격의료 분야에서 기술은 더 이상 장애가 되지 않는다. 오히려 사회규범이 문제가 된다."

하지만 우리의 삶이 갈수록 컴퓨터와 뗄래야 뗄 수 없게 되면서 원격의료에 대한 거부감은 급속히 사라지고 있다. 만일 사람들이 인터넷을 통해 자동차를 주문하고 사랑에 빠질 수 있다면, 원격의료를 제공하는 의사 역시 환자들을 진단하고 재활을 감독하며, 심지어 수술도 집도할 수 있을 것이다. 스타바 박사는 말한다. "원격의료는 도저히 거스를 수 없는 현상이다."

091 생명연장의 꿈
The Elusive Fountain of Youth

20세기는 탐구와 팽창의 시대로 기록되었다. 21세기는 축소와 보존의 시대로 기록될 것이다. 이 말은 미국의 보통 시민에게 수명연장의 비법을 발견한다는 뜻이 된다. 또한 베이비붐 세대와 그 이후 세대들에게는 생명을 연장하는 다양한 접근방법을 의미한다. 이러한 접근방법 중에는 최신의 과학적 연구와 실험을 반영한 것도 있고 기존의 국소 치료법(topical remedy)에서 기인하는 것도 있다. 어쨌든 이러한 접근법 모두 현재 70세까지 내다보는 미국인의 평균 수명을 되도록 많이 연장하는 데 초점이 맞춰져 있다.

하지만 2002년 6월 사이언티픽 아메리칸(Scientific American.com) 사이트에 실린 보고서 '인간노화의 진실(The Truth about Human Aging)'에 따르면, 향후 몇 십 년 동안 늘어날 평균 수명은 최고 15년으로 제한될 것이라고 한다. 우리가 이미 지난 세기에 소아 예방접종과 좀더 안전한 출산 시술 등의 과학적 진보를 발견함으로써 1900년 당시 47세였던 선진국의 평균 수명을 대폭 끌어올렸기 때문이다. 설령 평균 수명을 대폭 연장할 수 있는 가능성이 제한적이라 하더라도 미국인들은 여전히 지구상에 좀더 오래 머무는 방법을 찾기 위해 중요한 과학적 연구를 수행하고, 다양한 라이프 스타일을 시도하고 있다.

생명연장 연구는 어느 정도 제한이 따르는데, 그것은 아직 과학자들이 노화를 유발하는 과정을 규명하지 못했기 때문이다. 또한 인류는 시간이 흐를수록 젊어지도록 인체의 분자구조를 바꿀 수도 없다. 인간이라는 기차는 일방통행이며 그 어떤 것으로도 그 질주를 멈출 수 없다.

이런 불확실성에도 불구하고 노화방지 산업은 나날이 번창하고 있다. 그들은 다양한 소비자를 가진 수십억 달러 규모의 시장을 형성했다. 오늘날 다방면에 걸쳐 가장 인기 있는 상품군(群)은 항산화제가 함유된 제품이다. 자연 상태에서는 몇몇 과일과 채소에만 함유된 항산화제는 애초에 백내장과 황반변성(黃斑變性 : Macular degeneration) 같은 질병의 발병 위험을 줄이기 위해 개발되었다.

당연한 말이지만, 항산화제가 풍부한 농산물로 제품을 만드는 식품 생산자는 지속적인 매출신장을 기록하고 있다. 또한 비록 항산화 보조제가 노화를 억제하는 데 효과가 있다는 확실한 증거가 없다고 하더라도 항산화 성분이 첨가된 종합영양제와 비타민 보조제의 판매는 크게 늘고 있는 추세다.

뿐만 아니라 제약업계는 만성질환의 진행 과정을 완화·억제하는 신약 개발을 통해 생명연장 노력을 계속할 것이다. 어쩌면 이러한 약물로 인해 질병의 증상이 완화되거나 완전히 사라질 수 있기는 해도 인체의 노화과정 자체를 정지시키지는 못할 것이다. 따라서 연구자들은 획기적인 노화방지 약물을 개발하기에 앞서 인체에 나타나는 노화현상을 연구하는 데 노력을 집중할 것이다.

지금까지 언급된 노화에 대한 공인된 관점과 그것을 실현하기 위한 노력들 말고도 상당히 다양한 분야에서 진보가 있었다. 이들 진보는 대부분 수명을 연장시키기 위한 방법으로 개발됐지만, 아직까지는 포괄적으로 적용 가능한지의 여부는 입증되지 않았다. 예를 들어 노화된 신체 일부를 좀더 젊은 조직으로 이식한다는 아이디어는 인간의 수명을 증가시킬지는 모르지만, 인체의 조직 일부를 대규모로 복제하는 공정은 아직 실용화되지 않았다. 하지만 인체의 피부조직과 일부 장기를 줄기세포 복제기술을 통해 대체하는 방법 등은 이미 활용 단계에 들어섰다.

그러나 수명을 연장하는 가장 확실한 방법은 다른 데 있다. 즉 생활습관을 바꾸는 것이다. 개개인이 자신의 라이프스타일을 변화시키는 것과 더불어, 정부와 기업도 교육 프로그램을 통해 수명연장 노력을 계속할 것이다.

국민 보건에 대한 관심의 일환으로 소아 예방접종, 알코올과 불법적인 약물사용 감소, 흡연인구 감소, 음주운전 소멸 등을 위한 정책들이 추진되자, 약물 오남용과 음주에 따른 상해가 줄어든 것은 물론, 결과적으로 수명이 증가하는 효과를 초래했다. 미국의 공중보건 관련 당국자 중에는 범국가적인 비만방지를 국가적 사안으로 요구하는 이들도 있는데, 이는 미국의 비만인구 비율이 지난 30년 동안 급속하게 증가했기 때문이다.

인생은 흘러가게 마련이지만 오래가지는 못한다. 전세계 최장수 노인의 나이는 계속 늘어나지만 인류 전체가 120살까지 생존할 가능성은 제로라고 해도 과언이 아니다. 과학자, 사회 평론가, 그리고 종교인을 비롯해 일반인들도 인류가 이 지구상에서 영원한 생명을 누릴 수 없다는 데에는 이견이 없다.

092 유전자 기반 약품

Gene-Based Drugs

태고부터 모든 약물은 거의 동일한 방법으로 발견되었다. 버섯류나 잡초 또는 다른 미지의 물질을 시험적으로 사용해 보고 인체에 어떤 영향을 미치는지 확인하는 방법이 그것이다. 자신의 몸에 직접 실험하는 고대사회의 주술사와, 동물을 이용해 실험하는 현대의 화학자 모두 새로운 약물을 발견하기 위해 골몰한다. 근래 들어 이러한 마구잡이식 발견법에 사상 처음으로 실제로 도전장을 내밀 뭔가가 등장했다. 약물유전체학(pharmacogenomics : 개인의 유전형질이 약물에 대한 신체 반응에 어떻게 영향을 주는지를 연구하는 학문—옮긴이) 또는 유전자 기반 약물이 그것이다.

약물유전체학은 염색체 속에 담긴 모든 유전정보를 의미하는 인간 게놈(human genome)에 관한 지식을 토대로 약물을 개발하는 것이다. 약물유전체학에서 약물 발견은 버섯이나 잡초로 시작하는 것이 아니라 인간 유전자에서 시작한다. 좀더 구체적으로 말하면 특정 질병과 어떻게든 연관성이 있는 것으로 알려진 유전자로부터 시작한다는 말이다.

먼저 과학자들은 유전자와 그 질병과의 관계를 밝혀낸 다음, 그 지식을 토대로 맞춤형 치료법을 개발할 수 있다. 예를 들어 어떤 유전자가 중요한 단백질을 생산하기 위한 암호를 갖고 있다고 하자. 그 유전자가 정상이 아닌 사람은 특정 단백질을 만들 수 없기 때문에 병에 걸릴 것이다. 이 경우 과학자들은 실험실에서 그 유전자를 이용해 환자가 직접 만들지 못하는 단백질을 생산할 수 있다. 이것이 약물유전체학이 사용하는 치료법이다. 마구잡이식으로 비약(秘藥)을 추구하는 것이 아니라, 게놈에 관한 지식을 토대로 특정 질병에 적합한 약물을 합리적으로 개발하는 것이다.

약물유전체학의 또 다른 측면은 특이한 유전자형(genotype : 생명체의 유전적 구성—옮긴이), 즉 변형된 유전자 조합을 지닌 환자를 위한 맞춤형 약물을 개발한다는 점이다. 이 방법은 특이한 유전자형을 가진 환자가 정상적인 유전자형을 가진 환자를 치료하는 방법에 대해 다르게 반응할지도 모른다는 전제에 따른 것이다. 일례로 약물유전체학으로 탄생한 최초 약물 중 하나인 제넨텍(Genentech)사의 항암제 헤르셉틴(Herceptin)은 HER2 유전자를 지닌 여성의 유방암을 치료하기 위해 개발되었다.

과학자들은 앞으로 십여 년 안에 사람들이 자신의 유전적 구성(genetic makeup)에 대한 완전한 정보를 제공하는 진단서를 신청할 수 있으며, 그 진단서를 통해 어떤 약물이나 식품이 자신에게 도움이 되는지 파악하게 될 것이라고 예견한다. 2003년 말 기준으로 약 930개 질병에 대해 유전자 검사법이 적용되고 있다. DNA 전문가 르로이 후드 박사는 "유전자에 관한 지식이 더욱 풍부해졌을 때 의학은 천편일률적인 접근방식을 벗어나 예지적이고 예방적이며 개인화된 접근법으로 전환할 것"이라고 주장했다.

간혹 약물유전체학이 유전자요법(gene therapy)으로 귀결되는 경우도 있을 것이다. 즉 환자들은 질병치료를 위해 유전자를 대체하거나 자신의 유전적 물질에 약간의 변화를 가하는 치료를 받는다는 뜻이다. 아직 인간에 대한 유전자요법의 발전은 더디고 만족스럽지 못한 것이 사실이지만, 연구자들이 기술적 장애를 극복할 수만 있다면 유전자요법은 약물유전체학 치료의 핵심 분야로 부상할 것이다.

인간 게놈프로젝트의 완료는 인간 유전자 전체 지도를 완성했다는 쾌거임과 동시에 약물유전체학이 한 단계의 거대한 진전을 보였다는 의미다. 심지어 인간 게놈프로젝트가 계속 진행 중일 때도 대학 및 기업의 연구소들은 병을 유발하는 유전자를 식별하고 그 유전자가 병을 일으키는 방식을 밝혀내기 위해 유전자 데이터를 집중적으로 분석했다.

그렇다고 해서 조만간 동네 약국의 선반이 약물유전체학 제품으로 가득 차리라고 기대하지는 말기 바란다. 게놈 데이터를 토대로 약물을 개발하는 일은 상당한 시간이 소요되는데, 여기에는 몇 가지 이유가 있다. 그 중 하나는 과학자들이 어떤 유전자에 대한 연구를 끝냈다 하더라도 그 정보가 바로 제약회사의 개발실로 전달되지 않으며, 전달된다고 해도 제약회사가 그 정보의 효용성을 깨닫지 못한다는 데 있다. 언스트 & 영(Ernst & Young)의 스콧 모리슨은 다음과 같이 말했다. "정보가 점점 사용자 친화적이 될수록 새로운 정보가 새로운 약물로 전환될 수 있는 대상 물질들에 양적·질적인 증가를 초래한다. 더불어 신약의 개발 비용도 낮추게 된다."

이보다 더 중요한 문제는, 현재 신약개발에 적용되는 사업 모델이 약물유전체학 연구에도 그대로 적용될 수 있느냐 하는 것이다. 오늘날 기업들은 신약개발에 엄청난 자금을 쏟아 붓고 있으며, 따라서 광범위한 환자들에게 적용할 수 있는 '대박 약물'을 개발했을 경우에만 이익을 기대할 수 있다. 하지만 약물유전체학을 토대로 곧 개발이 완료될 것으로 예상되는 일부 의약품의 경우 시장규모가 기대에 훨씬 못 미칠 가능성이 크다. 왜냐하면 약물유전체학이 적용된 제품은 특정 유전자가 불완전하거나 아예 없어서 병을 얻은 환자들만을 대상으로 하기 때문이다.

대개의 경우 암·우울증·관절염처럼 더욱 일반화된 질병일수록 서로 상호작용하는 몇 개의 유전자들이 관련돼 있기 때문에 발병 원인이 훨씬 복잡하다. 따라서 약물유전체학을 적용한 기적의 제품이 나와서 이들 질병을 정복하게 될 가능성은 더욱 희박하다.

하지만 언젠가는 환자가 자신에 대한 유전정보를 하나의 칩에 담아 의사를 찾게 될 것이다. 그러면 의사는 환자의 칩에 담긴 정보를 검토해 적절한 유전자 기반 약물과 예방조치를 처방하는 날이 올 것이다. 컨설턴트인 로저 샤멜은 "의사는 진료실에 '고객 유전자 기계'를 설치해 놓고 환자가 기다리는 동안 그에게 맞는 치료제를 그 자리에서 복제해 만들어줄 것"이라고 주장한다. 물론 몇 십 년이 지난 후에야 그런 시나리오가 실현되겠지만, 약물유전체학이 주는 다른 혜택들은 이미 우리의 생활 속에서 현실화되고 있다.

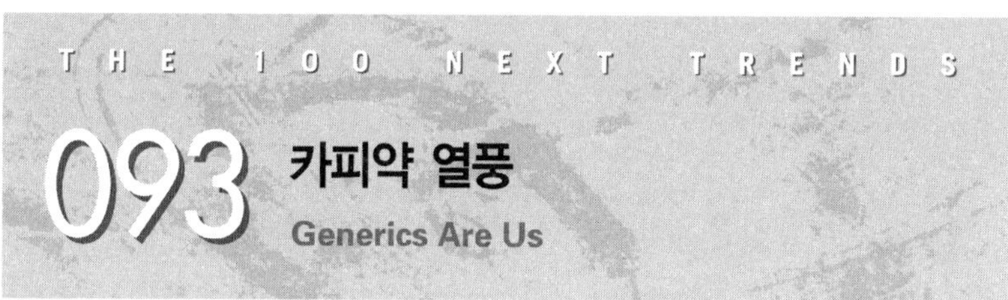

제약업계는 새로운 브랜드 제품에 엄청난 거금을 쏟아 부으며 대대적인 광고전을 벌인다. 1980년대 프로작, 1990년대 비아그라(Viagra), 2000년대 넥시움(Nexium) 등이 그것이다. 의사와 환자를 대상으로 공격적인 마케팅을 전개한 덕분에 이들 약물은 빠르게 시장을 잠식했고, 기존 제품들을 대체했다.

신약은 특허권에 따라 경쟁에서 보호되기 때문에 그런 약품을 제조하는 회사는 시장이 감당할 수 있는 한도 내에서 최고로 비싼 가격을 부과할 수 있다. 또한 사람들이 자신의 건강을 유지하기 위해 기꺼이 대가를 지불하기 때문에, 일반적으로 의약품 시장은 꽤 비싼 가격의 약품도 감당할 수 있다. 따라서 의약품 가격은 이미 부풀대로 부푼 미국인들의 건강관리 비용을 더욱 높이며 꾸준히 상승하고 있다.

약값이 점점 비싸지는 추세이기 때문에 거대 제약회사들은 모든 소비자들이 새로운 구매 성향을 보이게 될 것으로 예상하고 있다. 의료비의 일부는 부담하는 연방정부와 민간 보험사, 고용인에게 의료보험을 제공하는 기업, 소매 약국, 개인 소비자 등등 돈을 주고 약을 사는 소비자들이 제네릭 의약품(generic drug : 특허가 끝난 약을 같은 성분으로 제조한 약을 말한다. 동일성분 의약품 또는 '카피약' 이라고도 한다—옮긴이)을 점점 선호하게 된다는 것이다. 미국연방정부는 메디케어(Medicare)라는 의료보장제도를 운영하며 일종의 의료보험회사 역할을 하고 있다. 의료보험사도 의약품 가격이 오를수록 진료비 부담이 커지기 때문에 값싼 약품을 선호하게 된다.

제네릭 의약품이란 상표등록된 원본제품과 실제로 성분이 동일하고〔FDA가 생물학적으로 동등하다(bioequivalent), 즉 인간의 혈액 속에서 각 성분들이 원본 제품과 동일한 농도를 유지한다고 인증했다〕, 일반적으로 원본제품보다 30~80% 정도 저렴한 가격에 판매되는 약물을 일컫는 말이다. 특허권보호 또는 시장독점권(market exclusivity)의 유효 기간은 대개 20년이다. 이 기간 동안에는 그 누구도 동일한 성분을 가진 경쟁 제품을 시장에 유통시킬 수 없다. 하지만 일단 특허·독점 기간이 만료된 뒤에는 모든 것이 원점으로 돌아간다. 만일 FDA가 승인하기만 하면 어떤 제약회사든지 '카피약'을 생산하고 소비자들을 끌어들이기 위해 가격을 대폭 인하할 수 있다는 말이다.

카피약의 경쟁력은 최근 몇 년 동안 상승일로에 있으며 앞으로도 그 추세는 지속될 것이다. 한 전문가의 말에 따르면, 특허약 제조회사는 특허기간 만료 후 3~6개월 만에 그 약의 매출액이 70~90% 감소하는 현상을 경험한다고 한다. 일례로 항우울증 치료제 프로작의 경우, 21세기 벽두에 동일한 성분을 가진 카피약이 출시되어 무서운 속도로 시장을 잠식하는 것을 속수무책으로 지켜볼 수밖에 없었다.

예전에는 대부분의 사람이 카피약을 의심의 눈초리로 바라보면서 가격은 물론이고 품질 면에서도 오리지널에 뒤진다고 생각했다. 하지만 그러한 인식은 점차 바뀌고 있는데, 부분적으로는 보험회사, 전국적인 조직망을 갖춘 약품 유통업체, 제네릭 의약품업계 등이 나서서 '카피약'도 '오리지널' 못지않게 훌륭하다는 입소문을 퍼뜨리는 데 총력을 기울인 덕분이다. 약품 유통업체들은 전단지나 회보를 돌림으로써 카피약이 가져다 줄 비용감소 효과를 촉진시켰다. 일반적으로 보험회사는 환자가 카피약을 사용하는 경우 본인 부담금을 낮춰준다. 의사들 역시 카피약을 처방하려는 경향이 강하다. 체인지웨이브 리서치(ChangeWave Research)가 실시한 조사결과를 살펴보면, 의사들 중 76%는 1년 전에 비해 카피약 처방에 더 적극적이라고 한다.

한때 동종 업체 간의 가격전쟁과 부적절한 시장전략의 부재로 큰 타격을 입었던 카피약 제조사들은, 이제 '건전한' 매출이익을 올리는 안정적인 기업으로 탈바꿈할 가능성이 더욱 커졌다. 이는 그들 제약회사가 상품명이 없는 카피약뿐 아니라, 나름대로 상표를 가진 카피약[일명 상표 등록된 카피약(branded generics)]이나 슈퍼 카피약(supergenerics)을 공급할 수 있게 되었기 때문이다. 슈퍼 카피약이란 카피약 분자(generic molecule)에 서방성제제(徐放性製劑 : extended release formulation) 등의 부가가치를 추가한 의약품을 일컫는다.

카피약 제조회사와 환자들에게는 카피약이 뿌리치기 힘든 매력을 발휘하는 것은 사실이지만, 이러한 카피약을 극도로 싫어하는 단체가 있다. 특허약 제조사가 바로 그들이다. 특허출원 의약품을 제조하는 이들 기업은 오래 전부터 카피약의 경쟁력을 원천봉쇄하기 위해 가능한 모든 수단을 동원해 왔다. 로비를 통해 특허기간을 연장하는 입법을 추진하거나, 기존 특허가 만료되기 직전에 같은 약품에 약간의 변화를 주고 신규 특허를 신청하거나, 법정싸움을 불사하고 규제나 이의신청을 제기해 카피약 시판을 희망하는 기업에게 카피약 시판을 포기하는 대신 대가를 제안하는 협상을 벌이는 등 수단과 방법을 가리지 않았다. 하지만 터무니없는 약값에 넌더리가 난 정부관리, 기업 로비스트, 시민단체 등은 이러한 전술에 대해 비난의 목소리를 높이고 있다.

미국 연방통상위원회(Federal Trade Commission: FTC)는 제약업계의 불법적인 부당경쟁 행위를 엄중한 잣대로 다스린다. 카피약 경쟁시장의 진입장벽을 낮추기 위해 제안된 슈머 맥케인 법안(Schumer McCain bill)은 현재 의회의 승인을 기다리고 있다.

최근 브리스톨 마이어 스퀴브(Bristol Myers Squibb Co.)사는 50개 주와 준주, 워싱턴 특별행정구의 검찰총장과 벌인 소송에 합의했다. 이 소송에서 브리스톨 마이어 스퀴브는 자사의 항암제 탁솔(Taxol)을 모방한 카피약의 시장 진입을 불법적으로 지연시켰다는 혐의로 기소됐다. 그 소송에 합의한 결과, 브리스톨 마이어스 스퀴브는 1999~2003년 동안 약값을 과다하게 지불한 암 환자들에게 1,250만 달러를 배상하기로 했다.

특허 의약품 제조사에서 피어오르는 굴뚝연기는 사라지지 않을 것이다. 아니 솔직히 말해, 그들이 더 이상 신약을 개발하지 못하는 날이 와서 결국 특허기간이 만료되는 의약품이 생기지 않을 때에는 카피약 제조사 역시 존재할 수 없을 것이다. 특허 약품 제조사들은 카피약의 시장 진입을 차단하기보다는 약물유전체학 연구 성과를 이용해 혁신적인 신약을 개발하는 데 더 관심을 집중할 필요가 있다.

제네릭 의약품과 관련된 모순점은, 그런 카피약에서조차 가격의 상승이 목격되고 있다는 사실이다. 현실적으로 오늘날 카피약의 가격은 사람들이 그런 약품에 대해 긍정적으로 생각하지 않던 과거에 비해 저렴하지 않다. 하지만 시장의 원리에 따라 카피약 가격이 지나치게 상승하지는 않을 것이다. 그런 약품의 가장 큰 매력은 특허약보다 저렴하다는 데 있기 때문이다.

094 대체의학의 부상
Alternative Medicine

보완치료와 대체치료는 의학적, 그리고 실용적 이유로 21세기 전반에 걸쳐 부상할 것이다. 미국 보완의학 및 대체의학연구소(National Center for Complementary and Alternative Medicine : NCCAM)가 내린 정의를 빌리자면, 보완의학(complementary medicine) 및 대체의학(alternative medicine)이란 '현 상태에서 전통적인 기존의학에 속한다고 볼 수 없는 각종 의료 및 건강관리 체계, 행위, 제품 일체'를 의미한다. 물론 보완의학은 기존의학에 부가해 사용되는 행위를 포함하고, 대체의학은 민간요법·허브요법·식이요법·동종요법(同種療法 : 유사의 법칙인 '유사한 것은 유사한 것을 치료한다'는 원리에 따라 소량으로 자연 약제를 복용하는 의료체계—옮긴이)·신앙치료·뉴에이지 요법(정신수양을 통해 병을 치료하는 방법—옮긴이)·지압요법·침술요법·자연요법 등과 같이 전통적인 치료를 대신해 사용되는 모든 치료행위를 말한다.

대체미래 연구소(Institute for Alternative Futures : IAF)는 건강과 의학에 대한 보완 및 대체적 접근방법은 가장 급속하게 증가하는 건강관리 분야 중 하나라고 주장한다. 일례로 지난 2000년 한햇동안 1억 5,000만 명의 소비자가 허브를 비롯해 각종 대체의학적 건강관리 물질을 사용했고 총 시장규모도 170억 달러에 달했다. IAF는 2020년경이면 적어도 미국 인구의 3분의 2 정도는 건강관리와 관련해 어떤 형태로든 대체의학의 소비자가 될 것으로 예상한다.

미국 정부는 대체의학에 대해 늘어가는 관심을 반영해 2000년 백악관 대체의학 정책위원회(WHCCAMP)를 구성했다. 뿐만 아니라 일련의 의사와 정신분석 전문가들이 미 하원에 나가 이미 효과가 입증된 여러 심신요법(mind body therapy)을 활용하면 병원 가는 횟수를 상당부분 줄일 수 있으며, 나아가 연간 500억 달러를 절약할 수 있다고 증언했다. 어쩌면 그러한 심신요법은 증가일로에 있는 처방의약품 비용까지도 줄일 수 있을 것이다.

많은 사람들이 대체요법을 매력적으로 생각하는 이유는, 자신의 건강을 직접 관리할 수 있는 토대를 제공한다는 장점 때문이다. 실제로 1990년대 말 〈미국의학협회〉지에 실린 한 여론조사를 보면, 어떤 종류든 대체요법을 사용한 경험이 있는 8,000만 명 이상의 미국인 대부분은 치료목적이 아니라 예방차원에서 그러한 요법을 사용한 것으로 나타났다.

인터넷 사용의 증가는 대체의학 요법의 지식 유포와 활용을 지속적으로 촉진할 것이다. 대체의학에 관한 인터넷 정보의 품질을 유지하기 위해서는 어느 정도 기준이 필요하다는 WHCCAMP의 경고에도 불구하고, 수천만 명의 미국인은 온라인을 통해 건강과 의학정보를 검색하며 때로는 대체의학 사이트를 방문하기도 한다.

가장 인기 있는 대체의학 물질 중 하나는 허브 보조제다. FDA의 분류체계에서 허브 보조제의 위치를 살펴보면 대체의학 물질이 속한 등급의 흐름을 알 수 있다. FDA는 다른 대체의학적 제품과 마찬가지로 허브 보조제도 의약품이 아닌 식품으로 분류한다. 그렇기 때문에 그들 제품이 안전하지 못하다는 것이 드러나면 FDA는 그 제품을 시장에서 퇴출시킬 수 있다(실제로 체중감량과 근육강화 보조제 속에 발견된 허브 물질이 그러한 철퇴를 맞기도 했다). 또한 FDA는 2003년 보조제 제조업자들에게 제품성분을 정확히 기입하고 허용되는 물질 이외의 물질을 첨가하지 말 것을 요구하는, 보조제의 새로운 지침을 발표했다.

앞으로 몇 년 동안 미국 정부는 가장 대중적인 보조제를 취사·선택해서 유효성분을 분석하고 인체 내에서 어떻게 작용하는지 등을 연구할 예정이다. 미국 정부는 연구를 통해 각각의 보조제 성분들이 공공사용을 위해 표준화될 수 있는지 여부를 결정하고자 한다.

의료사회의 관심을 끄는 데 성공한 대체요법 접근방식 중 고대 티베트 의학의 의료관습이 있다. 티베트 의학이 급성·만성 질병의 치료에 식물과 광물질, 그리고 동물의 장기 등을 이용하기 시작한 시기는 기원전 4세기로 거슬러 올라간다. 티베트 의학의 4대 고전에 바탕을 둔 의료관습은 아직도 중국 일부 지역에서 사용되고 있으며, 의학전문가들의 연구대상이 되고 있다. IAF는 2010년이 되면 동양 의학을 수학한 의사와 기타 건강관리 전문가들의 수가 미국 내에서만 2만 4,000명에 달할 것으로 예상한다.

게다가 다른 유형의 대체의학도 사람들의 이목을 끌며 부상할 것으로 기대된다. 예컨대 2010년경이면 개업 지압요법사가 10만 3,000명에 달할 것이라는 예측도 있다. IAF의 보고서에 따르면, 일반적으로 대체의학은 포괄적인 웰빙 구성성분을 포함하는 건강관리를 향한 움직임과 밀접한 관계가 있을 것이라고 한다. 사실 대체의학은 질병예방을 위한 수많은 자기관리 유형을 낳을 것이다. 미국심리학회(APA)의 팻 드레온 박사의 말을 들어보자. "건강과학은 더 이상 심리학 대 생물학, 정신 대 육체, 선천성 대 후천성 등으로 따로따로 분리해서 말할 수 없는 수준에 이르렀다. 이들 프로세스가 서로 밀접하게 연결돼 있기 때문이다."

정부는 새로운 법률을 통해 입원환자나 외래환자 들에게 치료와 더불어

회복에 필요한 무엇인가를 제공하려고 한다. 그것은 바로 사생활이다. 2003년 4월 의료보험이전과책임에관한법률(Health Insurance Portability and Accountability Act : HIPAA)에서 사생활에 영향을 주는 부분들이 시정되었다. 2000년 12월 28일자로 효력이 발생한 이 사생활보호 규정 때문에 병원들은 2003년 4월까지 그것의 규제기준을 충족시켜야 했다.

HIPAA는 1996년 미국 의회를 통과했다. 그 목적은 환자의 의료기록을 보호하고 나아가 그들의 진료정보가 전자매체를 통해 전달될 수 있도록 기준을 마련하는 데 있다.

환자의 사생활에 관한 이 신설 법안은 병원, 의사, 약사, 치과의사 등을 비롯해 기타 의료보험 제공자로 하여금 환자에게 그들의 사생활이 보호될 권리가 있다는 사실을 알리라고 요구한다. 그리하여 그들 건강관리 제공자는 2003년부터 환자들에게 그 권리를 서면으로 알려주기 시작했다.

병원과 요양원의 경우, HIPAA는 환자가 자신의 이름을 환자명부에 올리는 것을 거부함으로써 자신의 사생활을 보호하기 위한 선택을 할 수도 있다는 사실을 의미한다. 이는 병원이 환자의 허락 없이 환자의 건강이나 심지어 그 사람의 병원출입 유무와 관련된 정보를 유포시키거나 판매할 수 없다는 것을 의미한다. 결국 가족이나 친인척에게 암호를 제공해 환자에 관한 정보에 접근할 수 있도록 하는 것이다.

HIPAA의 다른 구성요소들 속에는 환자들이 병원과 의사에게 자신의 진료기록 사본을 요구할 수 있도록 허용함으로써 자신에 관한 정보로의 접근을 확대하는 내용이 포함됐다. 반면 직장에서 피고용인의 의학적 사생활을 보장하기 위해 보험회사들이 피고용인의 진료이력을 고용주에게 제공하는 행위를 금지한다. 워싱턴 D.C.에 본부를 둔 시민단체,

헬스 프라이버시 프로젝트(The health privacy project)의 잔로리 골드먼은 "대부분의 사람은 업무에서 차별을 당하거나 직장을 구할 수 없거나 승진에서 누락될까봐 걱정한다. 따라서 이 프로젝트는 직장에서 사람들을 보호하는 데 큰 도움이 될 것이다"라고 밝혔다.

법률이 정한 사생활보호 규정 때문에, 의학계의 구성원들은 법률에 대한 교육을 의무적으로 이수해야 한다. 즉 약사이든 의사이든 의학계 종사자들은 사생활보호를 위한 새로운 법률을 완전히 숙지하고 있어야 한다는 말이다.

모든 보건 서비스 제공자는 모두 교육을 받아야 했을 뿐 아니라, 그들 대부분은 컴퓨터와 진찰실에 차단장치를 설치하는 등 사무실 주변의 보안환경 개선에도 투자했다. 다른 보건 관련 당사자들은 이메일 서버에 방화벽을 비롯한 진보된 보안기능을 설치해 불필요한 이메일을 걸러서 안전한 우편물을 가려내는 것뿐 아니라, 기타 연방 규제에 부합하기 위해 많은 점을 바꿨다.

당분간 사생활에 대한 환자의 우려는 지속되겠지만, 이 같은 우려가 지나치다는 비판의 목소리도 있다. 사생활 관련 입법을 비난하는 보건 서비스 제공자들은, 병원이나 요양원이 환자의 가족과 건강상태를 의논할 수 없게 된다면 그것은 환자에게 전혀 이롭지 못한 현상이라고 주장한다.

한 보건 서비스 제공자는 이런 말을 했다. "나는 노인들이 요양원이나 공동가정(group home)에 수감되는 것이나 마찬가지라고 생각한다. 왜냐하면 사람들은 그 노인들이 몇 호실에 있는지조차 알려줄 수 없기 때문이다."

요양원이나 공동가정에 수용되면 가족이 아니라 보건 서비스 제공자가 환자의 뜻과는 전혀 상관없이 환자를 대신해 최종 결정을 내렸다. 겉으로 보기에 환자의 권리를 위한 확실한 승리로 보이는 사생활보호 법안은 환자와 보건 서비스 제공자 사이에 합리적 균형이라는 어려운 문제를 부각시켰다.

096 DIY 건강관리
Do-It-Yourself Health Care

2001년 건강관리에 드는 평균비용이 11% 증가했다는 연구조사가 있다. 이 수치는 같은 해 미국 물가상승률의 5배가 넘는다. 건강 관련 기업들은 이와 같이 비용이 증가한 이유를 새로 개발된 신약과 신기술 탓으로 돌린다. 신약의 치료효과가 알려지면서 가격이 비싸더라도 소비자들은 그것을 구매하기 때문이라는 주장이다. 의료보험 제공자의 수가 감소하고 의료보험회사가 병원에 지불하는 진료비가 점점 감소하고 있는 현재의 상황도 소비자의 의료비용 부담이 늘어난 요인 중 하나다.

이유가 무엇이든 분석가들은 21세기 내내 건강보험료가 매년 두 자릿수 증가율을 기록할 것으로 전망한다. 따라서 소비자와 의료보험 제공자 모두 새로운 건강유지 방법을 모색하고 있다. 손해배상제도(indemnity plan)나 행위별 수가방식(fee for service), 즉 의료 서비스 제공 시점방식(point of service)의 보험, 보건관리기구(Health Maintenance Organization :

HMO) 및 선택공급자기구(preferred provider organization : PPO, 이 기구에 소속된 의사와 병원을 가입자가 직접 선택해 의료 서비스를 받을 수 있는 의료체계 —옮긴이)와 같은 전통적인 의료보험 구성체들은 비용을 절감하기 위해 대대적인 개혁을 추진할지도 모른다.

전통적인 의료보험 단체가 변화를 추진함에 따라 다른 의료보험 조직들은 좀더 비전통적인 건강관리 솔루션을 시도할 것이다. 이런 솔루션 중 일부는 긴축재정에 따른 소극적 변화에 그치는 반면, 어떤 조직들은 의사·보험·환자의 기존 구도를 전면적으로 재구성할 것이다. 확실한 것은 의료보험제도가 안고 있는 문제에 대한 모든 해결책이 결국 보험을 더욱 소비자 지향적으로 만들고 있다는 사실이다. 간단히 말해 건강관리는 소비자 스스로 알아서 하는(Do it yourself) 활동으로 전환되고 있다는 얘기다.

앞으로 의료보험의 대안적 형태는 소비자가 의료 서비스를 직접 선택하는 모습으로 바뀔 것이다. 따라서 미래의 의료보험은 전국적인 의료보험이 실시되지 않는다고 가정한다면, 가입자의 필요와 재정상태에 맞추기 위해 보험의 혜택을 제한할 수밖에 없을 것이다. 즉 의료보험이 가정보험이나 자동차보험과 비슷한 형태가 될 것이란 뜻이다. 자신의 건강상태에 맞추어 개인이 스스로 의료보험료를 부담하는 방식은 비교적 건강한 젊은 층에게 유리하다. 그들의 건강관리 비용은 아무래도 적을 수밖에 없기 때문이다. 이미 많은 의료보험이 적용범위를 줄이면서 피보험자에게 좀더 많은 선택을 요구하는 식의 보험 모델을 채택하고 있다.

하지만 개인 주도적인 건강보험은 리스크를 수반한다. 이러한 리스크에는 사람들이 의료비를 줄이기 위해 선택하는 지름길이 포함된다.

예컨대 사람들이 진료비를 지불하는 대신 새로 개발된 의약품의 임상실험에 스스럼없이 지원하게 될지도 모른다는 말이다. 이런 경우 의료비용은 절감할 수 있지만, 전문의만이 제공할 수 있는 치료에 대한 조언은 얻을 수 없다.

또 다른 문제는 의료보험이 제공할 수 있는 진료범위가 충분하지 못함에도 불구하고 마치 모든 서비스를 다 제공하는 척 한다는 데 있다. 〈월 스트리트 저널(Wall Street Journal)〉은 매 임금정산 때마다 10~20달러를 떼어가지만 진료비 최대 지불액은 겨우 1,000달러 밖에 되지 않는 직장 의료보험에 관한 기사를 실은 적이 있다. 이 정도 금액으로는 입원비나 일련의 특수한 검사에 필요한 진료비를 결코 감당할 수 없다.

의사를 찾아가 진료를 받는 데 소요되는 높은 진료비와 그에 따른 시간낭비 문제를 해결할 수 있는 확실한 방법은, 가상공간을 통해 의사를 면담하는 방법이다. 회당 최고 25달러까지 하는 이런 접근방법은 의사가 환자와 직접 대면하지 않고 온라인을 통해 의료조언을 제공하는 진료방법이다.

사람들이 건강비용을 절감할 수 있는 또 다른 방법으로 자가검사 방법을 활용하는 것이다. 임신유무, 배란일, 콜레스테롤 수치, 간염, AIDS 바이러스 검사와 같은 기초검사에 돈을 들이는 대신, 혼자서 검사를 할 수 있는 수많은 시약이 이미 시중에 나와 있다. 자기진단 시약을 생산하는 제약회사에게 이러한 자가진단 산업은 시장 규모가 10억 달러를 상회하는 노다지가 될 것이다.

전통적 의료보험에 대한 또 다른 대안은 건강진단 할인카드다. 이 할인카드를 제공하는 후원 조직은 가입자가 이 제도와 연계된 의료 서비스 제공자로부터 내과·치과·안과·지압·제약 등의 서비스를

25~80% 할인받을 수 있도록 관리한다. 이외에도 온라인 간호사 서비스를 제공하는 의료보험들도 다수 있다.

미국 정부가 보건관련 업계에 깊이 개입된 탓에 많은 정치인은 다양한 개혁안을 가지고 있다. 일부 정치인 및 세제 개혁가는 의료저축계정(medical savings account)을 도입하면 건강관리 체계가 단순해진다고 주장한다. 세제상의 혜택을 주며 은퇴를 대비해 저축을 장려하는 개인은 퇴연금(연간 일정액까지 비과세가 허용되는 미국의 개인연금제도—옮긴이)처럼 의료저축도 일반인들이 나중에 진료를 받을 경우를 대비해 저축을 하도록 장려할 것이다. 사람들은 의료보험회사에 보험료를 납부하는 대신 필요한 경우에만 사용할 수 있는 의료저축기금에 기부할 수 있다. 이런 의료저축 계정의 잔액은 1년 단위로 이월된다.

의료보험에 가입한 액수가 충분한 환자의 경우 단계별 의료 서비스는 고품질의 진료를 보장해 줄 것이다. 하버드 대학 보건대학원의 로버트 블렌던 교수와 캐서린 데로슈 교수는 과학 및 기술 관련 이슈를 다루는 온라인 저널(Issues in Science and Technology Online)을 통해 "의료비 절감을 위한 새로운 접근방법은 각 개인에게 자신의 건강관리를 위해 더 많은 비용을 지불할 것을 요구한다. 이는 결국 차별화된 의료보험을 의미한다. 즉 경제적 능력을 갖춘 부유층은 수입이 적은 중산층에 비해 훨씬 폭넓은 의료보험 서비스를 제공받는 대신 더 높은 보험료를 지불하게 될 것"이라고 주장한다.

일례로 크라크 하워드 박사가 자신의 웹사이트(www.clarkhoward.com)에 올린 말을 들어보자. "병원들은 이미 고급 시설을 제공함으로써 부유한 환자들에게 구애하고 있다."

2003년 말 현재 미국 정부는 건강관리에 1조 7,000억 달러를 지출한다. 미국 정부가 어떤 형태로든 의료보험을 제공하는 미국인의 절반을 위한 예산 6~7달러 중에 1달러가 건강관리에 투입된다는 의미다. 나머지 절반의 미국인은 직장보험이나 민간보험이 책임지거나 전혀 의료보장 혜택을 받을 수 없는 사람들이다.

가까운 미래에 이들 의료보장제도 중 하나가 건강관리 시장을 독점할 것이다. 만약에 직장 또는 민간 기반의 의료보험이 독점한다면, 환자는 자신의 건강관리 품질에 대해 좀더 많은 책임을 져야 할 것이다. 여러 가지 측면을 고려해 볼 때, 이런 현상은 결국 개인이 선택해야 하는 서비스 범위를 확대시킬 것이고, 의료보험 전문가들은 그것이야말로 자신의 일에 적극적인 베이비붐 세대가 진정으로 원하는 일일 거라고 확신한다. 하지만 자기 자신을 돌볼 재원이 없거나, 그러한 재원을 가질 수 없는 사람들에게는 '무(無) 건강보장'을 의미할 수도 있다.

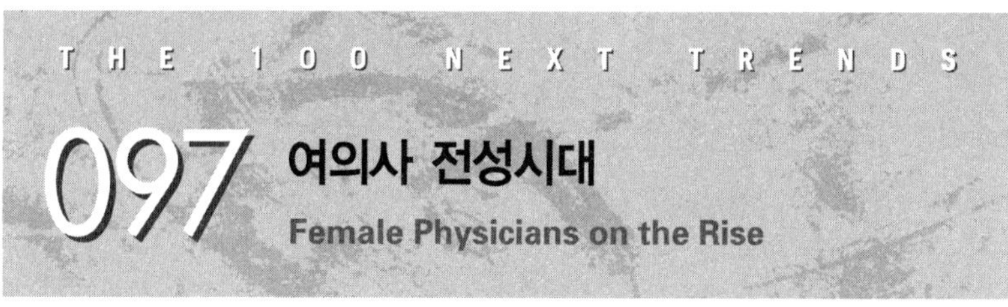

방심하지 마라. 당신이 다음에 데이트할 여자는 당신의 주치의일지도 모른다. 과학계를 선택하는 여성의 숫자는 증가일로에 있으며 그들에게 의사라는 직업은 안정과 보람, 그리고 융통성을 보장하는 직업 중 하나다. 20세기 후반부터 미국의 여의사 수는 눈에 띄게 증가했다. 실질적으로 1975~95년 사이 전체 의사 중 여성이 차지하는 비율은 두 배 이상 증가했다. 분석가들은 2010년경이면 여의사의 비율이 33%가 될 것으로 예상한다. 실제로 2003년 현재 의대생의 45%가 여학생이다.

남자 의사와 여의사 사이에는 당연히 차이점이 있다. 여의사들은 남자 의사들보다 환자와 면담하는 데 더 많은 시간을 할애하는 것으로 조사되었다. 부분적으로 볼 때 그런 행동은 의사라는 직업에 대한 남녀 인식의 차이점을 시사한다. 미국 정신의학 출판사에서 의과대학 1학년생을 대상으로 실시한 여론조사에서, 여학생 응답자들은 의사가 지닐 수 있는 가장 소중한 자질은 열정이라고 대답한 반면, 남학생들은 능력이라고 말했다.

또한 여의사들은 건강관리 체계를 개혁하는 일에 남자 의사들보다 더 많은 관심을 보인다. 일례로 미국여의사협회(AMWA)가 실시한 여론조사에 따르면, 회원의 90%는 의료보험 적용대상을 모든 진료행위로 확대하는 데 찬성했다고 한다. 이 결과는 남자 의사들의 생각과는 상당한 거리가 있다. 여의사들은 설령 의료보험 체제의 변화가 자신의 수입 감소를 의미하더라도 그러한 변화를 지지한다고 주장했다.

더욱이 대부분의 여의사는 가족과 직업 사이에 균형을 잡는 데 필요한 조건을 충족시켜가면서 업무를 수행한다. 미국 여의사협회의 보고서에 따르면, 여의사들 중 절반 이상은 고용된 상태라고 한다. 따라서 그들은 남자 의사들보다 규칙적으로 업무를 수행할 수 있다. 또한 여의사들은 환자와의 직접적인 접촉이 많은 반면, 복잡한 수술을 집도할 가능성은 적은 분야를 선택하는 경향이 있다. 여의사들이 전문분야를 선택할 때 약 3분의 2는 산부인과와 소아과를 선택한다고 알려져 있다. 그리고 수입은 보장되지만 대인활동에 제한이 따르는 전공분야는 소수의 여의사만 지원하고 있다.

여의사들이 가정과 직업 사이에 균형을 유지하면서 거기에 맞는 전
공분야를 선택하기 때문에 대부분의 여의사는 남자 의사와 비교할 때
수입이 적은 편이다. 1997년 여의사의 평균 임금은 12만 달러인 반면
남자 의사의 평균 임금은 17만 5,000달러로 나타났다.

미래에 여의사 수가 증가하게 되면 의사 사회에는 분명한 변화가 나
타날 것이다. 의사들이 가정과 의학 사이에 균형을 유지하는 방법을 모
색함에 따라 시간제 개업의(part time practitioner) 수가 증가할 수도 있다.
또한 여의사 수가 증가함에 따라 의사와 환자 사이의 의사소통이 더 원
활하게 이루어질 것이고, 그 결과 의료행위에 대한 의사결정시에 환자
의 역할이 더욱 커질 것이다.

그 밖에도 여의사들이 여성 건강문제에 더욱 많은 관심을 두게 될 것
은 자명하다. 그들은 여성 질환에 대해 많은 연구를 수행함으로써 의학
계가 여성 건강문제에 전보다 더 집중하는 현상을 초래할 것이다. 여의
사가 증가하면서 의료업계에는 피고용자 신분의 의사 비율이 높아질 것
이다. 따라서 의료기관들은 주로 대규모 병원이나 기업 컨소시엄의 소
유가 될 것이며, 그 속에서 진료행위에 대한 의사들의 지배력은 점차 약
화될 것이다.

산부인과와 소아과에 여의사들의 편중이 심화되고 다른 분야에서 남
자 의사들의 독식이 증가하는 양극화 현상도 더욱 심화될 것이다. 여의
사들은 일차 진료의사(primary care physician)의 과반수를 훨씬 넘기겠지
만, 생활 여건과 자녀의 교육환경이 열악한 농어촌 지역을 기피하는 경
향이 있기 때문에, 미국의 농어촌은 제대로 된 의료 서비스를 받을 수
없을지도 모른다.

098 갱년기 관련 특수

Menopause in Flux

폐경 홍조(hot flashes)는 성스러운 것이다! 향후 10년 안에 3,600만 명의 미국 여성이 폐경기로 접어듦에 따라 온갖 종류의 보건의료 종사자들은 폐경기를 다루기 위한 새로운 치료법과 경향을 개발하는 데 노력을 집중하고 있다.

폐경을 그저 끝(여성으로서의 가치 상실감)이라고만 인식하기보다는 중년 여성의 삶에서 자연스런 단계, 즉 변화와 개인적 성장의 시기라는 인식이 확대되고 있다는 뜻이다. 허브 전문가며 작가인 수잔 위드는 저서 《폐경기 : 현명한 여성의 길(The Menopausal Years : The Wise Woman Way)》에서 "폐경기는 잠재적인 엄마에서 현명하고 완전한 할머니로 거듭나는 시기"라고 주장했다. 좀더 냉정하게 표현하면 폐경기는 시간의 흐름을 수용하라는 신체의 외침이라는 것이다.

폐경기에 따르는 신체적 증상들을 수용하기 위해 인체에 거대한 변화가 진행돼 왔고 앞으로 진행될 것이다. 그런 변화는 여성의 다양한 부분들이 관계하는 과정으로 수십 년에 걸쳐 진행된다. 폐경의 평균 연령은 51세다.

폐경과 함께 수반되는 불안감과 육체적 혼란을 다스리는 표준치료는 호르몬 대체요법(hormone replacement therapy : HRT)이었다. 가장 일반적으로 처방되는 프레마린(Premarin)은 몸속의 호르몬을 두 가지 여성 호르몬인 에스트론과 에스트라디올로 전환시키는 역할을 하는데, 폐경기 이후의 여성은 이들 두 호르몬이 부족해진다. 이 호르몬 대체요법은 짧게는 몇 달에서 길게는 몇 년이 걸릴 수도 있다.

2002년 중반 이후 호르몬 대체요법은 의사와 환자 모두에게서 그 인기가 시들해졌다. 연방정부의 지원을 받아 진행되던 여성건강계획(Women's Health Initiative : WHI)의 연구가 중단되면서 호르몬 대체요법에 대한 의문이 제기되었기 때문이다. 그 연구는 2002년 7월 중단됐는데, 당시 무작위로 실시한 위약(僞藥 : placebo) 대조 연구에서 위약 복용군(群)보다 에스트로겐, 프로게스테론 호르몬 제제인 프렘프로(Prempro)를 복용한 여성들이 뇌졸중 · 응혈 · 심장 질환 · 유방암 등에 걸릴 확률이 높다는 사실이 밝혀졌던 것이다.

하지만 아직도 많은 의사들은 호르몬 대체요법이 질건조증(vaginal dryness)이나 홍조, 그리고 골소실(bone loss) 등의 폐경기 진행성 질환에 효과가 있기 때문에 처방을 중지하지는 않는다. 호르몬 대체요법이 응혈, 담낭 질환(gall bladder disease), 유방암 등의 발병 가능성을 증대시킨다고 밝혀지긴 했지만, 많은 사람들은 그 요법이 주는 혜택이 단점을 능가한다고 생각한다.

게다가 호르몬 대체요법은 여성들의 피부상태를 개선시켜 주고 혈색을 좋게 하여 더욱 젊어 보이도록 하는 효과가 있다. 또한 일부 의사들은 호르몬 대체요법을 계속해야 하는 이유로, 이 요법이 뇌세포를 보호해 알츠하이머병의 진행을 억제할 수도 있다는 사실을 보여주는 실험결과를 언급하기도 한다.

하지만 앞으로 많은 여성들은 자연에서 해결책을 찾을 것이다. 신체의 변화에 불과한 현상을 일종의 질환으로 간주하고 싶지 않은, 즉 병원을 찾는 전통에서 벗어나고자 하는 여성들은 의료진의 도움을 필요로 하지 않는 자연요법을 선호한다. 폐경을 어떤 의학적 상태보다는 자연 발생적 사건으로 다루고 싶다는 이유와, 의료보험의 수혜자 수가 감소 한다는 사실, 그리고 사람들이 각자의 건강관리에 좀더 능동적인 역할 을 해야 할 필요성이 커지기 때문에 자연에 의지한 치료법은 더 큰 인기 를 얻을 것이다.

인기 있는 천연 치료제 중에 식물성 에스트로겐(phytoestrogen)을 함 유한 허브가 있다. 일상생활에서 흔하게 접하는 비타민과 식료품들 또 한 폐경기 증상을 경감시키는 데 도움이 된다는 사실이 밝혀졌다. 예를 들어 비타민 E는 홍조를 완화시키는 효과를, 그리고 칼슘과 마그네슘은 골밀도를 증가시키는 효과가 입증되었다. 또한 콩과 두부 제품은 몇 가 지 효능이 있는 것으로 알려져 있는데, 이들 식품이 인간의 에스트로겐 과 비슷한 구조를 가진 자연산 식물성 에스트로겐을 함유하고 있기 때 문이다.

호르몬 대체요법이 심혈관 질환과 알츠하이머병을 예방할 수 있다 는 주장이 여러 곳에서 제기됐지만, 이는 좀더 많은 과학적 연구의 결 과가 나오고 난 이후에야 비로소 정확한 결론을 내릴 수 있을 것이다. 비슷한 맥락에서 맞춤형 에스트로겐 제품을 사용하는 것에 관한 논란 도 미해결 상태다. 여성들은 이러한 주장과 논란에 확실한 마침표를 찍 을 때까지 호르몬 대체요법이나 자연요법을 사용하는 것은 물론, 나이 와 함께 찾아오는 증상들을 솔직하게 인정함으로써 폐경기 문제에 대 응할 것이다.

099 태양의 위협
The Solar Threat

햇빛과 건강의 연결고리는, 부모가 처음으로 자녀들을 햇빛이 가득한 외부 세계로 데리고 나갔던 순간까지 거슬러 올라간다. 하지만 그처럼 오랜 관계는 이제 끝이 보이고 있다. 시간이 흐를수록 햇빛은 건강에 이로움을 주는 것이 아니라 위협을 가하는 것으로 간주될 것이다.

태양으로부터 인류를 보호해 주는 오존층의 파괴로 말미암아 태양의 자외선은 점차 강해지고 있다. 오존층 파괴가 지속된다면, 그리고 미국 사회가 노령화된다면 피부암 발병률은 기하급수적으로 증가할 것이다. 이미 가장 무서운 피부암인 흑색종(melanoma)의 새로운 발병 건수는 1980년대 이후 두 배 이상 증가했다. 미국의 경우 2000년 한 해에 보고된 새로운 흑색종 환자는 5만 명이 넘었다. 미국피부과학회는 2010년쯤이면 미국인 50명당 1명 꼴인 약 280만 명이 어떤 형태로든 흑색종에 걸릴 것으로 예상한다. 뿐만 아니라 편평상피세포암 (squamous cell cancer)과 기저세포암(basal cell cancer) 같은 피부암 발병 건수는 훨씬 크게 늘어날 것이다.

사실상 흑색종은 서구권 전역에서 모든 암 중에서 가장 빠르게 증가하고 있는 질병이다. 이미 흑색종은 젊은이들 사이에서 최고의 발병률을 보이고 있다. 앞으로도 그들 연령층에서 더욱 만연할 것으로 예상된다.

피부암 환자의 95%는 완치될 수 있다. 이처럼 치료율이 높다는 점 때문에, 의료와 제약업계는 피부암을 치료하는 의학적 혁신과 약품개발에 노력을 집중할 것이다. 이 분야에서 새로운 발전이 이루어질 경우 시장 규모가 팽창될 여지는 많이 있다.

피부암을 예방할 수 있는 방법으로는 자외선 노출을 피하거나 제한하는 수단이 주를 이룬다. 야외활동을 하기 전 SPF(자외선 차단지수) 30인 차단제를 바르고 몸을 완전히 감쌀 수 있는 옷을 입는 것이다. 한편 규칙적으로 피부과를 찾아가서 피부상태를 점검하는 것도 좋은 방법이다. 이를 통해 지속적으로 사진을 촬영해 두면 의사는 환자의 피부에 대한 연속적인 사진검사를 할 수 있다. 이 사진검사법은 앞으로 유방 X선 검사와 전립선 검사만큼이나 일반화될 것이다. 또한 사람들이 스스로 문제의 소지가 있는 부분을 파악할 수 있는 피부암 자가진단 시약과 환자가 직접 자신의 몸 구석구석을 비춰볼 수 있는 특수거울이 인기를 끌 것이다.

잠재적인 피부암 환자의 욕구를 충족시키는 제품으로는, 자외선으로부터 몸을 안전하게 보호할 수 있도록 개발된 섬유질 소재 의복을 들 수 있다. 현재 그러한 의복이 사용되고 있지만, 판매하는 곳이 제한돼 있고, 게다가 주로 여행자를 대상으로 한 제품이 전부다. 그러나 앞으로 시간이 흐르면 대부분의 평상복은 자외선 내성 섬유로 만들어질 것이다. 그 결과 자외선차단 능력을 지닌 안경과 선글라스에 버금가는 의복 수준으로 지위를 끌어올릴 것이다. 태닝용 화장품은 더더욱 발전해서 피부의 자연상태와 보습효과가 훨씬 커질 것이다. 그리고 태닝 미용실은 피부를 손상하는 기법 대신 고객에게 선탠 효과를 주기 위해 지금과 다른 모습을 갖게 될 것이다.

증가일로에 있는 의료적 욕구를 충족시키기 위해 재건 성형외과 의사 수는 증가할 것이고 그들 중 상당수는 피부암 치료 후 재건하는 분야의 전문의가 될 것이다. 건강 강좌에서는 오늘날의 심폐소생술과 더불어 사람들로 하여금 일반적인 변색과 피부암 사이의 차이점을 구분할 수 있도록 변별력을 기르는 내용의 교육이 실시될 것이다.

가능성이 거의 없긴 하지만 그래도 한 가닥의 희망을 걸어볼 수 있는 곳은, 우리의 삶과 건강에 도움이 되는 문화적 변화가 있을 수도 있다는 점이다. 어쩌면 다음 세대들은 선탠하지 않은 피부를 더 선호할지도 모른다. 건강미 넘치는 미인으로 간주되기 위해서는, 비록 창백할지언정 자연스러운 자신의 피부색을 그대로 유지하는 사람이 돼야 한다는 뜻이다. 19세기에 일부 여성들은 창백한 아름다움을 유지하기 위해 태양을 피했지만 21세기의 인류는 오래 살기 위해 태양을 피할지도 모른다.

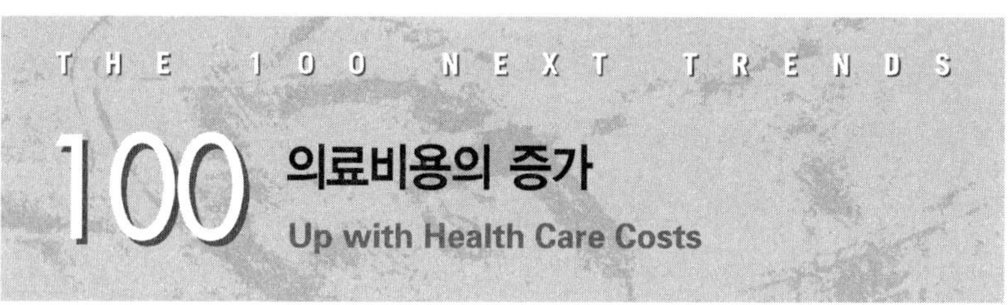

20세기 후반의 지배적인 건강관리 트렌드는 21세기에도 지속될 것이다. 소비자들의 건강관리비 부담은 해마다 눈에 띄게 증가할

것이고, 점점 많은 미국인들이 보험료를 감당하지 못할 것이다. 물론 앞으로도 건강관리 비용 증가율은 두 자릿수를 기록하겠지만 최근 몇 년보다는 낮을 것이다. 최근에 발표된 한 여론조사에서는 2004년도 건강관리비용 증가를 14%로 예상한다. 이 예상치는 2003년 실시한 여론조사의 결과보다 3% 낮은 것이다. 이런 트렌드가 계속될 것인지 여부는 별개의 문제다.

이 여론조사를 살펴보면 건강관리 비용 증가 원인에는 인구 고령화, 비만·당뇨·천식 등 만성적 또는 진행성 질병의 증가, 의료사고 소송에 소요되는 고비용, 건강관리 종사자 부족, 관리보험(managed care) 이용의 감소, 정부로부터 민간 보험사로의 보상부담 전가, 히파(HIPAA) 준수비용, 서비스 수혜에 기반을 둔 의료보험에 대한 소비자의 요구 증가 등이 포함된다. 이들 이유 외에도 미국 의료보험협회(American Association of Health Plans : AAHP)는 정부 부담금의 증가와 중복된 규제 때문에 총 보험료에 200억 달러가 더 추가되었다고 주장한다.

비용증가와 관련해 비전통적인 보험회사들은 좀더 다양한 부분 보상 보험을 제공할 것이다. 노동조합이 점점 줄고 의료보험 수혜 대상인 정규직 근로자 수가 감소함에 따라 전통적으로 보상 영역에 속했던 항목들 또한 줄어들 것이다.

몇몇 대중적 인사들(특히 일부 라디오 토크쇼 진행자들)은 의료보험이 반드시 없어져야 하며 미국 정부가 제공하거나 규제하는 어떤 형태의 의료보험도 존재해서는 안 된다고 말한다. 이 말은 만일 의료 서비스 대가를 지불할 수 없는 사람이라면 의료 서비스를 받아서는 안 된다는 뜻이다.

하지만 다른 단체들은 보상범위를 확대하고 비보험자에게도 혜택을 주기 위해 보험회사 및 정부와 공조활동을 벌이고 있다. 예를 들어 미 하원은 소규모 사업자를 위한 '건강평등법안(Small Business Health Fairness Act, S. 545)'을 통과시켰다. 이 법안의 목적은, 의료보험료의 인상으로 자신의 직원들에 대한 보험료를 감당하기 벅찬 영세 자영업자들이 동종 업자들과 연합체를 형성해 전국단위 의료보험에 가입할 수 있도록 길을 열어주는 것이다. 현재 이 같은 상인·사업자 연합체에 관계된 근로자 수는 8,000만 명에 이른다.

또 다른 단체인 농업 및 자영업 종사자 모임은, 개인과 소규모 사업자는 연합을 통해 협상력을 최대한 강화한 상태에서 보험회사나 의료보험 제공업자들을 상대하는 한편, 저소득층에게 제공되는 세금감면 및 할인혜택을 확보하는 방식으로 유리한 보험계약을 맺을 수 있다고 조언한다.

여기에 부분적인 보상범위를 갖는 저비용보험 등을 통해 활용할 수 있는 보험의 종류를 다양화하라고 제안한다. 건강상 리스크가 큰 사람들에게 보험의 적용범위를 확대할 수 있는 기회가 생기기 때문에 보험 가입 전에 이미 심각한 병력이 있는 사람들이 더 큰 보험혜택을 받을 수 있게 된다는 것이 그들의 주장이다.

하지만 건강관리 비용을 높이는 주 요인들은 쉽게 사라지지 않을 것이다. 그리고 결과적으로 의료보험 제공업자들은 큰 타격을 입을 것이다. 소비자 부담의 증가 요인으로 작용하는 의료보험료와 진료비의 증가는 지금부터 2010년까지 가파른 상승곡선을 그릴 것이다.

가장 증가율이 클 것으로 예상되는 의료비 항목으로는 입원비, 의사진료비, 외래처방전 발행과 약품 구입비, 요양원과 가정간호 서비스 등이 있다. 또한 의료보험 조직의 행정비용은 의료보험료 증가율보다 적다고는 해도 1998년 이후 꾸준히 증가했다. 행정비용은 평균 6.2% 상승했고 평균 보험료율은 8.4% 상승했다.

이러한 비용증가는 민간부분은 물론 공공부문의 의료보험 제공업자 모두에게 영향을 미칠 것으로 예상된다. 예를 들어 메디케어 비용증가와 지출은 2002년 2,520억 달러에서 2010년 4,560억 달러로 치솟을 것으로 보인다. 주정부가 운영하는 의료보장제도 또한 영향을 받을 것이다. 2003년 하와이 최대 의료보험사인 HMSA는 비용증가를 감당하기 위해 평균 보험료 11.5%라는 과다한 인상을 요구했다. 미국 내 다른 주들의 상황도 이와 비슷하다.

몇몇 요인이 민간부분 의료보험 제공업자들에게 영향을 줄 전망이다. 그런 요인 중에는 보험인수 주기가 있는데, 이것 때문에 의료보험료는 실제로 의료 서비스를 제공하는 데 드는 비용의 변동보다 더 빠르거나 느리게 변한다. 1990년대 중반 보험업계는 저평가(underpricing)되어 있었기 때문에 21세기 초반에는 보험회사의 이익 회복을 위해 보험료를 인상할 수밖에 없을 것이다. 미래의 또 다른 트렌드는 피고용자를 위해 보험료를 지불하는 민간기업에서 일어날 것이다. 그들은 자사의 근로자들에게 인센티브를 제공해 건강한 생활습관을 정착시키려고 노력할 것이다.

건강관리 비용을 구성하는 거의 모든 요소에서 비용의 상승이 발생함에 따라 대다수의 미국인은 보험 역사상 가장 큰 폭의 건강관리 비용인상을 경험할 것이다. 그 중 하나는 처방약 가격이다. '의약품 원가 관리 보고서(Drug Cost Management Report)'에 따르면 처방약의 보험 부담은 2003년에 거의 20% 가까이 증가할 것이라고 한다. 이 같은 의약품비용의 상승은 보험료 인상의 주범이 될 것이고 그 예상되는 인상폭은

14%에 이를 것으로 보인다.

모든 사람들, 즉 보험 환자, 무보험 환자, 공공부분 의료보험 제공업자, 민간부분 의료보험 제공업자가 외치는 소리는 한결같을 것이다. "살려줘!"

●

NEXT TREND

●

지은이 / 조지 오초아, 멜린다 코리
옮긴이 / 안진환
펴낸이 / 김경태
펴낸곳 / 한국경제신문 한경BP
등록 / 제 2-315(1967. 5. 15)
제1판 1쇄 발행 / 2005년 4월 20일
제1판 9쇄 발행 / 2006년 5월 20일
주소 / 서울특별시 중구 중림동 441
홈페이지 / http://bp.hankyung.com
전자우편 / bp@hankyung.com
기획출판팀 / 3604-553~6
영업마케팅팀 / 3604-561~2, 595
FAX / 3604-599

●

ISBN 89-475-2515-4

●

값 13,000원

파본이나 잘못된 책은 바꿔 드립니다.